QUATRE ANS DE CAMPAGNES

A

L'ARMÉE DU POTOMAC

PAR

LE GÉNÉRAL RÉGIS DE TROBRIAND

DE L'ARMÉE DES ÉTATS-UNIS

DEUXIÈME ÉDITION

TOME PREMIER

PARIS
LIBRAIRIE INTERNATIONALE
A. LACROIX ET Cⁱᵉ, ÉDITEURS
13, FAUBOURG MONTMARTRE, 13
—
1874

Tous droits de traduction et de reproduction réservés

QUATRE ANS DE CAMPAGNES

A

L'ARMÉE DU POTOMAC

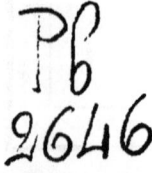

Ixelles-Bruxelles. — Imp. CNOPHS, fils, rue du Conseil,

QUATRE ANS DE CAMPAGNES

A

L'ARMÉE DU POTOMAC

PAR

LE GÉNÉRAL RÉGIS DE TROBRIAND

DE L'ARMÉE DES ÉTATS-UNIS

DEUXIÈME ÉDITION

TOME PREMIER

PARIS
LIBRAIRIE INTERNATIONALE
A. LACROIX ET Cie, ÉDITEURS
13, FAUBOURG MONTMARTRE, 13
—
1874

Tous droits de traduction et de reproduction réservés

AVANT-PROPOS

La dernière guerre d'Amérique est en général mal connue en France. Des erreurs activement propagées, des préjugés politiques habilement exploités, ont concouru à à en déguiser l'origine, le caractère et le but.

L'opinion s'est laissé aller à ces influences dans une mesure dont on aurait lieu d'être surpris, en présence des facilités qu'elle avait de se mieux éclairer. Mais parmi les peuples à idées traditionnelles et à grand mécanisme gouvernemental, le parti pris des opinions toutes faites ferme volontiers les yeux, quand on lui montre la lumière.

C'est ce qui est arrivé lorsque des hommes éminents, qui ont fait de la grande République du nouveau monde un sujet d'études approfondies, ont défini, dans d'excellents écrits, le vrai caractère de la lutte gigantesque dont la démocratie américaine vient de sortir victorieuse.

Cependant le monde marche; les principes se dégagent, les préjugés s'affaiblissent, les passions s'apaisent, et le temps, ce grand éclaireur des esprits, développe des résultats rapides qui doivent nécessairement assurer le triomphe de la vérité.

En attendant, il m'a paru qu'il pouvait y avoir quelque intérêt et quelque utilité à raconter une partie de cette guerre, dans la mesure où j'ai été appelé à y prendre part.

Ce livre est donc un récit, et ce récit, comme son titre l'indique, embrasse seulement les opérations de l'armée du Potomac. Les autres n'y figurent qu'accessoirement.

Je me suis ainsi borné aux choses que j'ai vues, *quæque ipse vidi*. Je les raconte, — non pas comme un Français qui vient de guerroyer à l'étranger, mais comme un Américain qui a combattu pour le pays de son adoption et pour les institutions de son choix.

Mes appréciations dérivent de convictions auxquelles je suis arrivé par un long chemin et par étapes successives à travers les enseignements d'une vie voyageuse des deux côtés de l'Atlantique. Quelque valeur que le lecteur attache à ces appréciations, je réclame de lui le bénéfice d'une sincérité impartiale dans mes jugements et d'une exactitude scrupuleuse dans mes récits.

J'expose les faits tels qu'ils se sont passés sous mes yeux, et tels que je les ai consignés jour par jour sur un journal tenu sans interruption depuis mon entrée au service jusqu'au licenciement du dernier de mes régiments.

De tout ce que je n'ai pu voir par moi-même, je n'ai rien avancé dont je ne me sois absolument assuré par des renseignements directs, ou par la comparaison minutieuse et raisonnée des documents officiels et des dépositions *in extenso* devant le comité du Congrès chargé des enquêtes sur la conduite de la guerre. J'ai cru devoir écarter comme suspecte toute information particulière dont il ne m'a pas été possible de vérifier la parfaite exactitude.

AVANT-PROPOS.

Le lecteur peut donc me suivre en toute sécurité. Il vivra de la vie des camps; il assistera à l'organisation de l'armée du Potomac, à son apprentissage, à ses débuts; il la suivra dans ses marches et dans ses combats, au bivouac et sur les champs de bataille; il s'associera à ses travaux, à ses privations, à ses succès et à ses revers. Il fera la guerre, en un mot, — la *vraie* guerre avec toutes ses réalités horribles ou glorieuses.

Ce qui ne nous empêchera point de suivre la marche des choses en dehors de l'armée. Ensemble nous visiterons New-York et Washington, quand les événements nous y appelleront, et nous y rencontrerons de grandes personnalités politiques, comme, au camp, de grandes personnalités militaires.

Ai-je besoin d'ajouter que ce livre est écrit pour tout le monde, et que je me suis abstenu de ce qui pouvait lui donner un caractère de spécialité exclusive?

S'il plaît, ce sera bien, — s'il intéresse, ce sera mieux; — s'il est utile, j'aurai atteint le but que je me suis proposé en l'écrivant.

Mai 1867.

SOUVENIRS

DE

QUATRE ANS DE CAMPAGNES

A L'ARMÉE DU POTOMAC

CHAPITRE PREMIER

L'ORIGINE DE LA GUERRE

La question de l'esclavage. — Le Compromis du Missouri. — Première tentative de sécession de la Caroline du sud. — Abolition de l'esclavage dans les colonies anglaises. — Son effet aux États-Unis. — Premier candidat abolitioniste à la présidence. — Annexion du Texas. — Guerre du Mexique. — Redoublement d'agitation. — Le *Wilmot-proviso*. — M. Van Buren, candidat antiesclavagiste. — Désorganisation du parti whig. — Compromis de 1850. — La loi sur les esclaves fugitifs. — Bill du Nebraska-Kansas. — Guerre civile au Kansas. — Naissance du parti républicain. — Élection de M. Buchanan à la présidence. — L'échauffourée de Harper's Ferry. — Le conflit irrépressible.

La grande rébellion américaine de 1861 a eu pour cause le maintien et la perpétuation de l'esclavage. A quelque point de vue que l'on étudie le développement des faits et la marche des événements qui aboutirent à ce grand conflit, on trouve au fond la question de l'esclavage. Tout le reste n'est que subsidiaire.

Cette question grosse de tempêtes datait de l'établissement même de la République. Les hommes sages qui avaient rédigé la constitution étaient opposés en principe à l'esclavage, et ne pouvaient logiquement sanctionner un droit de propriété de l'homme sur l'homme, lorsqu'ils proclamaient « l'égalité et le droit inaliénable à la liberté » de tous les membres de la famille humaine (1). Dans leur pensée, l'esclavage était condamné; mais contraints de respecter de grands intérêts, ils avaient laissé au temps et à la marche progressive de la civilisation, le soin d'ajuster ces intérêts transitoires aux principes permanents.

L'antagonisme se développa rapidement par l'extinction volontaire de l'esclavage dans les États de la Nouvelle-Angleterre, de New-York, de Pennsylvanie, les forces opposantes commençant dès lors à s'équilibrer. La lutte active se déclara lorsque la création de nouveaux États et l'expansion du travail libre tendirent à faire pencher la balance du côté de l'émancipation.

Toute l'histoire politique des États-Unis se rattache à cette lutte où les hommes d'État du pays épuisèrent en vain leurs forces pendant un demi-siècle. Leur erreur fut de croire à l'efficacité des compromis; pauvre expédient pour réconcilier d'irréconciliables différences; efforts puérils qui, en présence des résultats, évoquent invinciblement l'image de ces digues de sable que les enfants s'amusent parfois à élever sur la plage, pour arrêter la marée montante.

Le plus étrange de ces jeux d'enfants fut l'invention d'une ligne imaginaire tracée à travers le continent américain, pour limiter *à jamais* le domaine de la liberté et le domaine de l'esclavage, — pour faire à chacun sa part : ceci à la civilisation et cela à la barbarie.

Ce moyen terme fut, comme on le sait, le résultat de la première grande bataille livrée par l'esprit démocratique et émancipateur du Nord, aux principes oligarchiques et esclavagistes du Sud.

Pendant la session du Congrès de 1810-1819, le Missouri avait demandé son admission dans l'Union. Mais la

---

(1) *All men are created equal with an unalienable right to Liberty.*

Chambre des représentants mit à cette admission la condition que l'esclavage cesserait d'exister dans le nouvel État. Le Sénat se refusa à sanctionner cette condition, et la question indécise dut être réservée à la solution du Congrès suivant. Ce délai fut mis à profit de part et d'autre pour enflammer les passions et envenimer la lutte. L'agitation fut profonde et violente, et produisit une scission éclatante entre le Nord qui soutenait ardemment la condition imposée par la Chambre des représentants, et le Sud qui la déclarait obstinément inconstitutionnelle.

Les choses en vinrent à ce point que le Congrès s'effraya des conséquences et recula devant la responsabilité d'une solution par les armes, à défaut d'une solution par les votes. La jeune République, qui ne comptait pas encore un demi-siècle d'existence, pourrait-elle résister à la terrible épreuve d'une guerre civile, et le démembrement de l'Union ne conduirait-il pas à des abîmes où les deux partis pouvaient s'engloutir dans une ruine commune?

Telle fut, au fond, la cause déterminante du « Compromis du Missouri » qui ne fut pas et ne pouvait pas être une solution. Les dangers se trouvèrent ajournés; l'esclavage avait obtenu un répit, — le répit du condamné.

Il est, en effet, difficile de supposer que les hommes d'État de cette époque aient pu réellement compter sur la durée de leur digue de sable, et que le peuple américain ait cru de bonne foi à l'efficacité d'une fiction géographique pour arrêter indéfiniment les progrès de la liberté. Mais les partis hostiles acceptèrent le Compromis comme une trêve dont chacun profiterait pour raviver ses forces et reprendre ensuite la lutte avec plus d'avantage. Quant à la masse du peuple, préoccupée de ses intérêts matériels, absorbée par le soin des affaires, elle devait naturellement favoriser tout répit à ces agitations passionnées qui la troublaient sans profit immédiat dans la carrière de ses entreprises commerciales, industrielles, agricoles.

Dans les gouvernements démocratiques, les minorités actives ont de tout temps entraîné à leur suite les majorités passives. Ainsi, dans la sphère militante de la question de l'esclavage, du moment que l'avant-garde déposait les armes, le gros de l'armée célébrait la paix du jour, sans s'inquiéter si la guerre n'éclaterait pas plus furieuse le lendemain. L'esclavage fut donc toléré dans le nouvel État, mais interdit à jamais au nord de la ligne 36° 30' de latitude nord, — et le calme succéda dans tout le pays à l'adoption du Compromis du Missouri.

Pendant dix ans, rien n'en troubla la continuation que l'agitation transitoire des deux élections qui élevèrent John Quincy Adams et Andrew Jackson à la présidence. La question de l'esclavage n'y fut point évoquée, et elle dormait encore lorsque, en 1830, la Caroline du sud commença à en préparer le réveil par une première agression contre l'Union fédérale.

Depuis l'établissement de la République, le développement prospère des États du nord, l'accroissement rapide de leur population, leurs progrès merveilleux dans les voies du commerce, de l'industrie, de l'agriculture, laissaient de plus en plus en arrière les États du sud restés comparativement stationnaires. La cause en était simplement dans les mérites relatifs du travail libre et du travail esclave. Mais les planteurs du Sud ne le voulaient point voir, et le mécontentement chercha ses griefs dans le tarif de 1828.

Quand une loi heurte des préjugés ou froisse des intérêts, le prétexte le plus spécieux pour la combattre est de la représenter comme inconstitutionnelle. La Caroline du sud n'y manqua point en cette circonstance. Elle trouva dans M. Haynes, l'un des représentants au Sénat des États-Unis, un vigoureux et éloquent interprète, et pour la première fois, une voix s'éleva dans le Congrès pour proclamer la doctrine de la sécession, dont le génie politique et la puissance oratoire de Daniel Webster eurent bientôt fait justice.

On connaît l'histoire de ce dangereux conflit. Battue sur le terrain de la discussion, la Caroline du sud voulut passer de la théorie à la pratique. Dans une convention réunie à Columbus, en novembre 1822, elle adopta et promulgua un décret qui déclarait nuls et non avenus tous les actes du Congrès imposant des droits sur les importations étrangères, rejetait la juridiction de la cour suprême sur la constitutionnalité de ces actes, et proclamait qu'en cas de tentative de coercition de la part des États-Unis, l'État se retirerait de l'Union et se constituerait en gouvernement iudépendant.

Ce décret fut le suprême effort de l'esprit de rébellion qui n'alla point au delà. Le président Jackson venait d'être réélu. Il répondit au décret de *nullification*, ainsi qu'on l'appelait, par une proclamation qui ne laissait point de doutes sur la détermination d'en finir par la force, si les rebelles ne rentraient pas promptement dans le devoir. La Caroline du sud, isolée dans sa tentative de révolte, ouvrit enfin les yeux sur l'urgente nécessité de la soumission. Le Congrès avait adopté, sur la proposition d'Henry Clay, une modification au tarif de 1828, — et ce fut la planche de salut dont l'État rebelle profita pour repasser son Rubicon.

Mais si la question irritante de l'esclavage demeurait ainsi ostensiblement étrangère à la tentative avortée de la Caroline du sud, en revanche, la cause de l'émancipation faisait précisément, à la même époque, de rapides progrès dans la Virginie. Après une agitation générale parmi le peuple de l'État, la question fut portée et discutée vivement à la législature. Les mesures proposées pour arriver graduellement à l'abolition de l'esclavage n'échouèrent que contre une très faible majorité. Fatal échec qui, en trente ans, devait précipiter l'État dans un abîme dont le déplacement de quelques votes eût alors suffi à le préserver.

En 1834, l'Angleterre abolit l'esclavage dans ses colonies des Antilles, et aussitôt le contre-coup s'en fait ressentir aux États-Unis, par un redoublement d'agitation dans le même sens. Une propagande plus active que jamais s'organise et travaille avec une énergie persistante, à semer partout l'idée de la liberté, à répandre en secret sur les plantations des appels abolitionistes sous toutes les formes, et à faciliter la fuite des esclaves par tous les moyens.

Le Sud s'émut, non sans raison, et porta la question au Congrès où M. Calhoun proposa une loi pénale contre les maîtres de poste qui, dans les États à esclaves transporteraient ou distribueraient dans les malles les imprimés, gravures, ou autres articles subversifs. Et le Nord de fulminer contre la prétention exorbitante de soumettre les malles aux perquisitions des employés des postes rendus désormais responsables de leur contenu.

Bientôt, et simultanément, apparaissent, de presque tous les États libres, des pétitions au Congrès en faveur de l'abolition de l'esclavage dans le district de Colombie (1). En vain les représentants du Sud veulent-ils s'opposer à la lecture de ces pétitions dont le style est à leurs yeux une insulte publique à leurs constituants aussi bien qu'à eux-mêmes. Le respect pour le droit de pétition l'emporte, et si la mesure recommandée ne passe pas, elle a du moins pris pied dans le domaine de la discussion et n'en sortira plus que lorsque son accomplissement sera le signal de l'abolition de l'esclavage dans tous les États-Unis.

Dès cette époque, les hommes supérieurs purent prévoir les conséquences forcées de cette lutte dans un avenir auquel se préparaient les populations du Sud, mais sur lequel les populations du Nord s'aveuglèrent jusqu'au dernier moment.

« Que les abolitionistes, — disait Henry Clay dans le Sénat, — réussissent dans leur effort actuel d'unir les habitants des États libres comme un seul homme, contre les habitants des États à esclaves; l'Union d'un côté engendrera l'Union de l'autre, et ce procédé de consolidation

---

(1) Le district de Colombie est, comme on le sait, le territoire réservé à la capitale fédérale et administré par le Congrès.

réciproque sera accompagné de tous les préjugés violents, de toutes les passions envenimées, de toutes les animosités implacables qui aient jamais dégradé ou difformé la nature humaine. Une dissolution virtuelle de l'Union aura déjà pris place, quand les formes en existeront encore. Les plus précieux éléments de l'Union, le bon vouloir mutuel, les sentiments de sympathie, les liens de fraternité qui nous unissent heureusement aujourd'hui, auront cessé d'être pour jamais. Une section se tiendra dans une attitude de menace et d'hostilité contre l'autre, et le conflit des opinions sera promptement suivi par le choc des armes. »

Ces paroles d'un grand homme d'État et d'un grand orateur étaient une prophétie, réalisée depuis de point en point par la marche des événements. Mais là où il ne voyait encore que les dangereuses intrigues d'un parti, en s'élevant plus haut, il aurait pu reconnaître les signes de la Providence éternelle et le développement infaillible du progrès humain.

Les grandes questions financières qui, en 1836, servirent à élever M. Van Buren à la succession présidentielle du général Jackson; la réaction qui, en 1840, ramena le parti whig au pouvoir par l'élection du général Harrison, son candidat; la mort prématurée de ce dernier appelant à la Maison-Blanche M. Tyler qui, en flottant d'un parti à l'autre, ne sut que mécontenter tour à tour whigs et démocrates; la question des frontières âprement controversée à cette époque avec l'Angleterre; les complications amenées par la rébellion canadienne menaçant de faire éclater la guerre entre les États-Unis et la Grande Bretagne, furent des dérivatifs assez puissants pour laisser pendant quelques années la question de l'esclavage en dehors de l'agitation politique des partis. L'élection présidentielle de 1844 l'y fit rentrer, et dès lors, non seulement elle n'en sortit plus, mais elle marcha à pas de géants et en quelques années arriva à tout dominer.

Pour la première fois, en 1844, les abolitionistes eurent

leur candidat distinct, James G. Birney dont les adhérents, en se séparant du parti whig, enlevèrent à Henry Clay un nombre de votes suffisant pour déterminer sa défaite. Ainsi contribuèrent-ils efficacement à l'élection de M. Polk, dont les conséquences furent, comme on sait, l'annexion du Texas (1) et la guerre du Mexique, avec la conquête définitive de nouveaux territoires, — tout ce qui devait apparemment renforcer la cause de l'esclavage en étendant son domaine. Mais « l'homme s'agite et Dieu le mène! » Le prétendu renfort aux États du sud leur fut un coup fatal, par le prodigieux élan qu'il donna au développement de l'abolitionisme dans les États du nord, et c'est précisément de l'annexion du Texas que date la dernière phase du conflit qui, en quelques années, allait aboutir à la grande rébellion, moyen terrible, mais nécessaire dans les voies providentielles, pour trancher en un jour ce nœud gordien de l'esclavage que la main débile des hommes politiques eût à peine dénoué en un siècle.

En 1846, à propos des négociations pour conclure la paix avec le Mexique, M. Wilmot un des représentants de la Pennsylvanie, proposa d'approuver un bill qui mettait deux millions de dollars à la disposition du président, mais « à la condition expresse et fondamentale » que ni esclavage ni aucune servitude involontaire n'existeraient jamais dans aucune partie des territoires qui pourraient être acquis du Mexique, en vertu de quelque traité. Tel fut en substance, le fameux *Wilmot proviso* qui pendant un temps, agita si violemment le pays. Dans la Chambre des représentants, il passa à une forte majorité, tous les hommes du Nord (excepté *deux*) ayant voté en sa faveur, à quelque parti politique qu'ils appartinssent d'ailleurs. Dans le Sénat, la session prit fin pendant les débats de la question, avant qu'on en fût venu au vote, et de part et d'autre, le résultat fut le même à la session suivante. Il est bon de remarquer que la discussion portait alors non

---

(1) 27 decembre 1845.

pas sur le maintien de l'esclavage là où il existait, mais simplement sur son établissement là où il n'existait pas. La cause de la liberté était encore sur la défensive.

En 1848, M. Van Buren, l'ex-président, fut le candidat antiesclavagiste. Ce fait seul suffit à faire apprécier les progrès de l'opinion pendant l'administration de M. Polk. Le général Taylor fut élu, il est vrai, mais le nombre considérable de votes déposés pour M. Van Buren donnait déjà au parti qu'il représentait une importance qui, croissant de jour en jour, pouvait déjà faire présager son rôle dans un avenir prochain.

Le président Taylor meurt quelques mois seulement après son inauguration, et l'élévation de M. Fillmore à la magistrature suprême nécessite aussitôt un remaniement du cabinet. De là des divergences, des tiraillements, des mécontentements, des défections nombreuses dans le parti whig dont la désorganisation rapide va fournir un nouvel élément de force aux adversaires de l'esclavage.

L'introduction de ce régime dans les territoires libres, réclamée par le Sud et combattue par le Nord, fut le terrain sur lequel la lutte s'engagea avec une ardeur violente de part et d'autre. La question surgissait de l'organisation nécessaire des récentes conquêtes sur le Mexique, conquêtes dont la permanence venait d'être assurée par le traité de paix. Il ne s'agissait donc plus désormais de théories spéculatives; on se trouvait en face de réalités pressantes. Le conflit entrait forcément dans les voies pratiques. De là l'immense intérêt qui, en peu de temps, transforma les opinions en entraînement, les sentiments en passions; — qui, d'un côté, donna à l'agitation générale le caractère d'une croisade contre l'extension de l'esclavage dans les territoires, et qui, de l'autre, provoqua des mesures significatives telles que le manifeste signé de quarante-huit membres du Congrès, la convention du Sud à Nashville, et la menace de sécession formulée sous toutes les formes du défi. Tout semblait conduire à une crise décisive, et M. Calhoun, le chef du parti esclavagiste crut pouvoir dès lors, dans un discours plein de prévisions prophétiques, annoncer virtuellement devant le Sénat que l'Union touchait à sa fin. Mais loin de chercher à conjurer l'orage, il désirait plutôt en précipiter l'explosion. La dissolution de l'Union lui apparaissant inévitable dans un temps donné, son opinion était que le Sud devait hâter la séparation, avant que les progrès gigantesques et incessants du Nord eussent rompu tout équilibre entre les deux sections et mis dans la balance une prépondérance accablante en sa faveur.

Le calcul était juste. S'il fallait absolument en appeler aux armes, tout délai tournait à l'avantage du Nord, et il n'est pas douteux que le Sud n'ait eu alors de meilleures chances matérielles d'établir son indépendance que lorsqu'il se résolut à tenter l'épreuve en 1861. Mais, à cette époque, le peuple du Nord ne croyait point à ces nécessités logiques. Aveuglé par sa foi dans ses institutions et son culte pour son gouvernement, il n'y a jamais cru jusqu'au moment où le canon tiré contre le fort Sumter le réveilla de son illusion.

En 1850 comme en 1820, l'on ne songea qu'à trouver un compromis qui terminât *à jamais* l'agitation de la question de l'esclavage aux États-Unis. Un peuple qui croit à l'éternité de sa constitution, et à la perpétuation indéfinie de son gouvernement, peut aisément confondre un délai temporaire avec une solution définitive.

En demandant son admission dans l'Union comme État libre, la Californie parut ouvrir la porte à ce compromis tant cherché. Ce fut M. Clay qui se chargea d'en formuler les termes dont les principaux étaient : l'admission de la Californie avec la constitution qu'elle avait adoptée ; — l'organisation de gouvernements territoriaux pour le pays conquis, sans intervention du Congrès pour ou contre l'esclavage ; — le maintien de l'esclavage dans le district de Colombie ; mais l'abolition du trafic des noirs importés dans ses limites ; l'adoption d'une législation plus efficace pour l'arrestation et la restitution des esclaves fugitifs réfugiés dans les États ou territoires libres ; — enfin, la déclaration que le Congrès n'avait pas le pouvoir de prohiber ou d'entraver le trafic des noirs entre les États à esclaves.

Ce nouveau compromis donna lieu à des débats mémorables et prolongés, pendant lesquels Daniel Webster et Henry Clay s'élevèrent à l'envi dans les plus hautes régions de l'éloquence parlementaire. Ils réussirent enfin à le faire adopter par le Congrès comme l'ancre de salut qui devait sauver le vaisseau de l'État de l'écueil de la désunion.

L'illusion fut de courte durée. A l'adoption du compromis dans le Congrès, répondit, dans le peuple des États libres, une grande clameur de protestation contre les mesures assurant la restitution des esclaves fugitifs. En changeant de terrain, l'agitation n'en devenait que plus intense, et l'opposition plus violente. En effet, il ne s'agissait plus de statuer sur la condition de lointains territoires presque déserts ; c'était désormais la juridiction même des États libres qui était mise en question dans leurs propres limites. Force leur était de se soumettre chez eux à l'application d'un droit de propriété qu'ils ne reconnaissaient pas, que leurs lois proscrivaient, et contre lequel se révoltait la conscience publique.

La loi n'était pas nouvelle, il est vrai, puisqu'elle remontait à 1793. Mais les effets s'en étaient restreints de plus en plus, à mesure que l'esclavage disparaissait successivement des États du nord, et elle avait passé à l'état de lettre morte, non moins par la réprobation des populations que par les actes des législatures. La ressusciter pour la rendre obligatoire, c'était verser de l'huile sur l'incendie qu'on prétendait éteindre. Il fallut bien le reconnaître, lorsque l'occasion d'appliquer la loi s'étant produite, on vit le peuple du Massachussetts se soulever contre la décision même de la cour suprême de l'État, et, toutes les ressources de procédure épuisées, résister violemment à la revendication d'un esclave fugitif par son ancien maître. Le sang coula, et les fonctionnaires fédéraux assaillis par l'émeute, voués à l'exécration populaire, ne purent jamais, qu'au péril de leur vie, tenter de rendre un noir à la servitude. La moindre tentative de ce genre, suffisait à mettre tout le Nord en feu contre les « agressions du Sud » *(southern agressions)* mot de ralliement de tous les adversaires de l'esclavage.

Aussi les flots de l'abolitionisme montaient de plus en plus, à mesure qu'on s'efforçait de leur opposer de nouvelles digues. Dès cette époque, ils engloutirent la popularité de M. Webster. Elle sombra sous le poids de la condamnation de l'État même qu'il représentait, et des censures qui lui furent prodiguées dans tout le Nord. M. Calhoun était mort avant la fin de la session, comme écrasé par l'impuissance de ses efforts pour la cause du Sud. M. Clay et M. Webster devaient le suivre à deux ans d'intervalle. Ainsi ces trois hommes d'État, rivaux d'éloquence et de popularité, allaient disparaître de la scène, les yeux dessillés déjà sur la fragilité de leur œuvre de compromis.

Néanmoins, en 1852, les deux grands partis politiques qui se partageaient l'Union existaient encore, et pour la dernière fois dans la question d'élection présidentielle, on dut être wigh ou démocrate. Mais la question de l'esclavage n'était plus mise à l'écart de leurs programmes. Elle eut au contraire une large part dans la campagne électorale, et bien que ostensiblement le compromis de 1850 fût approuvé sur les deux « plate-formes », en réalité, le général Scott, mis en avant par le parti wigh, était le candidat antiesclavagiste auquel se rallièrent les forces abolitionistes. Le parti démocrate, au contraire, se posait carrément en faveur de l'esclavage, et en réunissant sur ce terrain l'unanimité du Sud et une portion du Nord, assura le succès du général Pierce. Triomphe stérile, qui devait plutôt hâter que retarder la marche des événements.

La première session du Congrès s'était à peine ouverte

sous la nouvelle administration, que M. Douglas proposa le rappel du Compromis du Missouri, sous la forme d'un bill devenu fameux sous le nom de Nebraska-Kansas. On se rappelle que le Compromis du Missouri avait, en 1820, établi une ligne géographique séparant *à jamais* le domaine territorial assigné d'un côté au travail libre et de l'autre au travail esclave. L'œuvre qui devait être éternelle avait duré trente-deux ans, et elle allait être détruite par ceux-là mêmes qu'elle avait eu pour but de protéger. Aveuglé par l'éclat trompeur de la victoire électorale qu'il venait de remporter, le Sud ne vit plus dans la barrière qui défendait son institution favorite, qu'un obstacle à son expansion. Il entreprit de la renverser, et il la renversa.

Le Kansas et le Nebraska étaient situés au nord de la ligne 36° 30' de latitude nord, et par conséquent interdits à l'introduction de l'esclavage par le compromis de 1820. En présentant le nouveau bill, comme *chairman* du comité des territoires dans le sénat, M. Douglas se proposait seulement d'établir en principe qu'aux populations seules appartenait le droit de se choisir leurs institutions locales, et de décider souverainement sur la question du travail libre ou esclave dans la constitution d'État requise pour leur admission dans l'Union. En appuyant le bill de toutes ses forces, le Sud voulait bien davantage. Il était résolu à s'assurer ces riches contrées vers lesquelles se dessinait déjà un courant d'émigration. Il ne réussit qu'à briser le fermoir de la boîte de Pandore, et en se donnant le tort d'une agression flagrante vis-à-vis du Nord, à ouvrir un champ de bataille sur lequel, pour la première fois aux États-Unis, les adversaires devenus ennemis, allaient se rencontrer les armes à la main.

Les États restés stationnaires sous l'étreinte de l'esclavage se sentaient, avec colère, amoindris et débordés par le progrès merveilleux des États croissant en nombre et en population sous le régime de la liberté. De là ce système de provocations hasardeuses qui n'aboutissait qu'à envenimer les dissensions, et à ensanglanter la lutte. La revendication des esclaves fugitifs avait déjà enflammé les ressentiments du Nord et soulevé l'émeute dans les rues de Boston ; le rappel du compromis de 1820 allait maintenant inaugurer l'ère de la guerre civile au Kansas.

Ce territoire, ne se reliant que difficilement aux États libres à travers le Nebraska désert et l'Iowa peuplé à peine, semblait une proie facile au Sud. L'esclavage y pouvait être infusé sans effort, par tous les points de la frontière ouest de l'État du Missouri, qui d'ailleurs s'interposait dans toute sa largeur comme un boulevard infranchissable à l'émigration libre de l'Illinois. — Mais si désavantageuses que fussent les conditions de la lutte pour les États libres, ce n'était point assez pour décourager leur énergie. Le Massachussetts, ennemi vigilant et infatigable de l'esclavage, se mit le premier à l'œuvre en organisant une société d'émigration au Kansas; les États de la Nouvelle-Angleterre suivirent son exemple ; le mouvement s'étendit dans les États du nord-ouest, et en dépit des vastes distances à parcourir, l'on vit bientôt des convois de colons travailleurs s'acheminer de tous les points vers le territoire contesté. A cette émigration libérale du Nord, le Sud ne pouvait opposer une émigration esclavagiste égale soit en nombre, soit en valeur. Comme nombre, sa population était comparativement trop restreinte; comme valeur, au lieu de colons agriculteurs, ouvriers, commerçants, il n'avait guère à envoyer au Kansas que des gens de sac et de corde tirés de cette « racaille blanche » (*white trash*) qui sous l'oligarchie des planteurs, végétait dans une misère dégradante et une ignorance abjecte. Féroce par instinct, antipathique à tout travail, étrangère à toute idée de civilisation, cette classe n'était propre qu'au brigandage, et c'est parmi elle, en effet, que se recrutèrent ces bandits des frontières (*Border rufians*) qui, pendant des années, promenèrent au Kansas la rapine, le meurtre et l'incendie, à la honte de l'Exécutif fédéral qui, il faut bien l'avouer, les couvrit trop longtemps d'une protection imbécile ou criminelle.

En 1854, une association organisée dans le comté de Platte se réunit publiquement à Weston (Missouri) et adopta des résolutions par lesquelles elle se déclarait prête, au premier appel, à expulser du Kansas tous les colons qui s'y étaient rendus sous les auspices des sociétés d'émigration du Nord. Cette fois, l'agression se formulait par une déclaration de guerre explicite.

L'effet suivit de près la menace.

A la première élection d'un délégué territorial au Congrès, des bandes armées de Missouriens s'emparèrent des *polls*, en chassèrent les partisans du travail libre, et sur 2,871 votes, en déposèrent dans l'urne 1,729 absolument illégaux. Quelques mois plus tard (mars 1855), quand il s'agit d'élire les membres de la législature, la même invasion armée se reproduisit, et cette fois, sur 6,218 votes, 1,310 seulement étaient légitimes. Et sur ces 1,310, en dépit de toutes ces violences, 791 furent encore donnés aux candidats antiesclavagistes (1).

Le gouverneur Reeder ne pouvait sanctionner ces fraudes monstrueuses. Il ordonna de nouvelles élections dans six districts dont cinq élurent des délégués antiesclavagistes, — le sixième (Leavenworth) étant resté, en dépit du gouverneur, aux mains des Missouriens. Mais le premier soin de la législature fut d'expulser les cinq membres, seuls vrais représentants des habitants du territoire, et de donner leur place aux intrus de la fraude et de la violence, évincés par le gouverneur à qui cet acte de probité coûta sa position. — Tant régnait, à la Maison-Blanche, l'influence prépondérante des intérêts du Sud !

Débarrassés ainsi de toute opposition, les usurpateurs du pouvoir législatif se donnèrent libre carrière. Aider les esclaves à s'échapper soit à l'intérieur, soit à l'extérieur

---

(1) Voir le rapport officiel du comité d'enquête institué plus tard par le Congrès.

du territoire, fut déclaré crime capital; leur donner asile ou nier seulement le droit de les posséder au Kansas, ou encore faire circuler des publications antiesclavagistes, devint un délit punissable de deux à cinq ans de travaux forcés; à l'exercice du droit de vote, fut attachée la condition de s'engager sous serment à soutenir la loi sur les esclaves fugitifs; et enfin les lois de l'État du Missouri furent appliquées par les Missouriens au territoire du Kansas.

Que faisait cependant la grande majorité des habitants, émigrés des États libres? Supposer qu'ils courbaient humblement la tête sous la tyrannie du *bowie-knife* et du *revolver*, ce serait méconnaître la courageuse énergie que la cause de la liberté inspire toujours à ses défenseurs. Ils se réunirent en convention pour protester contre les actes de la législature, nommèrent l'ex-gouverneur Reeder délégué au Congrès, et enfin promulguèrent à Topeka une constitution d'État qui proscrivait l'esclavage. La résistance s'élevait partout aux proportions de l'agression; la haine provoquait la haine; le meurtre répondait au meurtre, et les violences en vinrent à ce point que la ville de Lawrence dut s'armer et préparer sa défense contre une attaque imminente. Pendant quelques jours, la place fut virtuellement en état de siége. Mais son attitude résolue imposa aux Missouriens rassemblés pour la mettre à sac, et cette fois, ils repassèrent la frontière sans avoir livré bataille. La constitution libre de Topeka fut ensuite soumise à la ratification du peuple, et adoptée à l'unanimité moins quarante-cinq voix! — si l'on excepte Leavenworth, le quartier général des bandits de la frontière. — Les fonctionnaires et la législature d'État furent élus en conséquence, et Charles Robinson fut inauguré gouverneur le 4 mars 1856.

En droit, la question était résolue. L'émigration des États libres avait pris légitime possession du Kansas, et se prononçait unanimement contre l'esclavage. Cette solution logique eût peut-être été acceptée dès lors comme elle dut l'être forcément plus tard par les hommes du Sud, si l'élévation de M. James Buchanan à la présidence ne les eût directement encouragés à redoubler d'efforts pour étouffer le droit sous la force.

La lutte acharnée qui se poursuivait au Kansas avait eu, depuis ses débuts, un immense retentissement dans le pays. De ce foyer embrasé, la discorde rayonnait dans tous les États, et chaque incident nouveau produisait son contre-coup au Nord comme au Sud. Les passions surexcitées se déchaînaient partout, dans le Congrès comme dans les législatures d'État. L'enceinte même du Sénat fut le théâtre d'un brutal attentat à la vie de M. Sumner, sénateur du Massachussetts, à la suite d'une philippique ardente qu'il avait prononcée contre le Sud et l'esclavage, à propos des affaires du Kansas.

La presse, on le pense bien, ne restait pas en arrière de la tribune. Le moindre événement prenait des proportions exagérées en passant par les voies innombrables de la publicité périodique, et l'*excitement* universel s'alimentait de livres, de pamphlets, d'écrits de toute sorte, lancés sans relâche comme pour activer l'incendie.

L'ancien parti whig disparut dans la tourmente. Le nouveau parti américain ou *Know-nothing*, fondé sur un principe d'opposition à l'influence croissante des citoyens naturalisés, ne put vivre qu'un jour. L'esprit d'hostilité à l'esclavage et de résistance aux agressions du Sud avait irrévocablement pénétré tous les États libres. Il dominait tout et demandait impérieusement une organisation nouvelle sur ces bases. Le parti républicain naquit.

Le temps était passé où les adversaires de l'esclavage ne fournissaient qu'un appoint ou un décompte aux partis qui se disputaient le pouvoir. Dans la campagne présidentielle de 1856, ils entrèrent en lice comme les seuls champions du Nord, portant sur leurs bannières le nom de John C. Frémont. La lutte avait pris désormais le caractère bien défini par M. Seward. C'était un « conflit irrépressible » entre le Nord et le Sud, entre le travail libre et le travail esclave. Toute autre question était irrévocablement tombée dans une insignifiance relative.

La popularité de M. Fremont s'attachait à ses explorations aventureuses dans les montagnes Rocheuses et dans la Californie, beaucoup plus qu'à aucune prééminence politique. Ce fut précisément ce qui détermina le choix du parti républicain, trop jeune encore pour brûler ses vaisseaux, en se donnant comme représentant, aucun des chefs reconnus de l'abolitionisme radical.

Au « frayeur de chemins » (*Path finder*) de la liberté, les défenseurs de l'esclavage opposèrent un roué politique vieilli sous le harnais du parti démocrate, « un homme du Nord avec les principes du Sud » selon l'expression appliquée pour la première fois au successeur du président Jackson. Le savoir-faire de M. Buchanan fut jugé préférable aux complaisances serviles de M. Pierce ou à l'ambition plus ardente que prudente de M. Douglas,—et après une campagne électorale conduite de part et d'autre avec une véhémence sans précédents, le dernier des présidents esclavagistes fut élevé à la magistrature suprême des États-Unis, par le vote de dix-neuf États. Les six États de la Nouvelle-Angleterre, le New-York, l'Ohio, le Michigan, l'Iowa et le Wisconsin donnèrent leurs votes à M. Frémont, — et le Maryland à M. Fillmore (1). La Pennsylvanie (l'État de M. Buchanan) l'Indiana, l'Illinois et le New-Jersey décidèrent l'élection en votant avec le Sud ; — alliance anormale pour un bail de quatre ans à la Maison-Blanche.

Le Sud ne pouvait se méprendre à la signification de ces chiffres. Dès lors, il se prépara activement à la grande rébellion dont l'élection suivante devait lui fournir le prétexte. Néanmoins, comme toujours au lendemain des grandes commotions, il se fit un moment de répit à l'agitation universelle. Les combattants reprenaient haleine,

---

(1) Le vote populaire se répartit dans la proportion suivante : Buchanan 1,838,232 ; Frémont 1,341,154 ; Fillmore (candidat américain) 884,707.

et M. Buchanan mettait le temps à profit avant son inauguration, promettant une administration nationale également opposée à toute politique *sectionnelle*, s'engageant d'avance à réprimer toute agression, qu'elle vînt du Nord ou du Sud, assignant pour tâche à sa présidence, le rétablissement des bons rapports et des bons sentiments entre tous les États, et l'inauguration d'une nouvelle ère d'harmonieuse prospérité. Promesses et engagements coûtent peu en pareil cas. L'émission de ce genre de papier-monnaie politique se fait malheureusement sans garantie, et sa valeur réelle ne s'établit qu'à l'échéance. Aussi ne prit-on pas généralement celui-ci pour argent comptant.

M. Buchanan était à peine assis dans le fauteuil présidentiel que le Congrès envoya au Kansas un comité spécial d'investigation chargé de constater la condition réelle du territoire. Dans le rapport officiel qui fut le résultat de cette enquête, il est dit : « Toutes les élections ont été contrôlées, non par les véritables résidents, mais par les citoyens du Missouri ; — et comme conséquence, tous les fonctionnaires du territoire, depuis les constables jusqu'aux législateurs, excepté ceux nommés par le président, doivent leurs positions aux votes des non-résidents. Aucun d'eux n'a été élu par les habitants, et votre comité n'a pu découvrir aucun pouvoir politique quelconque, si peu important qu'il soit, qui fût exercé par le peuple du territoire. » L'occasion était belle pour le président d'exercer cette impartialité tant promise. Voici ce qu'il en fut : Une bande considérable d'hommes armés venus de différents États du Sud, avait envahi le Kansas sous le commandement du major Buford. Le maréchal des États-Unis les prit à sa paie, et leur fournit des fusils du gouvernement. Lawrence fut assiégée de nouveau, et quand ses défenseurs eurent rendu leurs armes au shérif, en échange d'une promesse solennelle de sécurité pour les personnes et de protection pour les propriétés, ce fut pour voir leur hôtel et la maison de M. Robinson livrés aux flammes, leurs magasins au pillage et leurs deux imprimeries à une destruction complète. Les principaux adversaires de l'esclavage étaient déjà en fuite sous une accusation de haute trahison, et le gouverneur élu, Robinson, était prisonnier entre les mains des envahisseurs. Enfin, lorsqu'au mois de juillet, la législature libérale se réunit à Topeka, ce furent les troupes mêmes des États-Unis qui la dispersèrent par la force. M. Buchanan avait levé le masque. Créature du Sud qui l'avait élevé à la présidence, il lui livrait en retour tout le pouvoir de l'Exécutif. Assaillis par le Sud, sacrifiés par le gouvernement fédéral, privés de toute protection constitutionnelle, que restait-il aux habitants du Kansas pour se défendre? Le recours aux armes. On s'était déjà battu à Potawatamie et à Black-Jack où un capitaine Pate, de la Caroline du Sud, avait été fait prisonnier avec 30 de ses hommes ; — on attaqua maintenant et on emporta un camp fortifié près de Lecompton où l'on prit ou dispersa une bande d'esclavagistes commandés par le colonel Titus. Le gouverneur Shamon ayant alors racheté la liberté de Titus et de ses hommes, en échange d'un canon pris à Lawrence, fut destitué par le président, et remplacé par M. Geary de la Pennsylvanie. Le territoire fut déclaré en état de rébellion ; les Missouriens, sous la conduite de M. Atchison, ancien sénateur, s'emparèrent de Potawatamie, après une vigoureuse résistance, envahirent Leavenworth un jour d'élection municipale, tuèrent et blessèrent nombre d'habitants, brûlèrent leurs maisons, et forcèrent cent cinquante d'entre eux à quitter le territoire. Mais rien n'abattait la vigoureuse résistance de cette population de travailleurs libres auxquels le Nord venait d'ailleurs en aide par des renforts d'hommes et des envois d'armes et de munitions. Pour la seconde fois la législature élue en vertu de la constitution de Topeka se réunit et tenta de s'organiser. Cette fois encore le *marshal* des États-Unis la dispersa, arrêtant en outre le président du Sénat et celui de la Chambre, et une douzaine des membres les plus influents, qu'il conduisit prisonniers à Tecumsech. Aussitôt la législature esclavagiste sortie d'une élection frauduleuse à laquelle les habitants n'avaient pris aucune part, se réunit à Lecompton, et convoqua une convention pour bâcler une constitution d'État, à l'aide des moyens auxquels elle devait sa propre existence. Enfin la patience de la Chambre des représentants, à Washington, se lassa de la complicité du président dans cette oppression illégale et violente. Elle passa un *bill* déclarant nuls et non avenus les actes de la législature territoriale, comme « cruels et oppressifs et émanés d'un corps législatif qui n'avait point été élu par les électeurs légitimes du Kansas, mais qui leur avait été imposé de force par des non-résidents. » Malheureusement, le Sénat se refusa à l'adoption de ce bill, ainsi qu'à la confirmation de M. Harrison nommé juge de district fédéral, à l'instante requête du gouverneur, en remplacement d'un esclavagiste prévaricateur qui n'usait de ses pouvoirs que pour assurer l'impunité des bandits de la frontière. Sur quoi, le gouverneur Geary donna sa démission, et fut remplacé par Robert J. Walker, du Mississippi.

Quand vint l'élection à la convention ordonnée par la législature territoriale, la population, qui ne reconnaissait point son autorité usurpée, refusa d'y prendre part, et tous les efforts des Missouriens purent à peine produire le vote d'un cinquième des électeurs enregistrés. Quand, au contraire, il s'agit de l'élection des fonctionnaires territoriaux, les habitants s'étant rendus aux *polls* élurent à une énorme majorité leur délégué au Congrès M. Parroth, et 27 représentants sur 39. Dans cette circonstance, un fait caractéristique se produisit. Les retours d'élection d'un village de *onze* maisons nommé Oxford, accusaient 1,624 votes esclavagistes. Au dépouillement on découvrit que ces prétendus votes n'étaient qu'une liste de noms empruntés alphabétiquement à un dictionnaire d'adresse de Cincinnati.

Néanmoins, le Sud n'abandonna pas la partie. Los délégués de ses 2,000 votants rédigèrent une constitution d'État déclarant l'esclavage un droit inviolable au Kansas, et prohibant tout acte d'émancipation par la législature. Le gouverneur protesta énergiquement contre cette imposition et partit pour Washington afin d'en arrêter l'effet. Il arriva trop tard, M. Buchanan s'était déjà hâté de l'approuver officiellement. Comme M. Geary, M. Walker donna sa démission, et M. Deuver de la Californie fut appelé à lui succéder. Peines perdues! Il fallait soumettre cette constitution esclavagiste (connue sous le nom de « Constitution de Lecompton ») à l'acceptation du peuple. Elle fut rejetée à une majorité de 10,226 voix. Une seconde épreuve tentée encore par ordre du Congrès donna le même résultat (août 1858). Alors seulement, la législature esclavagiste, vaincue, remit au peuple la question de convoquer une nouvelle convention. Le vote fut affirmatif; l'élection des délégués eut lieu, et la convention réunie à Wyandot, le 5 juillet 1859, promulgua une constitution définitive qui, comme celle de Topeka proscrivait l'esclavage. Le vote populaire l'accepta le 4 octobre suivant, et conquête légitime de la liberté, l'État du Kansas dut entrer dans l'Union, sauvé de la souillure de l'esclavage.

La lutte à outrance dont je viens d'indiquer sommairement les principaux épisodes n'avait pas cessé pendant cinq ans d'exciter un intérêt passionné dans toute l'Union. Des bords du Saint-Laurent à ceux du Rio-Grande, elle avait produit sans relâche ses retentissements et ses contre-coups. Qu'était-ce, en effet, sinon le prélude de cette guerre gigantesque à laquelle le Sud se préparait, bien que le Nord n'y voulût pas croire encore? En réalité, les éclaireurs des deux camps s'étaient rencontrés sur le territoire contesté. Ils s'y étaient battus avec acharnement, soutenus de part et d'autre par des renforts plus abondants du côté du Nord, plus forcenés du côté du Sud. Et lorsque enfin la victoire resta aux défenseurs du droit et à la cause de la civilisation, — comme si ce n'était pas assez des événements du Kansas pour rendre les animosités irréconciliables et le choc suprême inévitable, un nouveau ferment de discorde éclata tout à coup sur les confins mêmes de la Virginie; fait d'autant plus significatif qu'il était plus étrange.

Au confluent de la Shemandoah et du Haut-Potomac, à l'endroit où les eaux ont forcé leur passage à travers les montagnes connues sous le nom de *Blue Ridge* (chaîne bleue) s'élève, sur la rive virginienne, la petite ville d'Harper's Ferry (1) reliée au Maryland par un très beau pont. En 1859, elle comptait environ 7,000 habitants. Le gouvernement des États-Unis y possédait un arsenal contenant de quoi armer 90,000 hommes, et une manufacture employant 250 ouvriers pouvant fournir 25,000 fusils par an.

Or, le 17 octobre de cette année, — treize jours après l'acceptation de la Constitution de Wyandot par le peuple du Kansas, — le télégraphe lança soudainement dans toutes les directions, la nouvelle inattendue qu'Harper's Ferry venait d'être envahi par une bande armée qui s'était emparée de l'arsenal. D'où venaient-ils? Quelle était leur force? Dans quel but cette incroyable attaque? on l'ignorait encore, mais on croyait généralement à une révolte des ouvriers, lorsque le lendemain, on apprit avec stupeur qu'il s'agissait d'une invasion d'abolitionistes appelant les esclaves à la liberté. Si incroyable qu'il parût, et si extraordinaires qu'en fussent les circonstances, le fait n'en était pas moins vrai. Ils étaient vingt-deux, — 17 blancs et 5 nègres, — qui avaient entrepris d'armer tout ce qu'ils pourraient rassembler d'esclaves, et de se frayer avec eux, à travers le Maryland, un chemin jusqu'à la Pennsylvanie où ils se disperseraient pour échapper aux poursuites. L'auteur et le chef de l'entreprise était John Brown, un homme de 60 ans, mais d'une vigueur encore juvénile; caractère trempé dans l'abolitionisme radical, et exaspéré jusqu'au fanatisme par les persécutions dont il avait été la victime au Kansas. Deux ans

---

(1) Littéralement : passage en bac de Harper ; probablement du nom du premier colore établi en cet endroit.

auparavant, il s'était vu contraint d'abandonner avec sa famille le village de Potawatamie où il résidait et où il s'était fait remarquer comme un des plus intrépides champions du travail libre. Brûlé d'un ressentiment implacable contre l'oligarchie esclavagiste, dans l'idée de la frapper au cœur, il avait épuisé ses efforts à en préparer les moyens, lorsque enfin, las de projets irréalisables, il se résolut à tenter un coup de main hasardeux jusqu'à la folie.

Peut-être ne s'abusait-il pas complétement sur le résultat. Peut-être ce vieillard inflexible croyait-il que le sang des martyrs féconde le sol des révolutions ; peut-être en sacrifiant sa vie et celle de ses trois fils, entrevoyait-il dans un avenir prochain le jour où nos régiments libérateurs marcheraient au combat en chantant :

> John Brown's body lies mouldering in the dust,
> But his soul is marching on..... (1)

Quoi qu'il en fût, il avait loué une petite ferme à huit milles de Harper's Ferry. Là il s'était procuré en secret les armes et munitions nécessaires, et de là il partit un dimanche à la tombée de la nuit, pour aller avec ses vingt et un hommes, attaquer le gouvernement des États-Unis et l'État de Virginie.

Le coup fut si imprévu qu'il réussit d'abord. Vers dix heures du soir la ville fut envahie, l'arsenal enlevé sans coup férir, et une vingtaine d'employés et d'ouvriers furent faits prisonniers avec quelques notables habitants destinés sans doute à servir d'otages.

Le jour vint, et les noirs ne bougeaient point. Bien plus, le premier sur lequel on mit la main ne songea qu'à s'enfuir et fut tué d'un coup de fusil.

On avait mis des sentinelles aux portes principales. Le

---

(1) Le corps de John Brown, gît pourrissant dans la première, mais son âme marche en avant.....

premier blanc qui parut au dehors était armé d'une carabine. Au qui vive! il répondit par un coup de feu, et tomba mort, frappé de plusieurs balles. Un ancien officier de l'armée et le maire de la ville, s'étant ensuite avancés pour reconnaître le caractère et la force des envahisseurs, eurent le même sort. Il n'y avait plus dès lors de ménagements à garder. Une compagnie de milice rassemblée en hâte attaqua et emporta d'assaut un bâtiment défendu par cinq hommes dont quatre furent tués sur place et le cinquième resta prisonnier. Quatre conjurés voyant les choses tourner au pire s'étaient esquivés au point du jour et avaient regagné les montagnes. Il ne restait donc plus à John Brown que douze hommes.

A leur tête, il se battit comme Charles XII à Bender. Barricadé avec ses prisonniers et quelques nègres dans la remise des pompes à incendie de l'arsenal, il y fut bientôt attaqué par les ouvriers du chemin de fer qui défoncèrent la porte, tuèrent deux hommes, mais furent repoussés avec une perte de sept blessés. La petite bande se trouva ainsi réduite à onze combattants.

Dans la journée, un millier d'hommes étaient arrivés en armes à Harper's Ferry; mais ils hésitaient devant un assaut définitif par crainte de compromettre la vie des prisonniers. Les assiégés essayèrent alors d'envoyer deux des leurs en parlementaires; l'un fut grièvement blessé; l'autre fait prisonnier. Restaient neuf.

Dans la soirée, cent soldats de marine arrivèrent de Washington avec deux pièces d'artillerie. Le mardi, au point du jour, la garnison fut sommée de se rendre. Elle s'y refusa. Mourir pour mourir, la baïonnette valait mieux que la corde. Les soldats de marine se ruèrent alors sur la porte défoncée au moyen d'une lourde échelle; le premier qui pénétra à l'intérieur tomba mort près du seuil. John Brown fut abattu d'un coup de sabre à la tête et percé de trois coups de baïonnette. Ses compagnons tombèrent autour de lui tués ou blessés, sauf deux nègres qui furent faits prisonniers sans blessure. Les survivants, même, ceux qui s'étaient échappés la veille, furent repris plus tard, et furent tous exécutés.

John Brown avait perdu la partie; il paya l'enjeu sans sourciller. On le déposa devant ses juges, la tête et le corps entourés de bandages, sur un matelas ensanglanté. Il subit son procès sans forfanterie ni faiblesse, et le 2 décembre, marcha à la mort l'œil calme et le visage souriant. C'était en 1859. — En 1865, lorsqu'on me montra la place où la sentinelle perdue de l'abolitionisme avait été pendue, il ne restait plus un esclave sur le continent américain.

Bien qu'elle fût inspirée par les doctrines abolitionistes, et qu'elle se reliât par là aux événements du Kansas, auxquels, d'ailleurs, son chef avait pris part, la tentative insensée de Harper's Ferry était en réalité un fait individuel et isolé. Mais il fut aussitôt exploité dans le Sud comme une agression flagrante du Nord. D'autre part, les sociétés abolitionistes redoublaient d'activité et d'énergie, et engageaient de plus en plus le parti républicain dans leurs voies. L'irritation en vint à ce point que M. Seward, son principal chef à cette époque, posa dans un discours d'un grand effet, le dilemme suivant : « Ou les champs de coton et de riz de la Caroline du sud et les plantations de sucre de la Louisiane seront en définitive cultivés par le travail libre, et Charleston et la Nouvelle Orléans deviendront des marchés ouverts seulement aux marchandises légitimes; — ou bien les champs de seigle et de blé du Massachussetts et du New-York devront être rendus par leurs fermiers à la culture esclave et à la production des esclaves, et Boston et New-York devenir des bazars livrés au trafic des corps et des âmes d'hommes! » Les positions ne pouvaient être plus tranchées; mais il est bon de tenir compte de cette différence que le Nord ne voulait encore que conquérir constitutionnellement la présidence de l'Union, à laquelle sa prépondérance de population lui donnait un droit incontestable dans un gouvernement démocratique, tandis que le Sud marchait dès lors, à ciel ouvert, à la sécession.

Les chefs esclavagistes jouaient cartes sur table. L'un d'eux me disait à cette époque : « Si le candidat républicain triomphe, nous nous séparerons de l'Union, nous établirons une confédération du Sud avec un gouvernement à notre guise; nous placerons un cordon de troupes à la frontière, et tous ceux de vos damnés abolitionistes qui mettront le pied sur notre sol, nous les pendrons. Alors nous aurons la paix chez nous. — Alors vous aurez la guerre, repris-je. — La guerre! Vous ne connaissez guère cette race de marchands. Leur grande affaire est de gagner de l'argent et de duper (*to humbug*) cette plèbe aux dépens de laquelle ils s'enrichissent. La guerre les atteindrait dans ce qu'ils ont de plus cher, leur bourse. Ils ne se battront pas. » En vain m'efforçais-je de lui faire comprendre son erreur sur ce point. « Vous êtes né Français, répondait-il, et les Français se battent pour moins que cela; mais vous ne sauriez comprendre la nature de ce peuple-ci; les Yankees nous laisseront partir et ne se battront pas. » C'était précisément l'inverse que m'opposaient nos hommes du Nord à qui je prédisais la guerre civile comme conséquence inévitable de la question de l'esclavage. « La guerre civile? Impossible, me répondaient-ils. Les mangeurs de feu (*fire eaters*) sont des faiseurs d'embarras (*fussy people*) qui font en somme plus de bruit que de besogne. Depuis des années, ils crient à la sécession; mais quant à rompre sérieusement l'Union, c'est une autre affaire; ils n'oseraient! »

N'est-ce pas un fait curieux qu'au milieu de leurs fureurs politiques sur la question de l'esclavage, les Américains du Nord, fascinés par le culte patriotique de leurs institutions, n'aient pas voulu voir où ils allaient? — Toujours le mot de Fénelon : — « L'homme s'agite et Dieu le mène! »

CHAPITRE II

COMMENT SE FIT LA SÉCESSION

Campagne électorale de 1860. — Menaces directes de sécession. — Scènes violentes dans le Congrès. — Convention de Charleston. — Convention de Baltimore. — Convention de Chicago. — 2ᵉ Convention de Baltimore. — Élection de M. Lincoln à la présidence. — Les États du Sud prennent les armes. — Complicité passive de M. Buchanan. — Trahisons dans le cabinet. — Sécession de la Caroline du sud. — Dernières tentatives de compromis. — Sécession du Mississippi. — De la Floride. — De l'Alabama. — De la Louisiane. — De la Géorgie. — Premier coup de canon. — Organisation de la Confédération du Sud. — Inauguration du président Lincoln.

La question de l'esclavage aux États-Unis, dont je viens d'indiquer les phases successives et les développements irrésistibles pendant quarante ans, définit clairement le caractère exclusif de la campagne présidentielle de 1860. Pour ou contre l'esclavage, — voilà le dilemme. Le reste n'était rien. Les préludes de la lutte furent orageux à l'extrême, parfois même sanglants comme à Baltimore, où les élections locales coûtèrent la vie à quelques citoyens.

La première menace officielle de sécession vint de la Louisiane. La législature de l'État adopta, dès le mois de janvier, des résolutions déclarant que : l'élection d'un républicain-noir (1) à la présidence des États-Unis, serait

---

(1) Cette désignation signifiait simplement un républicain dévoué à l'émancipation des noirs, et non pas un républicain de race africaine, comme l'interprétèrent ridiculement plusieurs journaux français de cette époque.

une cause suffisante pour la dissolution de l'Union et pour l'appel en convention des États du Sud, où la Louisiane fixait d'avance le chiffre de sa représentation à six délégués. Le pays ne s'émut pourtant pas encore de cette déclaration. Un intérêt plus immédiat concentrait alors son attention sur la lutte dont l'élection du *speaker* était l'objet dans la Chambre des représentants au Congrès. Les forces s'y trouvèrent assez balancées pour la prolonger obstinément pendant plus de huit semaines (du 5 décembre au 1er février). Mais les républicains finirent par l'emporter, et M. Pennington, leur candidat, fut élu au quarante-cinquième tour de scrutin.

En encourageant la confiance des adversaires de l'esclavage, cette victoire parlementaire eut aussi pour effet de stimuler leurs efforts. Pour la première fois, M. A. Lincoln parut à New-York. Il n'y était connu que par le rapport de ses luttes oratoires contre M. Douglas à qui il avait disputé, dans l'Illinois, un siége au Sénat des États-Unis. Un vaste meeting fut organisé pour l'entendre, et le programme du parti y fut par lui exposé et discuté avec un succès qui fit sensation, mais sans menaces à l'adresse des États à esclaves. De ce côté cependant, l'horizon s'assombrissait de plus en plus, et la législature de la Caroline du sud, suivant en cela l'exemple de la Louisiane, recommandait l'envoi de délégués à une convention du Sud.

Ce fut alors que, pour calmer les inquiétudes qui se manifestaient dans l'opinion, M. Seward prononça devant le Sénat, un discours-manifeste qui faisait plus d'honneur à son imagination qu'à sa clairvoyance. Selon lui, il n'y avait lieu d'appréhender aucun résultat matériel des menaces de désunion tant de fois insinuées, formulées, répétées. C'était un épouvantail destiné simplement à influencer les élections, etc., etc. M. Seward était-il, au fond, aussi optimiste qu'il le voulait paraître? Et ne travaillait-il pas ainsi quelque peu à son profit? Le résultat sembla l'indiquer, puisque adoptant ses vues, l'opinion le considéra dès lors comme le candidat désigné du parti républicain pour la présidence. Les déclarations comminatoires des États du Sud restèrent donc sans effet sur les idées et la conduite des Etats du Nord où les adversaires de l'esclavage triomphèrent partout dans les élections partielles du mois de mars.

Des symptômes plus graves d'hostilité se produisirent même sous forme de conflits de juridiction entre le gouvernement fédéral et quelques États libres. Ainsi, dans le Massachussetts, un témoin récalcitrant dans l'affaire du Harper's Ferry, appréhendé par ordre du Sénat, à Concord, sa résidence, fut aussitôt remis en liberté par l'intervention de la justice locale soutenue par la population. Ainsi encore à Racine, dans le Wisconsin, un homme prévenu d'avoir aidé à l'évasion d'un esclave, fut enlevé par les mêmes moyens aux fonctionnaires fédéraux impuissants à exécuter leur mandat. Au nord-ouest comme au nord-est, la haine de l'esclavage était la même et produisait les mêmes résistances. Elle eut ses explosions violentes jusque dans l'enceinte du Congrès.

Le 5 avril, M. Lovejoy, de l'Illinois, s'en fit l'interprète à la Chambre des représentants : « L'esclavage, s'écriait-il, a été appelé justement la source de tous les crimes. Mettez dans un creuset moral tous les crimes, tous les vices de la nature humaine, et le résultat sera l'esclavage. Il a la violence du vol; il a la sanguinaire fureur de la piraterie; il a la luxure brutale de la polygamie... etc., etc. » On devine l'effet immédiat de cette sortie furibonde. Un représentant du Sud s'élança armé d'une canne pour châtier l'orateur; des représentants du Nord se précipitent pour le protéger; un membre du Kentucky armé d'un long *bowie knife* s'en nettoie les ongles avec affectation, épiant le moment d'en faire un autre usage. Les injures, les menaces se répondent de tous côtés, et le président, impuissant à calmer la tempête, ne peut que lever la séance au milieu d'une effroyable confusion.

Ce fut sous le coup de cette surexcitation universelle, dans le Nord comme dans le Sud, dans le Congrès comme dans le peuple, dans la presse comme à la tribune, que s'ouvrit la campagne présidentielle par la convention du parti démocrate réunie à Charleston dans les derniers jours d'avril. L'objet en était de formuler une déclaration de principes, et de désigner un candidat à la présidence. Sur ces deux points, une divergence d'opinions se manifesta tout d'abord, — résultat à peu près inévitable des éléments divers qui composaient la convention, et de leur disproportion avec les intérêts qu'ils représentaient. Je m'explique.

Tous les États de l'Union, Nord et Sud, étaient représentés à Charleston dans la proportion de leurs populations respectives et par conséquent du chiffre de leur représentants au Congrès. Or, les États libres, étant à peu près tous assurés au candidat républicain, ne pouvaient fournir que quelques voix électorales au parti démocrate qui néanmoins comptait 366 délégués sur 604 à Charleston, — tandis que les États du Sud qui, au contraire, devaient donner la presque unanimité des suffrages au candidat présidentiel du parti, n'avaient à la convention que 238 membres. Vice radical. La majorité appartenait à ceux-là mêmes qui ne pouvaient rien pour le succès, certains d'avance d'une défaite dans les États qu'ils étaient censés représenter.

Autre cause de division : — le candidat proposé par les démocrates du Nord était M. Douglas, plus que suspect aux démocrates du Sud par ses doctrines en faveur de la liberté laissée aux habitants des territoires de se choisir leurs institutions locales, en dehors de toute intervention du Congrès. Mises en pratique dans le Kansas, ces doctrines avaient produit un résultat dont le Sud était loin d'avoir à s'applaudir. Cependant M. Douglas était le seul homme qui pût encore faire tourner la victoire en faveur du parti. Eût-il été nommé à Charleston, les chances de la lutte auraient pu être favorables encore. Mais c'était précisément là ce que ne voulaient pas les séparatistes. Déterminés à tenter l'épreuve de la sécession, préparés déjà à la soutenir par les armes, ils en étaient venus à écarter tout gage de conciliation qui, à leurs yeux, n'était qu'un délai temporaire, préjudiciable à leurs projets. L'élection d'un candidat républicain à la présidence leur fournirait l'occasion ou plutôt le prétexte désiré. Ils se résolurent donc à le hâter par la défaite de M. Douglas. Pour la forme, ils se soumirent à l'épreuve constitutionnelle du vote; dans le fond, ils s'armèrent pour l'épreuve révolutionnaire de la rébellion. Ils consentaient à jouer la partie, mais ils se réservaient bien, s'ils la perdaient, de n'en point payer l'enjeu.

Le premier travail de la convention de Charleston fut, en conséquence, l'élaboration d'un programme politique en opposition formelle avec le système de M. Douglas. On y réclamait l'intervention directe du Congrès dans le gouvernement des territoires, pour y protéger et garantir l'importation des esclaves; — la vigoureuse exécution de la loi sur les esclaves fugitifs en dépit de toute opposition des législatures d'État, etc., etc... C'était le gant jeté à la fraction démocrate du Nord qui le releva, et disposant de la majorité, y substitua une déclaration par laquelle le parti s'en rapportait simplement aux décisions de la cour suprême des États-Unis, sur les sujets contestés. Sur quoi, les délégations de sept États du Sud se retirèrent avec éclat, refusant de prendre part plus longtemps aux actes de la convention.

Cette retraite avait pour but évident de vicier la nomination de M. Douglas qui paraissait assurée. Le chiffre des deux tiers nécessaire à une élection se trouvait ainsi abaissé à 165 voix. Mais pour parer le coup, la convention décida que le chiffre resterait le même que s'il n'y avait point eu scission, — c'est à dire 202. Cette décision rendit tout résultat impossible. M. Douglas obtint 150 voix, et à bout d'efforts inutiles, la convention s'ajourna après cinquante-cinq tours de scrutin, pour se réunir encore à Baltimore le 18 juin suivant. Six semaines environ étaient laissées aux démocrates du Nord et aux démocrates du Sud pour réconcilier leurs irréconciliables différends.

Cependant, les hommes modérés qui avaient prévu ces différends et n'avaient point foi dans leur ajustement, s'étaient mis à l'œuvre depuis quelques mois pour édifier un parti mixte, sorte de juste-milieu entre les deux extrêmes, — ni chair ni poisson, — se gardant de marcher sur le sol brûlant de l'abolitionisme ou de nager dans les eaux bouillantes de l'esclavage, — content d'arborer la bannière tant soit peu déchirée déjà de l'Union quand même. Le parti unioniste se réunit en convention à Baltimore, le 9 mai. Son programme fut des plus honnêtes, mais des plus vagues. Il se bornait à cette formule laconique : « L'Union, la Constitution, le respect des lois. » Il ne fallut que deux séances à l'eau tiède pour faire paisiblement sortir de l'urne le *ticket* électoral suivant : — Pour président : John Bell du Tennessee ; — pour vice-président : Edward Everett du Massachussetts. Après quoi, la convention incolore se sépara, sans doute avec l'illusion inoffensive d'avoir trouvé une ancre de salut pour la République en dérive.

A son tour, la convention républicaine se réunit le 16 mai à Chicago. Quel contraste avec la convention démocrate de Charleston! Ici, quatre États du Sud seulement étaient représentés : le Missouri, le Maryland, la Virginie et le Texas. La phalange compacte des délégués, comme une armée disciplinée marchant à la victoire, se mit tout d'abord à l'œuvre avec cet esprit à la fois intelligent et pratique qui va droit au but sans se laisser distraire par des intérêts secondaires ou égarer par des dissentiments dangereux. Le programme était connu d'avance. Il reconnaissait l'esclavage comme une institution locale dont l'abolition ne pouvait procéder que des États où elle existait. Mais il revendiquait la liberté des territoires pour en arrêter l'expansion. Quant au candidat, M. Seward était bien le chef reconnu du parti; mais à l'épreuve du scrutin préparatoire, il fut jugé trop compromis et surtout trop compromettant. Les voix se portèrent sur M. Abraham Lincoln de l'Illinois pour président, et Annibal Hamlin du Maine, pour vice-président. Le parti républicain tenait compte à M. Lincoln de son infatigable activité pour assurer à la cause l'État de l'Illinois encore indécis, et les délégués surent discerner en lui cette modération intelligente, et ce bon sens pratique qui devaient bientôt caractériser son administration, au milieu des épreuves les plus terribles.

Comme toujours dans les partis en désarroi qui s'accrochent à une cause perdue, l'exemple des républicains fut sans effet sur les démocrates. Les querelles s'envenimaient entre eux, et dans le Sénat, M. Pugh de l'Ohio, répondant à une attaque de M. Benjamin de la Louisiane contre M. Douglas, avait signifié sans ambages « que le Nord ne se soumettrait point aux prescriptions (*dictations*) du Sud par rapport à ses principes et à ses candidats. » Déclaration explicite — qui présageait clairement le sort de la seconde convention des démocrates à Baltimore. Elle se réunit en effet au jour fixé, et la première question fut celle des prétentions rivales de certaines délégations du Sud se présentant en double.

On se rappelle qu'à Charleston, les délégations de sept États du Sud s'étaient retirées à la suite de l'adoption d'un programme contraire à leurs vues. Ces délégations se présentaient de nouveau à Baltimore. Mais pendant l'intervalle, d'autres délégations s'étaient organisées avec des titres plus ou moins douteux dans les mêmes États, et réclamaient le droit exclusif de les représenter à la convention. Nouvelle cause de divisions. La convention qui avait gardé rancune aux dissidents de Charleston, se prononça contre eux et admit leurs compétiteurs. Aussitôt la scission éclate de plus belle. Une seconde convention s'installe et s'organise en opposition à la première. L'une représente la fraction du Nord, l'autre la fraction du Sud, et de cet antagonisme irrémédiable, sortent bientôt deux *tickets* électoraux : l'un désigne au suffrage populaire : — pour président : Stephen A. Douglas de l'Illinois ; — pour vice-président : Herschel V. Johnson de la Géorgie. L'autre proclame comme candidats de la démocratie : — pour président : John C. Breckenridge du Kentucky; — pour vice-président : Joseph Lane de l'Orégon. Vingt-cinq États, la plupart républicains, étaient censés représentés dans le premier. Dix-huit États, presque tous démocrates-esclavagistes, avaient dans le second l'expression beaucoup plus réelle de leurs convictions et de leurs tendances.

Ainsi les sécessionistes du Sud en étaient venus à leurs fins. En scindant irrévocablement en deux le parti démocrate, en se séparant de leurs alliés du Nord, ils avaient délibérément assuré le triomphe du candidat antiesclavagiste. Certains désormais du résultat, ils n'attendirent plus qu'avec impatience le signal de la rébellion ouverte, se hâtant d'ailleurs d'en compléter tous les préparatifs avec un redoublement d'activité.

Les meneurs du parti se mirent à prêcher partout la sécession avec une ardeur infatigable, et à exploiter tous les moyens pour exciter la haine du Nord dans les populations. Des incendies fréquents et inexpliqués avaient-ils lieu au Texas? c'était l'œuvre des abolitionistes envoyés de la Nouvelle-Angleterre. Des liqueurs frelatées introduites en contrebande par quelques cabaretiers, étaient-elles découvertes et saisies, elles étaient transformées dans les journaux en bouteille de strychnine envoyées aux esclaves pour empoisonner les blancs en masse.

Au Nord, les tentatives de rapprochement n'aboutissaient à rien, contrariées qu'elles étaient par les rivalités même des candidats. M. Breckenridge dans le Kentucky attaquait M. Douglas qui, à son tour, dénonçait son adversaire partout où le conduisait sa tournée électorale, à travers le Nord, et jusque dans le Sud. Chez les républicains, au contraire, ni divisions, ni conflits. M. Seward parcourait les États de l'Ouest, appuyant de tous les efforts de son éloquence la candidature de M. Lincoln. Dans les meetings, le langage violent des orateurs secondaires engendrait çà et là de rudes bagarres. A Philadelphie, un meeting unioniste fut assailli par les républicains ; à Hannibal (Missouri) les républicains au contraire étaient attaqués par les démocrates. A New-York même il y eut une échauffourée au passage d'une procession de *wide-awakes* (association républicaine) devant le New-York hôtel, quartier général des démocrates.

Au mois d'octobre, l'agitation était à son apogée quand vint l'époque des élections partielles—dans une partie des États du Nord. Le résultat de ces élections était depuis longtemps reconnu comme présageant le sort de l'élection présidentielle. Or, cette fois, la victoire des républicains fut complète, et la Pennsylvanie précédemment démocrate, se rangea définitivement sous leur bannière.

Ce fut alors que toute illusion se dissipant devant l'évidence, trois plans distincts de sécession furent formulés et discutés publiquement dans le Sud :

1° Au lendemain de l'élection de M. Lincoln, la législature de la Caroline du sud convoquée d'urgence passerait, au nom de l'État souverain, une loi révoquant les fonctionnaires fédéraux, prescrivant la prise de possession des fonds de la sous-trésorerie fédérale, etc., etc. En cas de tentative de coercition, l'assistance matérielle des autres États du Sud serait invoquée ;

2° Les gouverneurs des États convoqueraient leurs législateurs par proclamation, aussitôt que l'élection de M. Lincoln serait constatée ; on déclarerait l'Union dissoute et on proclamerait M. Breekenridge président de la Confédération du Sud ;

3° On attendrait l'inauguration de M. Lincoln, sans s'y opposer, et la proposition au Congrès de l'abolition de l'esclavage dans le district de Colombie serait, pour les représentants des quinze États du Sud, le signal de se retirer en masse, et de proclamer la sécession.

On le voit, la question de séparation n'était plus même l'objet d'un doute. La discussion portait simplement sur la manière de procéder. Cela est si vrai que dès cette époque, des ouvertures furent faites au gouvernement français au nom de la future Confédération.

Vint enfin le grand jour, — le jour de l'élection présidentielle, — le mardi 6 novembre 1860, — date à jamais mémorable non seulement dans l'histoire des États-Unis, mais encore dans l'histoire du monde civilisé. Le vote se fit partout avec un calme solennel, — le calme momentané qui, dans l'ordre moral comme dans l'ordre physique, précède souvent le déchaînement immédiat des tempêtes. Le soir même on sut que l'État de New-York, dernier espoir des esclavagistes, donnait une majorité de plus de 40,000 voix à Abraham Lincoln. Voici quel fut le résultat :

LINCOLN ET HAMLIN

ÉTATS.	Votes présidentiels
Californie	4
Connecticut	6
Illinois	11
Indiana	13
Iowa	4
Maine	8
Massachussetts	13
Michigan	6
Minnesota	4
New-Hampshire	5
New-Jersey	4
New-York	35
Ohio	23
Oregon	3
Pennsylvanie	27
Rhode-Island	4
Vermont	5
Wisconsin	5
Total	180

BREEKENRIDGE ET LANE

ÉTATS.	Votes présidentiels
Alabama	9
Arkansas	4
Caroline du nord	10
Caroline du sud	3
Delaware	3
Floride	3
Géorgie	10
Louisiane	6
Maryland	3
Mississipi	7
Texas	4
Total	62

BELL ET EVERETT

ÉTATS.	Votes présidentiels
Kentucky	12
Tennessee	13
Virginie	15
Total	40

DOUGLAS ET JOHNSON

ÉTATS.	Votes présidentiels
Missouri	8
New-Jersey	3
Total	11

Majorité de Lincoln sur tous ses concurrents : 67 votes présidentiels. Dans le vote populaire, il l'emportait de 506,060 voix sur le plus favorisé de ses concurrents.

A partir de l'élection de M. Lincoln, l'action remplace la menace. Dès le lendemain (7 novembre), la législature de la Caroline du sud passe des résolutions pour convoquer une convention d'État; puis coup sur coup elle vote l'armement immédiat de la population, — la levée d'un million de dollars et différentes mesures de guerre. En même temps, les organisations militaires se forment de tous côtés; les meetings sécessionistes se succèdent sans relâche. La fièvre de séparation gagne tous les États à coton, et même en Virginie, les milices prennent les armes. Le drapeau de l'Union disparaît pour faire place, dans la Caroline, à celui du palmier, dans la Géorgie à l'ancien étendard fédéral. Enfin, comme pour compliquer encore les difficultés, de nouveaux troubles éclatent au Kansas, par suite des retards apportés par le Congrès à l'admission formelle du nouvel État.

A ces attaques directes et multipliées contre le gouvernement fédéral, M. Buchanan n'opposait que l'inertie d'une imbécillité sénile ou l'hypocrisie d'une trahison latente. A l'ouverture du trente-sixième Congrès qui eut lieu le 3 décembre, son message présidentiel sans élan, sans inspiration, ne s'éleva point au dessus des procédés étroits et chicaniers d'une discussion technique. M. Buchanan avait dit autrefois de M. Webster : « C'est un homme d'État remarquable, mais il n'est pas *politicien*. » Ce à quoi M. Webster avait répondu : « M. Buchanan est un grand *politicien*, mais il ne sera jamais un homme d'État. » Les derniers actes de sa carrière politique prouvèrent qu'il était tombé encore au dessous de cette appréciation. Un mot de M. Seward caractérise parfaitement le piètre document adressé au Congrès. « Le président, dit le sénateur de New-York, — a démontré deux choses : 1º qu'aucun État n'a le droit de se retirer de l'Union, à moins qu'il n'en ait envie ; — 2º que le devoir du président est de donner force aux lois, à moins que quelqu'un ne s'y oppose. »

La trahison siégeait en outre dans les conseils de ce président-soliveau. MM. Cobb secrétaire du trésor, — Thompson secrétaire de l'intérieur, — Floyd secrétaire de la guerre, appartenaient au Sud, et favorisaient activement la sécession. Pour les faire renoncer à leur position influente dans l'administration qu'ils avilissaient, il fallut la découverte de vols gigantesques au département de l'intérieur, vols dans lesquels M. Floyd se trouva directement compromis par sa signature apposée sur des bons indiens falsifiés. Ce ne fut pas toutefois avant que les pouvoirs du secrétaire de la guerre eussent été employés à expédier dans le Sud, sous divers prétextes, des quantités considérables d'armes qui devaient servir à la rébellion. M. Buchanan lui-même ne se retira point les mains nettes de toute participation à ces envois, après qu'une émeute populaire à Pittsburg eut empêché l'envoi dans le Sud de pièces et de munitions d'artillerie, expédiées par son ordre. Voilà dans quelles mains était tombé le gouvernement de la république, et à quels hommes le soin de son salut restait encore confié pour quelques mois. Isolés de la nation par la déconsidération générale, ils n'avaient plus autour d'eux qu'un groupe d'intrigants âpres à la curée jusqu'au bout, se hâtant aux dernières faveurs du pouvoir, *et quasi apud senem festinantes*.

Le 20 décembre, la Caroline du sud, réunie en convention, déclara l'Union dissoute, et se constitua en État indépendant. La scène fut solennelle. Les délégués vinrent à tour de rôle déposer leurs votes à l'appel de leurs noms. Ils étaient 169. Il n'y en eut pas un qui se prononçât contre cette mesure révolutionnaire. Une ordonnance prescrivit le versement des revenus de la douane dans le trésor de l'État. Le gouverneur fut investi de tous les pouvoirs exercés précédemment par le président, et un conseil exécutif de quatre membres lui fut adjoint. La sécession était désormais un fait accompli, dans la Caroline du sud. Exemple fatal qui ne pouvait manquer d'être promptement suivi, surtout en présence de l'inertie persistante du gouvernement fédéral. Déjà en effet, les conventions de cinq autres États étaient convoquées pour le mois de janvier, et l'armement des volontaires s'y poursuivait sans relâche.

Pour conjurer le mal, M. Buchanan n'imagina rien de mieux que d'ordonner un jour de prières publiques. Ne sachant à quel saint se vouer, il lança une proclamation en style de mandement pour invoquer l'intervention de la Providence, à la date spéciale du 4 janvier 1861. L'inspiration ne parut pas être celle du Saint-Esprit à un peuple dont la maxime pratique est en fait de religion : « Aide-toi, le ciel t'aidera. » Et il ne semble pas que l'*Orate, fratres* du révérend James Buchanan ait eu plus de succès auprès de la Providence, pour qui la sécession était le moyen d'accomplir l'abolition radicale et définitive de l'esclavage.

Au Congrès, les représentants du Sud revendiquaient hautement le droit de séparation que les représentants du Nord déniaient absolument. Vaines discussions, — ce me semble. Qu'est-ce que le droit sans la force? Une fiction. Dans les circonstances où l'on se trouvait alors aux États-Unis, qu'était-ce d'ailleurs que ce droit abstrait? où se trouvait-il? Les arguments ne manquaient ni d'un côté ni de l'autre. Il en était de la Constitution en politique comme de la Bible en religion. Chacun l'interprétait à sa convenance, et tout le monde y trouvait chaussure à son pied.
— La Constitution, disait le Sud, reconnaît l'esclavage qui est la base de notre organisation sociale et politique. Vous la violez en attaquant nos institutions particulières !
— Non ! — s'écriait le Nord, — la Constitution tolère, il est vrai, l'esclavage, et nous le tolérons dans les États où il existe ; mais nous en combattons l'introduction dans les territoires qui sont libres et qui resteront libres en vertu des pouvoirs donnés au Congrès par la Constitution. —
Le pacte fédéral étant violé, — disait encore le Sud, — il cesse d'être obligatoire. Nos pères ont fondé une Union

d'États souverains basée sur le principe fondamental du *self government*, sur la concurrence d'intérêts communs, et sur le partage égal d'influence dans le pouvoir central. Aujourd'hui les intérêts sont devenus incompatibles, l'égalité de pouvoir illusoire, et en vertu du même principe de *self government*, nous usons de notre droit, et nous dissolvons l'Union. — Le pacte fédéral n'est pas violé, répliquait le Nord, et il demeure obligatoire. L'Union fondée par nos pères est basée sur la renonciation formelle et perpétuelle par les États à certains droits de souveraineté définis. L'intérêt commun domine toujours quelques intérêts locaux dont la divergence n'a rien d'inconciliable ; le partage du pouvoir est proportionnel au chiffre des gouvernés, conséquence logique des institutions démocratiques. Vous n'avez pas le droit de dissoudre l'Union. — Avant tout, proclamait enfin le Sud, nous devons allégeance à la souveraineté de nos États respectifs. — Avant tout, proclamait le Nord, — nous devons allégeance à la souveraineté du gouvernement fédéral. — Telles étaient en somme, les questions débattues à grands renforts de développements oratoires.

Allons au fond des choses, et cherchons ce qu'il y avait en réalité sous ce flot tumultueux d'argumentations. Pour moi qui, à cette époque, voyais de près manœuvrer les machinistes derrière la scène du journalisme, je n'y ai découvert que ceci : en dépit de la prépondérance croissante du Nord, le Sud par son comité d'action et la supériorité de ses hommes politiques, avait jusqu'alors gouverné l'Union. Du moment que le pouvoir lui était enlevé, il tombait dans une infériorité relative irrémédiable. Malheureusement pour lui, la disproportion créée par son état de stagnation comparative en face des progrès gigantesques du Nord, tenait à des causes qui, en dehors du développement des intérêts matériels, avaient creusé entre eux un abîme que rien ne pouvait combler. Je veux parler de l'esclavage. Il faut toujours y revenir. L'esprit de liberté qui produisait des merveilles dans le Nord, ne pouvait pactiser plus longtemps avec les superstitions vieillies qui interdisaient à sa marche progressive l'accès de ces riches contrées, de ce beau climat réservé au travail forcé des noirs. Dans les États libres, la haine de l'esclavage avait marché de pair avec les développements de la civilisation. De là cette lutte de plus de quarante ans qui avait moralement scindé l'Union en deux, et qui ne pouvait aboutir qu'à la guerre, cet argument décisif et irréfutable.

En pareil cas, à quoi bon les discussions? Les hommes du Sud ne s'y livraient plus guère que pour gagner du temps et s'assurer les meilleures chances possibles dans l'épreuve des batailles. Mais ce temps par eux si bien employé, le Nord le gaspillait au contraire en tentatives puériles de conciliation.

M. Crittenden, le Nestor de l'ancien parti whig, le collègue des Clay et des Webster, croyait encore sauver l'Union par un retour pur et simple au Compromis du Missouri. Un certain nombre de représentants des États frontières se groupaient autour de lui; mais pour réaliser sa proposition, il eût fallu la concurrence des deux tiers du Congrès, et la Chambre des représentants refusait même d'en entendre la lecture. La formation, au Sénat et à la Chambre, de comités chargés de s'occuper spécialement de la condition de l'Union, n'avait rien produit. En désespoir de cause, une convention générale « de la paix » fut convoquée à Washington sur l'initiative de la Virginie encore indécise et inquiète de se sentir entre le marteau et l'enclume. Treize États seulement (sept libres et six à esclaves) s'y firent représenter. Inutile d'ajouter que les conférences de la paix, auxquelles les États du centre avaient seuls pris part, n'aboutirent à rien.

Pendant qu'on pérorait dans le Nord, que faisait-on dans le Sud?

Le mois de janvier avait vu s'accomplir la sécession successive de cinq États : le Mississipi, la Floride, l'Alabama, la Louisiane et la Géorgie.

Le Mississippi transformait le poste fédéral de Wicksburg en forteresse commandant la navigation du fleuve. La Floride s'était emparée des forts fédéraux de Key-West ; — la Géorgie, des forts Pulaski et Jackson et des arsénaux de Savannah et d'Augusta ; — la Louisiane, de tous les forts et arsenaux situés dans l'État ; — l'Alabama avait fait de même.

En dehors des États formellement séparés, la Caroline du nord avait pris l'avance en occupant les fortifications de Beaufort et de Wilmington, et l'arsenal de Fayetteville ; l'Arkansas en s'emparant de l'arsenal de Little Rock contenant neuf mille fusils et quarante pièces d'artillerie ; — enfin le Tennessee fortifiait Memphis, et la trahison du général Twiggs livrait à l'ennemi les forts, le matériel et partie des troupes qui se trouvaient au Texas. Le premier coup de canon avait même été tiré dans la Caroline du sud toujours ardente à pousser les choses à l'extrême.

Lorsqu'en décembre, la convention carolinienne avait passé l'acte de sécession, le gouvernement des États-Unis n'avait à Charleston qu'une centaine de soldats casernés au fort Moultrie, sous le commandement du major Anderson. Cet officier, d'une loyauté inébranlable, comprit tout de suite qu'avec sa poignée d'hommes, il était là à la merci de l'ennemi. Le fort Sumter, isolé au milieu de l'eau, à l'entrée de la baie qu'il commandait, lui offrait un poste beaucoup plus sûr. Il se hâta de s'y transporter. Là du moins, il était à l'abri d'un coup de main. Mais sa position n'en restait pas moins très précaire. Les Caroliniens occupaient tous les forts de la baie, dont ils poursuivaient l'armement avec une grande activité. Ils élevaient en outre sur divers points de nouvelles batteries dont les lignes de tir convergeaient sur le fort Sumter. Le major Anderson rendait compte au département de la guerre du progrès de ces travaux menaçants. Le fort Sumter en voie de réparations n'était point, à vrai dire, en état de défense. On y était à court d'hommes, à court de munitions, à court de provisions. Il était urgent de le ravitailler et d'en renforcer la petite garnison. Après bien des retards et des hésitations, on décida enfin d'y expédier le vapeur *Star of the west* portant deux cent cinquante hommes et des provisions. Il était déjà trop tard. Le transport arrivant dans la passe, pavillon déployé, y fut reçu à coups de canon par une batterie élevée sur Morris Island. C'était un bâtiment marchand nolisé par le gouvernement. Il dut rebrousser chemin sans avoir accompli sa mission. Anderson et sa petite troupe fidèle restèrent abandonnés à leur sort, et sous le coup de pareille insulte au pavillon national, le président Buchanan s'humilia jusqu'à promettre de ne plus envoyer ni hommes, ni munitions, ni provisions à cette poignée de braves qui seuls arboraient et défendaient encore le drapeau des États-Unis en face des rebelles de la Caroline du sud. Si c'est là de la mansuétude, qu'est-ce donc alors que la lâcheté?

L'orgueil national s'indigna d'une faiblesse si honteuse, mais le peuple se résigna à la patience. L'administration avilie n'avait plus que quelques semaines d'existence. L'opinion trouva du moins quelque consolation à reconnaître que dans le cabinet se trouvait un homme dont le cœur ne recélait ni trahison ni faiblesse, lorsque le général Dix, le nouveau secrétaire du trésor, envoya au commandant d'un des cotres de la douane cet ordre péremptoire : *If any one attemps to haul down the American flag, shoot him on the spot* (1).

Ce fut le seul membre de ce gouvernement eunuque qui donnât signe de virilité. Le général en chef Winfield Scott n'était plus à la hauteur des circonstances. Sa glorieuse réputation appartenait au passé. Affaibli moralement et physiquement par les années, l'ancien candidat à la présidence ne voyait qu'une issue à la lutte engagée : la dislocation de l'Union en quatre confédérations, — et

---

(1) Si quelqu'un tente d'amener le pavillon américain, brûlez-lui la cervelle sur place.

le vainqueur de Mexico ne pouvait plus ni organiser ni conduire une armée. Et cependant, la capitale commençait à être menacée, et avec sa population imprégnée de l'esprit du Sud, elle pouvait inspirer la tentation de quelque aventureux coup de main.

Dans le commencement de février, dédaignant même d'attendre l'inauguration du président élu, et profitant de la complicité passive du président encore en fonctions, les six États séparés organisèrent un gouvernement provisoire à Montgommery (Alabama). M. Jefferson Davis du Mississippi, y fut proclamé président, M. Alexandre Stephens, de la Géorgie vice-président. La constitution de la confédération nouvelle fut calquée sur celle des États-Unis, sauf quelques variantes en accord avec les circonstances.

M. Davis était connu comme un des chefs exaltés du mouvement sécessioniste. Né dans le Kentucky en 1806, il avait par conséquent cinquante-cinq ans à cette époque. Ancien élève de Westpoint, il avait suivi pendant quelque temps la carrière militaire et s'y était distingué contre les Indiens. Retiré en 1835 sur une plantation où il se livrait à la culture du coton, il avait repris les armes en 1846 pour se battre au Mexique comme colonel d'un régiment de volontaires du Mississippi. La paix l'ayant rendu à la vie civile, il avait été élu sénateur, avait occupé le poste de secrétaire de la guerre pendant la présidence de M. Pierce, et avait ensuite repris au Sénat le siége que lui fit abandonner la sécession de l'État qu'il représentait. Malgré son éducation, il était plus homme d'État qu'homme de guerre; d'une volonté tenace, d'une énergie infatigable, il marchait à son but avec la persistance des convictions absolues ou des ambitions sans scrupules.

M. Stephens, au contraire, avait été l'un des derniers unionistes de la Géorgie. Il avait résisté d'abord au mouvement révolutionnaire, et risqué sa popularité, pour exposer, avec une hauteur de vues et une justesse d'appréciation remarquables, les dangers, les obstacles, les catastrophes inséparables d'une scission. Mais ce devoir accompli, il avait accepté sa part des calamités prévues, et suivi la fortune de son État qui, dans ses idées, avait sur lui des droits supérieurs à ceux du gouvernement fédéral. En lui donnant la seconde dignité dans la Confédération du Sud, la convention faisait acte d'habileté. Elle s'assurait la coopération active d'une haute personnalité dont l'influence derait rallier beaucoup de consciences indécises et de caractères chancelants.

Lors donc que M. Lincoln prit en main le pouvoir, il se trouva en face d'une Confédération constituée dans le Sud et organisée sur le pied de guerre. De Springfield à Washington, son passage à travers une partie des États libres avait été signalé par une série d'ovations; mais pour arriver dans la capitale, il lui fallait traverser le Maryland, État à esclaves qui avait voté contre lui avec l'extrême Sud. Les informations assez précises d'un complot contre sa vie, l'obligèrent à se séparer de sa suite à Harrisburg, et ce fut sous le plus strict incognito que, sans s'arrêter à Baltimore, il atteignit le but de son voyage. Il fut inauguré le 4 mars, date prescrite. Son discours fut sobre d'engagements, exempt de menaces, mais non de fermeté, et explicite en un point : le devoir de recouvrer par la force toutes les propriétés fédérales enlevées au gouvernement par les États en rébellion, et la détermination de l'accomplir. C'en était fait des lâches tergiversations; l'heure de l'action avait sonné.

Pour cette épreuve terrible où le sort de la République allait se jouer sur les champs de bataille, M. Lincoln s'entoura d'abord d'hommes dévoués à la cause nationale et résolus à donner force à la volonté du peuple. C'étaient : M. Seward, de New-York, désigné d'avance pour la secrétairerie d'État; M. S. P. Chase, de l'Ohio, au trésor; M. S. Caméron, de la Pennsylvanie, à la guerre; M. G. Welles, du Connecticut, à la marine; M. C. B. Smith, à l'intérieur, etc., etc. Mais tout était à faire, tout à créer.

En quittant le pouvoir, pour se dérober au mépris public dans l'obscurité de la vie privée, M. Buchanan laissait à son successeur l'Union démembrée, une Confédération rebelle de six États auxquels allait, dans quelques jours, s'adjoindre un septième, le Texas, — six autres États en révolte contre l'autorité fédérale, et appartenant déjà virtuellement à la Confédération du Sud. Contre cette formidable levée de boucliers, point d'armée; — 653 hommes, officiers compris, dans la capitale; — des arsenaux vides; — des forts sans garnison et sans armement; — une marine disséminée au loin, et suffisante à peine à la protection du commerce en temps de paix; — un trésor à peu près à sec; — enfin, le Nord encore inactif, travaillé dans son immobilité par des dissidences d'opinion, trahi par des intérêts personnels, livrant clandestinement au Sud le produit des manufactures d'armes particulières.

Telle était la situation. Beaucoup la jugeaient désespérée; mais on ignorait encore quelles immenses ressources un peuple libre peut trouver dans les élans de son patriotisme et quels prodiges il peut accomplir pour sauver à la fois et son existence et ses institutions. Ce grand spectacle, l'Amérique allait le donner au monde. Elle n'attendait que le signal des canons du fort Sumter, et il ne se fit pas longtemps attendre.

CHAPITRE III

AUX ARMES, CITOYENS !.....

Capitulation du fort Sumter. — Appel de 75,000 hommes. — Quatre États refusent de fournir leur contingent. — Premiers régiments en route pour Washington. — Emeute sanglante à Baltimore. — Sans nouvelles. — Sécession de la Virginie. — Nouvel appel de 83,000 volontaires. — Sécession de l'Arkansas. — Occupation d'Alexandrie par les fédéraux. — Des hommes, mais pas d'armée. — Bataillons-écoles. — Premiers succès dans la Virginie occidentale. — Le général G. B. Mac Clellan. — Bataille de Bull-Run.

Le mois de mars fut consacré à organiser l'administration nouvelle, et à préparer les secours nécessaires aux quelques forts du Sud conservés encore au gouvernement fédéral par la fidélité de leurs commandants. Le premier envoi se fit de New-York le 7 avril. Il se composait de dix-huit bâtiments de divers tonnages et de six transports. Sa destination était tenue secrète; mais il avait à peine pris la mer que le général Beauregard, commandant à Charleston, fit signifier au major Anderson enfermé dans le fort Sumter, que toute communication lui était désormais interdite avec la ville. C'était couper les vivres à la petite garnison qui, jusque-là, avait pu s'approvisionner au jour le jour en vertu d'arrangements pris par le commandant, sous sa responsabilité personnelle. Le 11, Anderson fut sommé de rendre le fort. Il s'y refusa. « J'attendrai le premier coup de canon, écrivit-il. Si vous ne nous démantelez pas, nous nous trouverons réduits par la famine sous peu de jours. » Cette information n'apprenait rien à l'ennemi, mais pouvait l'engager à retarder l'attaque, et par là, prolonger la chance d'être secouru à temps. Il n'en fut rien cependant. Le lendemain, — vendredi 12 avril, — dès quatre heures du matin, toutes les batteries rebelles ouvrirent le feu. Le fort ne comptait que quatre-vingt-un hommes de garnison, et n'était même pas en état de défense. Dans les casemates, une quarantaine d'embrasures en voie de reconstruction, présentaient des vides béants à peine dissimulés par des rideaux de planches de quelques pouces d'épaisseur. Néanmoins, on répondit comme on put, à la grêle de projectiles qui ne discontinua point de toute la journée. Il s'y trouvait des boulets rouges qui mirent le feu aux baraques construites extérieurement. Il fallut abandonner le service des pièces pour travailler à éteindre l'incendie qui n'en dévora pas moins sa proie. Quelques navires se montrèrent au large; mais on reconnut bientôt que l'un d'eux s'était échoué sur la barre, et que les autres étaient dans l'impossibilité de franchir la passe avec quelque chance d'arriver jusqu'au fort. Le commandant eût pu tenir deux jours encore, avec ce qu'il lui restait de vivres en magasin. Il préféra épargner la vie de ses hommes, en abrégeant une résistance inutile, et il capitula le samedi dans l'après-midi. Les défenseurs du fort Sumter furent traités avec les honneurs de la guerre et laissés libres de s'embarquer pour le Nord où, quelques jours plus tard, ils durent être agréablement surpris de se voir transformés en héros.

Ils avaient fait leur devoir, rien de plus. Abandonnés à eux-mêmes dans une position désespérée, ils avaient subi un bombardement de deux jours, qui ne fit de mal qu'aux murailles, pour qu'il demeurât bien constaté qu'ils ne cédaient qu'à la force; après quoi, ils avaient plié bagage et rendu la place. Avec la meilleure volonté du monde, il semblait impossible de trouver là rien de bien héroïque. Et cependant à voir les ovations qui leur furent décernées, — à lire les dithyrambes composés en leur honneur, il semblait qu'Anderson et ses quatre-vingts eussent renouvelé pour l'Amérique, au fort Sumter, ce qu'autrefois Léonidas et ses trois cents avaient fait pour la Grèce aux Thermopyles. C'est que, depuis quelques jours, tout avait bien changé de face dans les États libres. Autant ils avaient été lents jusque-là à se préparer à la guerre, autant ils se montraient prompts maintenant à courir aux armes. La dernière illusion s'était dissipée avec la fumée des canons caroliniens.

Le 15 avril, deux jours après la reddition du fort Sumter, le président avait lancé une proclamation appelant aux armes 75,000 hommes, pour un service de trois mois. La mesure était absolument insuffisante, et ne pouvait être considérée comme un remède proportionné au mal; mais elle eut du moins ce bon résultat de fouetter le sang des hommes du Nord, et d'allumer dans leurs poitrines la fièvre des batailles. Rien de ce qui pouvait y contribuer efficacement ne fut négligé, et c'est ainsi que la défense du fort Sumter, insignifiante en soi, fut exaltée aux proportions d'un exploit, autant pour stimuler l'enthousiasme populaire, que pour honorer la loyauté fidèle, à l'heure des défections qui déshonoraient les cadres de l'armée, et tournaient contre le gouvernement fédéral les services de presque tous les officiers appartenant au Sud.

Après les ovations populaires, vinrent les promotions officielles pour ces heureux vaincus, à qui leur défaite profitait plus qu'aucune victoire. Les brevets d'héroïsme étaient alors à bon compte, et la presse américaine devait longtemps encore les débiter à vil prix, avant que la valeur réelle en fût établie par l'épreuve du sang et du feu.

La Caroline du nord, le Kentucky, le Missouri et le Tennessee refusèrent de fournir leur contingent pour réprimer la rébellion. C'était se séparer virtuellement de l'Union. En revanche, la plupart des États libres offrirent bien au delà du chiffre demandé. La Pennsylvanie et le Massachussetts offrirent chacun cent mille volontaires. Le gouverneur du New-York, homme pratique et peu enclin aux exagérations, promit trente mille hommes armés et équipés, et l'on se mit aussitôt à l'œuvre pour faire honneur à sa parole.

Quiconque a vu New-York dans ces jours de contagion patriotique, ne peut plus oublier la grandeur et l'étrangeté du spectacle : cette excitation fébrile de la population, ces fourmillements affairés aux abords des salles d'armes de la milice, ces courants humains sillonnant les rues vers les bureaux de recrutement, ces immenses meetings où le peuple, accouru en masse, s'agitait en vagues bruyantes sous la parole passionnée des orateurs improvisés. Un souffle ardent avait passé sur cette multitude et entraîné tout dans son tourbillon, — tout, jusqu'aux alliés du Sud qui, pour quelques jours, renoncèrent publiquement à leurs sympathies connues, ou du moins les couvrirent hypocritement du manteau d'un patriotisme affecté.

Ce ne fut pourtant point l'État impérial qui, au milieu de l'élan universel, eut l'honneur de répondre le premier à l'appel du gouvernement menacé. Il fut devancé par le Massachussetts auquel il ne fallut que quarante-huit heures, après la proclamation du président, pour expédier 640 hommes par mer, de Boston à la forteresse Monroë, et un régiment de 800 hommes par terre, à destination de Washington. Le 18 avril, le 6e du Massachussetts traversa New-York, tambours battant, enseignes déployées, au milieu des acclamations de la population accourue pour saluer à son passage cette première avant-garde de l'armée nationale.

Mêlé à la foule, j'allai admirer la bonne tenue des volontaires, étudier le double caractère de bravoure et d'intelligence empreint sur leur physionomie, et battre des mains à leur dernière compagnie. Surnuméraires sans armes et sans uniformes, ils n'avaient point voulu rester en arrière, et ils suivaient le régiment, prêts à prendre la place des tués et à relever au feu les blessés. Leur léger bagage enveloppé dans un mouchoir, pendait sur leur épaule en guise de havre-sac, et ils s'en allaient à la gloire ou à la mort, sûrs, dans l'un ou l'autre cas, d'avoir accompli leur devoir de citoyens et de soldats.

Et je songeais, malgré moi, à ces spectacles familiers de ma première enfance, où des bataillons français défilaient devant les épaulettes étoilées de mon père ; et je me demandais vaguement si la destinée qui m'avait privé en France de l'héritage de son épée, ne pourrait pas me réserver en Amérique quelque compensation dans les rangs de ces volontaires allant combattre pour une cause qui avait immortalisé Lafayette.....

Le 6ᵉ du Massachussetts fut presque immédiatement suivi par le 8ᵉ et par le 1ᵉʳ du Rhode Island. Leur passage stimulait l'émulation des New-Yorkais et hâtait le départ du 7ᵉ, le plus beau régiment de leurs milices, qui allait se mettre en route à vingt-quatre heures d'intervalle. Ces vingt-quatre heures furent signalées par un événement qui porta l'agitation à son comble. Le chemin de fer ne présentait pas à cette époque une ligne continue de New-York à Washington. A Philadelphie et à Baltimore, il fallait traverser la ville en voiture ou dans des wagons à chevaux, pour se rendre d'un débarcadère à l'autre. A Philadelphie, le passage du 6ᵉ Massachussetts ne fut signalé que par les acclamations sympathiques de la population. A Baltimore, ville dévouée à la cause du Sud, le peuple s'ameuta pour barrer le passage au régiment yankee. Il passa néanmoins, mais au prix d'un combat sanglant qui coûta la vie à quelques hommes de part et d'autre. Des volontaires philadelphiens, qui s'étaient mis en route pour la capitale, mal armés et mal équipés, furent obligés de rebrousser chemin.

C'était là un événement d'une haute gravité, en ce sens qu'il menaçait directement les communications des États libres avec la capitale fédérale, enclavée dans le Maryland. Le péril était plus pressant qu'on ne l'avait soupçonné ; il fallait le conjurer à tout prix. Le 7ᵉ de New-York partit aussitôt, salué avec enthousiasme à son départ par les applaudissements de la cité impériale. Il fut promptement suivi par le 12ᵉ, le 71ᵉ, le 8ᵉ, le 69ᵉ et autres dont la liste serait ici trop longue.

Ils partirent; mais il fallut des jours et des nuits d'anxiété pour apprendre de leurs nouvelles. Les fils télégraphiques avaient été coupés de tous côtés dans le Maryland, et c'est à peine si l'on pouvait suivre le mouvement des troupes jusqu'à Baltimore. Au delà, tout devenait incertitude. En l'absence des faits, les rumeurs avaient libre carrière, et elles étaient généralement d'un caractère sinistre. On s'abordait dans les rues, on se visitait dans les maisons pour se communiquer ce qu'on avait entendu ici ou là. Car tout se réduisait à peu près à des on-dit. Les journaux du matin, dont on se disputait les *extra* jusqu'à midi, les feuilles du soir, dont les éditions successives s'épuisaient à peine parues, publiaient tout ce qui venait à leur connaissance, mais sans se porter garants de l'exactitude de leurs renseignements, à moins toutefois que quelque hardi correspondant n'eût traversé la région d'isolement autour de Washington, pour apporter lui-même de précieuses informations aux points extrêmes des communications maintenues. Alors New-York respirait en apprenant de source certaine que ses régiments n'avaient point été taillés en pièces, que le président n'était point assassiné; que Washington n'était pas livré aux flammes, comme les affiliés du Sud s'appliquaient à en semer le rapport vingt fois le jour.

Il y avait au *Fifth avenue hotel* une agence télégraphique. Chaque soir le vestibule, aux proportions monumentales, était envahi par une foule compacte des habitants de ce quartier élégant. On s'y entretenait avec une animation extrême, en attendant les nouvelles. Aussitôt qu'arrivait une dépêche, un employé monté sur une table en donnait lecture à haute voix, avant de l'afficher sur un bulletin livré gratuitement à la curiosité de tous. Dans l'intervalle, quelques orateurs se livraient à des improvisations de circonstance, si l'absence des nouvelles laissait languir les discussions dans les groupes, et la foule ne s'écoulait que lorsque l'heure avancée de la nuit ne promettait plus rien à ajouter à la somme d'informations attendues avec anxiété dans les familles.

Le jour se fit enfin lorsque le général Butler eut occupé militairement Baltimore. Les communications rétablies, on put apprécier la situation. A vrai dire, elle n'offrait rien de bien encourageant; mais, du moins, on savait à quoi s'en tenir. C'était déjà beaucoup. Harper's Ferry et sa manufacture d'armes étaient tombés au pouvoir des Virginiens qui s'étaient également emparés de Norfolk, où l'arsenal maritime avait été livré aux flammes. A Richmond, ils avaient mis la main sur l'administration des douanes et des postes, préliminaires que compléta promptement la sécession formelle de l'État. En conséquence, les ports de la Virginie et de la Caroline du nord furent déclarés en état de blocus. C'était tout ce qu'on pouvait faire pour le moment.

La Virginie était fort en arrière de l'extrême Sud. Au fond, elle répugnait à la séparation, et jusqu'au dernier moment, elle avait tourné tous ses efforts vers un compromis pacifique. A l'élection présidentielle, elle avait voté pour Bell et Everett, candidats unionistes. Elle avait pris ensuite l'initiative de la convention de la paix à Washington, pour rallier les États du centre autour de M. Crittenden, dans une résistance conservatrice aux emportements des partis extrêmes. Les intérêts des États à coton n'étaient pas les siens. L'esclavage était sans racines dans toute la portion montagneuse de son territoire, à l'ouest de la Shenandoah, et le dévoûment à l'Union y fleurissait au contraire avec une énergique vitalité. Même dans la partie orientale, le travail servile n'était qu'un obstacle à la prospérité du pays, dont le climat, le sol, l'agriculture et l'industrie avaient tout à gagner du travail libre. De là une tendance générale à l'émancipation, contre laquelle les planteurs avaient à défendre un genre honteux de spéculation qui les enrichissait en appauvrissant l'État. Je veux parler de l'élève du bétail humain et de la production des nègres pour les États à coton qui en faisaient consommation. Pour alimenter ce trafic, la pratique commune, sur les plantations virginiennes, était d'entretenir des haras *ad hoc* dont les conditions étaient ingénieusement calculées, pour développer autant que possible la production. C'était là le seul intérêt de l'État dans la question de l'esclavage. L'oligarchie des propriétaires d'esclaves en monopolisait les profits; mais la classe inférieure n'en partageait, ni directement, ni indirectement, les bénéfices. Il fallait donc quelque chose de plus que l'intérêt des éleveurs de noirs pour entraîner la Virginie dans les hasards périlleux de la sécession. Un leurre offert à sa vanité accomplit la tâche. Richmond, capitale de la Confédération du Sud, — voilà le feu follet que l'on fit briller à ses yeux. Elle le poursuivit, et s'alla jeter dans les fondrières.

Tant il est vrai que l'on conduit les hommes, — non par la raison, comme le prétendent les philosophes, — mais par la passion, comme le pratiquent les politiques. Associée à la rébellion, la Virginie devenait nécessairement le grand champ de bataille de la guerre. Dans tous les sens et sur tous les points, elle allait être foulée, saccagée, ruinée par les armées ennemies, et quel que fût le sort des armes, elle était vouée au fer et au feu. Fidèle à l'Union, au contraire, elle eût été couverte par la protection des armées fédérales dont les opérations se fussent poursuivies, en pareil cas, dans la Caroline du nord. C'est là que se serait produit le choc des batailles, là que la guerre eût promené ses terribles dévastations, et le sort de la Virginie eût été celui du Maryland qui, pour être resté dans l'Union, ne subit que les dégâts de quelques escarmouches, et la commotion d'une bataille sur un coin de son territoire délivré presque aussitôt qu'envahi. La Virginie prouva en cette circonstance que si, selon la définition de M. Thiers, « une nation libre est un être qui est obligé de réfléchir avant d'agir, » ses réflexions peuvent bien le conduire à commettre les plus grosses sottises. Elle ne parut pas s'apercevoir qu'en l'attirant par un appât perfide, l'extrême

Sud la sacrifiait délibérément à sa propre sûreté. Le but, c'était surtout de confiner les hostilités actives aux *Border states*, c'est à dire à la région limitrophe des États libres. Derrière ce boulevard, le cœur de la Confédération se croyait hors d'atteinte; mais c'était compter sans Grant et Sherman.

Le gouvernement fédéral ne pouvait cependant se faire plus longtemps illusion sur la grandeur de la tâche qui lui incombait. L'appel de 75,000 miliciens était un seau d'eau pour un incendie. Le président fit un nouvel appel de 83,000 hommes, à savoir : 40,000 volontaires pour un terme de trois ans; — 25,000 hommes de l'armée régulière pour cinq ans, — et 18,000 marins. Le total des deux levées s'élevait ainsi à 158,000 hommes; mais 75,000 devaient rentrer dans leurs foyers au bout de trois mois. On était encore loin de compte.

D'autre part, la Confédération était en mouvement. Renforcée par la sécession de l'Arkansas, et de forts contingents du Kentucky et du Tennessee, elle concentrait activement ses forces en Virginie. Ses éclaireurs se montraient sur la rive droite du Potomac, jusqu'en vue du dôme du Capitole. D'un moment à l'autre, ils pouvaient s'emparer d'Alexandrie, presque en face de Washington. On résolut de les prévenir. Le 24 mai, la ville fut occupée et mise aussi vite que possible en état de défense par six régiments des troupes de New-York, une brigade du New-Jersey et une du Michigan. Ce fut dans ce mouvement en avant que le colonel Ellsworth, commandant un régiment de zouaves, fut assassiné au moment où il venait d'amener lui-même le drapeau rebelle flottant sur le principal hôtel de la ville. Sa mort, vengée sur place, fit grand bruit. C'était le premier officier tué. L'on n'avait pas encore vu les colonels tomber par douzaines à la fois.

L'armée confédérée n'était qu'à une vingtaine de milles, s'établissant à Manassas dans une position bien choisie. Elle couvrait son front d'ouvrages de campagne sur une crête de terrains escarpés qui suivaient les sinuosités d'un cours d'eau inconnu jusque-là, célèbre depuis : Le Bull-Run. C'est là qu'affluaient les recrues du Sud, comme les recrues du Nord affluaient à Washington.

Vers le 1er juin, les forces réunies autour de la capitale ne s'élevaient pourtant pas au dessus de 34,000 hommes dont 21,000 près de la ville, et 13,000 de l'autre côté du Potomac. Mais, il y arrivait en moyenne à peu près mille hommes par jour.

L'élan des enrôlements se soutenait. Les hommes abondaient; mais il fallait les armer et les équiper, et en l'absence de dépôts préparés d'avance, les États avaient tout à créer. L'industrie privée, à laquelle il fallait avoir recours, ne suffisait qu'imparfaitement aux commandes. En attendant les armes généralement inférieures que le gouvernement faisait acheter en Europe, et celles que les manufactures américaines ne pouvaient livrer qu'à termes plus ou moins rapprochés, on confectionnait en hâte des uniformes, des chaussures, des équipements, tout cela de détestable qualité, quoique payé fort cher aux adjudicataires des contrats. Pour encourager le recrutement, chaque organisation militaire nouvelle était libre de se choisir un uniforme, et Dieu sait si la fantaisie se donnait carrière! Les zouaves étaient par dessus tout en faveur; mais quels zouaves!!! C'étaient les débardeurs de ce carnaval guerrier.

Chaque régiment en voie de formation avait son camp séparé. Les environs des villes en étaient couverts, je pourrais dire infestés, car la discipline ne réprimait point encore les instincts turbulents et pillards de ces rudes novices, aussi peu habitués à l'obéissance que leurs officiers au commandement. Ces derniers étaient aussi ignorants que le reste en matières militaires. Les gouverneurs, n'ayant pas le choix, donnaient les commissions à qui leur amenait des hommes. Aussi les anciens soldats étaient-ils fort recherchés, car seuls, ils pouvaient servir d'instructeurs et enseigner tant bien que mal à marcher au pas, à charger et à tirer une arme. Ils étaient sergents sans conteste, et s'ils pouvaient s'élever à l'école de peloton, le grade d'officier leur était à peu près assuré.

En dehors des enrôlements communs ouverts à la multitude, il s'était formé à New-York quelques bataillons-écoles dont les membres subvenaient à tous leurs frais d'uniforme, d'instruction, etc., etc. Par suite de ces contributions pécuniaires, et de quelques formalités d'admission, l'organisation ne se composait que de personnes appartenant à la classe aisée, gens d'éducation en général. Tel était le bataillon des *New-York rifles*. Le jour était toujours consacré aux affaires, mais chaque soir après dîner, nous nous réunissions à la salle d'armes, pour nous livrer avec une ardeur infatigable à l'école du soldat et à l'école de peloton jusqu'à une heure assez avancée de la nuit. Quand le temps était beau, nous allions, tambours battants, pratiquer l'école de bataillon dans un des grands squares de New-York, où faute de lune, l'éclairage au gaz suffisait encore à nos évolutions.

Ces écoles d'instruction fournirent une certaine quantité d'officiers capables à l'armée ; mais à l'origine, le plus grand nombre sortit de la pépinière des régiments de milice. Ainsi le 7ᵉ de New-York qui rentra le 1ᵉʳ juin, après une campagne de quarante jours sinon sanglante, du moins harassante, put compter en quelques mois plus de trois cents officiers de volontaires sortis de ses rangs. L'un d'eux, le major Winthrop, aide de camp du général Butler, fut le premier officier supérieur tué sur le champ de bataille, à la malencontreuse affaire de Big-Bethel.

Le mois de juin se passa ainsi de part et d'autre à rassembler les armées, et à les organiser autant que faire se pouvait. Il y eut seulement quelques escarmouches sans conséquence à Halifax-Courthouse, au carrefour de Bayley et sur les hauteurs d'Arlington, c'est à dire sur la ligne de défense où l'on commençait à couvrir Washington par une suite de forts détachés. Le seul mouvement de quelque importance fut une avance du général Mac

Clellan dans la Virginie occidentale qui, jointe à la présence d'un corps d'armée pennsylvanien à Chambersburg, sous les ordres du général Patterson, eut pour résultat l'évacuation de Harper's Ferry par les confédérés qui se replièrent sur Winchester. Pour eux, en effet, la fidélité à l'Union des habitants de ces contrées, ajoutait sensiblement aux risques d'une position trop avancée. Un régiment de volontaires fédéraux levé à Wheeling s'était déjà avancé jusqu'à Grofton au devant du général Mac Clellan, et là ne devaient pas s'arrêter les manifestations loyales des Virginiens de l'Ouest. Le 18 juin, ils se réunirent en convention à Wheeling, pour déclarer nulles et non-avenues toutes les ordonnances et mesures votées par la convention de Richmond. Cela fait, ils procédèrent à l'organisation d'un gouvernement provisoire, d'où sortit la constitution d'un nouvel État, sanctionnée plus tard par le congrès d'une façon définitive.

Le mois de juillet, gros d'événements, ne fut d'abord signalé que par la convocation du trente-septième Congrès en session extraordinaire, et par une première victoire du général Mac Clellan à Laurel-Hill. Comme ce combat heureux fut la cause immédiate de sa surprenante fortune, il n'est pas sans intérêt de s'y arrêter un instant.

Géorge Brinton Mac Clellan, né à Philadelphie en 1826, était élève de l'école militaire de Westpoint d'où il était sorti, en 1846, gradué le second de sa classe. Il fut aussitôt envoyé comme sous-lieutenant du génie au Mexique où ses brillants services lui valurent successivement les brevets de premier lieutenant et de capitaine. En 1852, il fit partie d'une expédition d'exploration sur la rivière rouge en Louisiane, et fut ensuite envoyé comme ingénieur hydrographe au Texas. La mission d'explorer la route proposée pour le chemin de fer du Pacifique à travers les déserts de l'Ouest, lui fut ensuite confiée, et lui valut les félicitations officielles de M. Jefferson Davis, alors secrétaire de la guerre. En 1855, nous le retrouvons étudiant avec les majors Delafield et Mordecai l'organisation des armées européennes, et assistant à une partie des opérations de la guerre de Crimée. La partie du rapport qui lui échut, publiée séparément à Philadelphie, fait honneur à ses connaissances militaires et à la culture de son esprit. La carrière militaire aux États-Unis ne promettait néanmoins que des satisfactions fort incomplètes à son ambition. L'avancement limité à l'ancienneté était d'une lenteur désespérante, et le service actif en temps de paix se réduisait ou à des explorations lointaines au milieu des déserts, ou à la vie de sauvage dans les postes perdus des nouveaux territoires. Le capitaine Mac Clellan fit comme tant d'autres. En 1857, il quitta le service pour la position plus agréable et plus lucrative de surintendant général du chemin de fer de l'Ohio et du Mississippi, et de président de la portion Est de cette ligne.

En 1861, la guerre le rappela sous les drapeaux. Le gouverneur de l'Ohio lui avait d'abord confié le commandement des troupes de l'État; mais bientôt le gouvernement fédéral étendit ce commandement à tout un département militaire composé, outre l'Ohio, de l'Indiana, de l'Illinois, et d'une portion de la Pennsylvanie et de la Virginie. Ses troupes entrèrent en campagne le 1er juin. Le 3, sa tête de colonne surprit et culbuta un détachement de rebelles à Philippa. Mac Clellan était encore à Cincinnati. Il ne rejoignit sa petite armée que le 18 à Grufton, et un mois s'écoula avant la reprise des opérations qui avaient pourtant débuté de façon fort encourageante. Enfin à la mi-juillet il se décida à lancer en avant le général Rosecrans à la tête de quatre régiments : trois de l'Indiana et un de l'Ohio. Rosecrans rencontra dans les montagnes l'ennemi commandé par le colonel Pegram. Il l'aborda résolûment, et le battit dans un engagement très vif où il lui infligea une perte de trois cents hommes et de deux pièces de canon.

Pegram se retirait en désordre sur Beverley où il espérait pouvoir attendre l'arrivée d'un autre détachement confédéré commandé par le général Garnett avec qui il n'avait pu opérer sa jonction à Laurel-Hill. Mais Mac Clellan le prévint, et attendit de pied ferme Garnett qui, se voyant devancé, se replia aussitôt sans combat. Mac Clellan avait encore en réserve une partie de ses forces sous le commandement du général T. A. Morris. Celui-ci, averti à temps, traversa rapidement la montagne, poursuivit Garnett, le rejoignit le lendemain à Carrick, fort près de Saint-Georges, et le battit comme Rosecrans avait battu Pegram. Garnett lui-même fut tué dans l'affaire.

Cette opération, fort bien conduite par le général Mac Clellan, lui valut d'abord comme trophées six canons dont un rayé, dix wagons, quantité de tentes, et quelques provisions. On sait ce qu'elle lui rapporta bientôt après. Le résultat immédiat fut de débarrasser cette partie du pays de tout ce qui s'y trouvait de rebelles.

Dans le Nord, une acclamation triomphale répondit à cette première victoire. Les imaginations s'enflammèrent. Mac Clellan s'était avancé avec quelques milliers d'hommes, et la rébellion avait disparu de la Virginie occidentale. Que Mac Dowell marchât en avant avec son armée, et la rébellion disparaîtrait du reste de l'État. Et sur cette donnée un cri universel s'éleva : « En avant ! sur Richmond ! » La pression populaire poussait de toutes parts le gouvernement à une bataille.

Le général Irwin Mac Dowell, qui commandait l'armée du Potomac, ne pouvait guère partager cette aveugle confiance. Son éducation militaire avait été commencée en France, et complétée à Westpoint. Il avait fait la guerre du Mexique, dans l'état-major du général Wool, et professé à l'école militaire. C'était un officier instruit et expérimenté qui savait beaucoup mieux que les journalistes et les politiciens quels étaient les risques d'une attaque tentée avec des recrues à peine organisées contre un ennemi nombreux, fortifié dans une excellente position. A vrai dire, son armée n'était point une armée. Les régiments dont elle se composait n'avaient encore du soldat que les armes et les uniformes. Pour braves qu'ils fussent, les hommes étaient à peine façonnés à la discipline ou aux manœuvres élémentaires ; les officiers étaient presque tous incompétents. Un bataillon ayant fait l'exercice à feu était une exception aussi bien qu'un colonel sachant le commander. Quant aux évolutions de ligne, il n'en avait jamais été question. Mais à la nouvelle du succès de Mac Clellan, tout plus long délai devint impossible, et l'ordre fut donné d'un mouvement général en avant.

La déroute de Bull-Run n'eut d'autre effet que de donner à la lutte des proportions plus formidables. Cette déroute n'eut d'ailleurs rien de surprenant. L'attaque fut mal exécutée, parce qu'avec une armée telle que je l'ai décrite, il était impossible d'opérer avec ensemble ou d'évoluer avec précision. Des régiments se battirent bien, d'autres se battirent peu, d'autres enfin ne se battirent pas du tout. Les confédérés avaient tous les avantages. Fortement établis dans une bonne position, protégés par des lignes complètes de retranchements, ils n'avaient qu'à s'y défendre avec vigueur, ce qu'ils firent. Ils eurent en outre cette bonne fortune d'être puissamment renforcés, dès le début, par le corps d'armée du général Johnson, à qui la déplorable inaction du général Patterson permit d'accourir sans obstacle de Winchester.

Avec des troupes sans discipline et sans expérience, une attaque manquée se change facilement en déroute. Dans ce cas-ci, la débâcle fut complète. Les soldats s'enfuirent en jetant leurs armes, les wagoniers en laissant leurs wagons et les canonniers leurs canons. Les bêtes d'attelage ne servirent qu'à hâter la fuite de ceux qui pouvaient s'en emparer, et tel spectateur qui était venu de Washington pour assister à la victoire, s'estima encore heureux de ne perdre que son véhicule dans la défaite. Ainsi se rua, loin du champ de bataille, cette horde d'hommes et de bêtes à la débandade.

Ils ne s'arrêtèrent que dans la capitale, après avoir mis le Potomac entre eux et l'ennemi qui ne les poursuivait pas.

Les confédérés manquèrent là leur plus belle chance. Eussent-ils poursuivi les fuyards, ils seraient entrés sur leurs talons à Washington, probablement sans coup férir. A la guerre, une occasion perdue se retrouve rarement. Celle-ci ne se représenta jamais.

La bataille s'était livrée le dimanche 21 juillet. Le 22, le général Mac Clellan fut appelé au commandement de l'armée, en remplacement du général Mac Dowell.

CHAPITRE IV

DE NEW-YORK A WASHINGTON

Les gardes Lafayette, 55ᵉ régiment de New-York. — Camp à Staten-Island. — Départ pour Washington. — Collision. — A Philadelphie. — A travers Baltimore. — Arrivée dans la capitale. — 500,000 hommes et 500,000,000 de dollars. — Les tentes. — Organisation des régiments d'infanterie. — Composition du 55ᵉ. — Les insignes du grade et les uniformes dans l'armée américaine.

Le 55ᵉ des milices de New-York, désigné plus généralement alors comme « gardes Lafayette » était un régiment français. Il portait le pantalon garance et le képi rouge, signes distinctifs. Il était peu nombreux, ne dépassant guère le minimum requis pour la milice, c'est à dire 320 hommes. Ce n'était pas le pied de guerre, il s'en faut ; mais cela suffisait pour figurer aux parades, défilés et enterrements, objets à peu près uniques du service en temps de paix.

Lorsqu'au mois d'avril, le président avait lancé son premier appel de 75,000 hommes, personne à New-York ne douta que le 55ᵉ ne fût des premiers à y répondre. L'on allait se battre ; comment un régiment français pourrait-il ne pas en être? Les volontaires étaient accourus en foule pour s'enrôler dans ses rangs; les compagnies se complétaient rapidement, portant leur effectif à cent hommes. Une souscription ouverte parmi les résidents français, pour armer et équiper sans délai les nouvelles recrues, s'était aussitôt couverte de signatures, et avait abondamment pourvu la caisse..... Et malgré tout, le 55ᵉ ne partait pas.

Un jour le régiment avait reçu l'ordre d'aller camper à la Batterie, promenade publique sur la baie, au point de jonction de la rivière de l'Est avec la rivière du Nord. Deux compagnies s'y étaient rendues ; mais le lendemain, un contre-ordre les avait relevées pour faire place à un autre régiment. L'opinion publique s'étonnait de ces allées et venues sans résultats, et de ces retards sans explication satisfaisante. Le colonel en rejetait la responsabilité sur les autorités supérieures ; mais les officiers en attribuaient directement la faute au colonel qui, disaient-ils, s'efforçait de tout son pouvoir de décourager les enrôlements, et d'empêcher le départ du régiment. Fatigués de ces tiraillements et de ces récriminations, les volontaires s'en allaient aussi rapidement qu'ils étaient venus. Les uns formaient une compagnie dans le 62ᵉ de New-York, (zouaves Anderson) ; les autres dans un des régiments de la brigade du général Sickles (Excelsior Brigade). Un jour toute une compagnie avait passé, tambours battant, au 14ᵉ de Brooklyn. Enfin nombre de gardes Lafayette s'engageaient isolément dans diverses organisations militaires où se trouvaient déjà des compatriotes et des amis. Les officiers du 55ᵉ qui voulaient se battre, et voyaient les recrues leur échapper, s'irritaient de la position fausse qui leur était faite, et des remarques peu flatteuses auxquelles elle donnait lieu dans le public. Pour en sortir, ils eurent recours à une démarche collective à la suite de laquelle leur colonel dut substituer à une demande de congé temporaire, sa démission définitive qui fut acceptée.

Quelques semaines s'étaient écoulées à chercher sans succès un nouveau commandant lorsque mon nom fut mis pour la première fois en avant par un lieutenant ayant servi en France, et le seul des officiers qui me fût personnellement connu. A quelques jours de là, un comité composé du major et de trois capitaines vint me faire des ouvertures à ce sujet. Il ne nous fut pas difficile de nous entendre. La condition posée à ma candidature était que je conduirais le régiment à la guerre. La condition posée à mon acceptation était que le régiment me suivrait à la guerre. Le corps d'officiers fut convoqué pour procéder à l'élection, le 21 juillet, veille de la bataille de Bull-Run. Je fus élu à l'unanimité des votes.

Le 23, lendemain de la bataille, une dépêche télégraphique du département de la guerre m'annonça que les services de mon régiment étaient acceptés, et huit jours après, nous étions campés à Staten-Island, de l'autre côté de la baie de New-York, — les compagnies dans des barraques, l'état major seul sous la tente.

Il s'agissait d'abord de se recruter, et de remplir les vides faits dans les rangs pendant les deux derniers mois. Un bureau d'enrôlement fut ouvert immédiatement à la salle d'armes du régiment. Ceux des anciens membres dont l'engagement ailleurs n'était pas définitif, nous revinrent; des nouveaux venus prirent par escouades le chemin du camp; en quatre semaines, notre effectif se trouva grossi de plus de 400 hommes.

Ce n'était plus le temps où la foule affluait à Lafayette-Hall. Trois mois d'enrôlement continu avaient absorbé déjà bien de la chair à canon. Mais ce n'était pas encore le temps des mercenaires. Tous les enrôlements étaient gratuits, et en partant pour l'armée, je pus m'enorgueillir de n'y conduire que des volontaires libres. Pas un de mes hommes n'avait reçu une prime d'engagement.

Le 28 août, le régiment se trouva assez fort pour entrer en campagne. Il était armé et équipé au complet, et mieux exercé au maniement des armes que la presque totalité des autres régiments de volontaires. Les officiers étaient tous au fait du service qui se faisait strictement. Parmi eux et parmi les sergents se trouvaient nombre d'anciens militaires, bons instructeurs pour former les recrues. Les uns avaient fait la guerre en Algérie, les autres en Crimée ou en Italie, et le service de campagne leur était familier. Chacun, du reste, avait le cœur à la besogne. Les longs jours d'été étaient consacrés à l'exercice, et une partie des nuits aux études théoriques. Il fallait bien que le régiment français fît bonne figure en arrivant à Washington.

Avant de partir, quelques vacances furent remplies pour la dernière fois par voix d'élection dans les compagnies, système tolérable dans la milice en temps de paix, mais inadmissible pour des volontaires en temps de guerre, et le 55ᵉ de *milice* allait bientôt être transformé en 55ᵉ de *volontaires*. Il était enrôlé désormais, au service des États-Unis pour « trois ans ou la guerre », si la guerre durait moins de trois ans, ce qui semblait hors de doute.

Le 31 août, au matin, le régiment formé en bataille attendait, le sac au dos et l'arme au pied. Je suivis d'un long regard cette double ligne de braves gens allant gaîment affronter les hasards du champ de bataille où beaucoup devraient verser leur sang, et beaucoup laisser leur vie, ce à quoi aucun d'eux ne semblait songer pour le moment. Au commandement : *Forward! march!* la batterie des tambours fut un instant couverte par un bruyant hourrah! Le sort en était jeté. Le 55ᵉ était en marche pour la guerre.

J'emmenais neuf compagnies seulement, la dixième devant nous rejoindre plus tard à Washington.

Un train de chemin de fer arrêté à courte distance du camp nous attendait, pour nous conduire à un embarcadère d'où un steamer nous transporterait à Amboy. Le steamer se fit attendre. On forma les faisceaux sur le quai. Les hommes y gagnèrent deux heures pour prolonger leurs adieux aux amis venus de New-York. L'embarquement à bord du *Paul Potter* s'opéra militairement et dans le meilleur ordre. Lorsqu'on largua les amarres, ce fut un long échange de hourrahs entre la rive et le steamer. Le vapeur livrait au vent ses pavillons et ses banderolles; le quai faisait miroiter au soleil un fourmillement multicolore de chapeaux lancés en l'air, de mouchoirs agités sans relâche, de robes de femme ondulant à la brise. Bientôt les hourrahs s'éteignirent, les objets s'effacèrent dans la distance. Se reverrait-on jamais? Adieu! — Le port commun, c'est l'éternité, a dit Chateaubriand.

A Amboy, nous reprîmes le chemin de fer. Nous avions fait quelques milles à peine, lorsqu'une secousse violente arrêta net la marche du convoi. C'était une collision. Un train de marchandises, heureusement presque vide, s'avançait à notre rencontre, caché par les courbes de la route. Quand on s'aperçut, il était trop tard pour prévenir le choc. Deux machines désemparées, quelques wagons défoncés, c'est une occurrence qui n'a rien de rare aux États-Unis. Seulement, dans ce cas-ci, les esprits superstitieux en pouvaient être frappés comme d'un funeste présage. Mais comme nous avions plus de poids et de vitesse, et que le train venant du sud avait souffert presque tout le dégât, l'interprétation favorable prévalut, et il resta démontré que la seule signification prophétique de l'accident, était le triomphe du Nord et la déconfiture du Sud. Il n'en fallut pas moins retourner à Amboy à l'aide d'une nouvelle locomotive, pour y attendre jusqu'au soir que la voie fût déblayée. Au point du jour, le régiment arriva à Philadelphie.

Dans ces jours d'élan patriotique, les grandes villes du Nord se faisaient un devoir de venir en aide au gouvernement par tous les moyens possibles. Ainsi, celles qui se trouvaient sur la route habituelle des troupes se rendant à Washington, avaient organisé d'immenses restaurants gratuits où les régiments étaient traités à leur passage. Philadelphie possédait un des établissements les mieux organisés de ce genre. Le 55ᵉ y reçut une généreuse hospitalité. Rien n'y manqua. Abondance de provisions pour les hommes; table séparée et bien servie pour les officiers. Puis, en route pour Baltimore!

Là, la scène changeait. Nous entrions en pays ennemi. Plus de bienvenue, d'acclamations, de mouchoirs au vent, de *God bless you!* comme à Philadelphie; mais un silence morne, des visages hostiles, des murmures à peine comprimés. Quelques précautions étaient bonnes à prendre. Avant d'arriver, chaque homme reçut une dizaine de cartouches. C'était un dimanche; le soleil était chaud; le temps superbe. Les femmes se montraient aux portes et aux fenêtres; les hommes parcouraient les rues. A la nouvelle de l'arrivée du régiment français de New-York, la foule se porta aux abords du débarcadère, et sur l'itinéraire habituel d'un chemin de fer à l'autre, à travers le centre de la ville. Nous inspirions évidemment beaucoup plus de curiosité que de sympathie.

Le régiment était à peine formé en bataille à la sortie des wagons, que le premier commandement fut de charger les armes; le second de mettre la baïonnette au canon, ce qui fut exécuté ostensiblement afin que personne n'en ignorât. Puis, le régiment s'ébranla au son des tambours accentuant vigoureusement les batteries françaises. Personne ne nous suivit. Tout le monde nous regarda passer. Ça et là quelques interpellations nous étaient adressées en français : « Qu'allez-vous faire à Washington? — La guerre ne vous concerne pas. — Vous feriez bien mieux de rester chez vous. — Aller se faire tuer pour les Américains! Merci! — Qu'est-ce que les gens du Sud vous ont fait, à vous? » Les hommes ne répondaient pas; la discipline défend de parler dans les rangs. Ils s'en dédommageaient par des airs gouailleurs et des gestes plus expressifs que polis. Le défilé s'acheva sans autre démonstration, et le soir à la nuit close, nous étions à Washington.

Tout y respirait la guerre. Des fortifications ébauchées montraient çà et là leurs profils rompus; les feux disséminés aux alentours indiquaient l'emplacement des camps, et le long du chemin de fer, les sentinelles nocturnes nous regardaient passer, appuyées sur leurs armes. Près du débarcadère, la masse du Capitole, surmontée de son dôme immense, s'élevait dans le ciel, morne, sombre, silencieuse. Des soldats dans la gare, des soldats dans la rue, des soldats partout. Le convoi s'arrêta devant une baraque construite pour abriter temporairement les régiments à leur arrivée. Ce fut notre gîte pour la nuit. La vaste salle était planchéiée. Nous y dormîmes tous enveloppés dans nos couvertures, — après avoir reçu un souper spartiate composé d'un morceau de pain, d'une tranche de porc salé, et d'une tasse d'eau plus ou moins claire. Les volontaires n'étaient point traités à Washington comme à Philadelphie. Là l'hospitalité généreuse de la cité; ici, le régime réglementaire du commissariat.

Tout le monde sait aujourd'hui ce qu'est Washington. Une ville grandiose restée à l'état de projet; un plan magnifique tracé sur des terrains inoccupés; en réalité un village monumental avec des rues droites et de larges avenues perçant le vide à deux pas du rayon habité qui relie le Capitole à la Maison-Blanche, et dont l'avenue de Pennsylvanie est l'artère principale. Un port sans quais et sans navires, formé par l'évasement du Potomac, et terminé par un pont n'ayant de remarquable que sa longueur, — un mille et quart d'une rive à l'autre. La nature semblait avoir tout préparé là pour la réalisation d'une cité babylonienne. Les fondateurs de la République y furent trompés. Ils crurent que la centralisation politique suffirait à créer dans la capitale une affluence de population croissant en proportion de la prospérité universelle. Il n'en fut rien. Dans un pays comme l'Amérique, les hommes vont où les appellent leurs intérêts. Les grandes agglomérations se déterminent par la somme d'avantages offerts au développement des richesses commerciales, industrielles, agricoles. De là ces villages d'hier, grandes villes aujourd'hui; de là New-York, Philadelphie, la Nouvelle-Orléans, Boston etc., et plus récemment Cincinnati, Saint-Louis, Chicago, San-Francisco. Ces avantages ne se rencontraient point à Washington; la population rêvée n'y vint point; les cadres restèrent vides, et autour des monuments élevés par le gouvernement pour les administrations centrales, se groupèrent seulement les demeures plus confortables que luxueuses des fonctionnaires à terme, les hôtels fréquentés par les solliciteurs et les politiques de passage, et la somme de chétives maisons nécessaires au courant d'affaires de tout genre alimenté par ce monde officiel. L'activité normale de Washington s'est toujours réglée sur l'intermittence des sessions du Congrès, — si l'on excepte les cinq ans d'une vitalité fiévreuse produite par la guerre et éteinte avec elle.

Au mois de septembre 1861, Washington était moitié ville et moitié camp. Les vastes terrains vagues, où les maisons se montraient à peine, étaient occupés par les tentes de l'infanterie se prolongeant comme une ceinture extérieure sur toutes les hauteurs avoisinantes. L'artillerie était un peu partout; le train des équipages était concentré dans un rayon plus rapproché. Enfin l'administration des subsistances montrait ses baraques jusque dans le centre de la ville où dominait l'uniforme.

La session extraordinaire du Congrès, ouverte le 5 juillet, s'était terminée le 5 août. Elle avait eu pour résultats principaux de donner au président 500,000 hommes et 500,000,000 de dollars, et d'autoriser l'émission de 250,000,000 de bons du trésor. L'effectif de l'armée régulière avait été porté à 40,000 hommes. On avait voté sans opposition sérieuse le tarif, l'impôt direct, la confiscation des biens des insurgés, y compris leurs esclaves. Les pouvoirs de l'Exécutif avaient été étendus. Enfin tout avait été prévu pour que le président pût agir sans entrave dans la répression de la rébellion, jusqu'à la prochaine réunion du Congrès, dans les premiers jours de décembre.

L'armée régnait donc sans partage à Washington, d'autant plus que le canon de l'ennemi s'y faisait entendre distinctement et que du haut du dôme du capitole, on pouvait distinguer le drapeau rebelle flottant sur Munson-Hill.

Le lendemain de notre arrivée, un officier d'ordonnance fut envoyé du département de la guerre pour nous conduire à l'emplacement désigné pour notre campement provisoire. Un ordre récent prescrivait que les régiments se rendissent directement à leur destination, sans passer par l'avenue de Pennsylvanie, où la répétition quotidienne des défilés avait fini par devenir un embarras. Cependant, la belle tenue du 55e lui valut l'honneur d'une exception, et ce fut par la « voie sacrée » qu'il marcha vers Meridian-Hill, où des terrains convenables étaient encore inoccupés.

L'administration de la guerre n'était pas encore organisée de façon à suffire complétement au surcroît de labeurs que lui imposait la concentration d'une puissante armée à Washington. Elle pouvait à peine faire face à tous les détails du service. On ne s'étonnera donc pas que nous ayons été laissés à Meridian-Hill vingt-quatre heures sans vivres, sans tentes et sans bois. Heureusement pour nous qu'il nous restait encore un certain nombre de rations apportées de New-York. Le temps était chaud d'ailleurs, et cette première nuit se passa facilement à la belle étoile. Le jour suivant, les tentes arrivèrent avec les rations.

Le gouvernement les distribuait alors avec une prodigalité impossible en campagne, comme on le reconnut plus tard. Elles étaient de deux sortes : — Pour les officiers des *wall-tents* (tentes à murailles) de 10 pieds carrés (anglais), à parois latérales perpendiculaires de 3 pieds de haut, ayant la forme d'une maisonnette. — Pour les sous-officiers et soldats des *wedge-tents* (tentes-coins), de 6 pieds de profondeur sur 6 de face à leur base, dans la proportion d'une pour quatre hommes. Ainsi, pour un régiment de 1,000 hommes : 2 tentes pour le colonel, 2 pour le lieutenant-colonel, 2 pour le major, 2 pour l'adjudant et son bureau, 2 pour le quartier-maître et son bureau, 2 pour les deux chirurgiens, 1 pour chaque capitaine, 1 pour les deux lieutenants de chaque compagnie; total : 32 *wall-tents* et 250 *wedge-tents*; plus, 2 tentes d'hôpital de 14 pieds sur 15.

Du reste, le modèle n'en était point uniforme, et nombre de régiments étaient fournis de tentes-sibley, ainsi nommées d'après l'inventeur qui les avait fait adopter pour l'armée régulière. C'étaient de vastes cônes de toile, coiffés d'un capuchon mobile, se relevant pour aérer l'intérieur ou laisser sortir la fumée d'un poêle pendant l'hiver. Seize hommes y pouvaient dormir la tête contre les parois, les pieds convergeant vers le centre. Elles n'ont jamais pu être employées en campagne. La seule tente qui remplaça toutes les autres et fut d'un usage uniforme pour le soldat pendant la guerre, fut la tente-abri, dont le modèle nous était venu de France.

Le régiment d'infanterie américain différant essentiellement du régiment français, il n'est pas inutile d'en indiquer sommairement ici l'organisation telle qu'elle fut fixée par un acte du Congrès en date du 22 juillet 1861, et conservée sans altération pendant toute la durée de la guerre.

Le régiment n'est, en réalité, qu'un bataillon de dix compagnies. L'état-major se compose de : un colonel, un lieutenant-colonel, un major, un adjudant, un quartier-maître, et deux chirurgiens, avec la faculté d'y adjoindre un chapelain. Le major n'est point, comme en France, un officier d'administration. Il est le suppléant du lieutenant-colonel, comme ce dernier est le suppléant du colonel. Soit à l'exercice, soit au feu, il est plus spécialement chargé de la gauche du régiment, comme le lieutenant-colonel de la droite, l'un et l'autre veillant à la prompte exécution des commandements.

C'est l'adjudant qui tient les livres du régiment, prépare les rapports, enregistre les ordres supérieurs, contresigne ceux du colonel, et reçoit les communications officielles des officiers subalternes, qui doivent invariablement lui être adressées. Dans la hiérarchie militaire, il est de règle que toute communication d'un inférieur à son supérieur doit passer par l'intermédiaire de l'adjudance.

Le quartier-maître est chargé de la transportation, de l'équipage de camp, des fournitures et réquisitions dont il tient les comptes et fait les rapports. Sans lui, l'administration des subsistances n'est représentée dans le régiment que par un sergent-commissaire. Il est du reste assisté par un sergent-quartier-maître, comme l'adjudant par le sergent-major.

Chaque compagnie se compose de : un capitaine, un premier lieutenant, un second lieutenant, cinq sergents, huit caporaux, deux tambours ou clairons, un wagonnier, et de soixante-quatre à quatre-vingt-deux soldats. Le chiffre total du régiment, est donc : officiers 37, sous-officiers et soldats, de 805 (minimum) à 985 (maximum).

Telle était l'organisation du 55ᵉ de New-York. Quant à sa composition elle était des plus variées. Le recrutement avait ouvert ses rangs à toutes les nationalités. Les Français y restaient en majorité dans six compagnies. Le séjour à l'étranger n'avait point altéré leur caractère. Leurs qualités et leurs défauts étaient les mêmes en Amérique qu'en France. Seulement, ici ils étaient moins rompus à la discipline, et leur ponctualité dans le service tenait moins au sentiment du devoir qu'à cette vanité nationale qui les portait volontiers à s'exalter eux-mêmes et à rabaisser les autres. Aux revues et aux exercices de brigade où ils attiraient l'attention, ils faisaient belle figure et manœuvraient avec ensemble et précision. Au feu où personne ne les regardait, ils ne firent ni mieux ni pire que leurs camarades.

Après les Français, les Allemands étaient les plus nombreux dans le 55ᵉ. Presque toutes les compagnies en comptaient plus ou moins dans leurs rangs. L'une d'elles, la compagnie H en était exclusivement composée. Bons soldats, portés à l'obéissance, animés d'un bon esprit et remarqués pour leur belle tenue, ils firent toujours bien leur devoir sur le champ de bataille comme au camp.

La compagnie K était toute composée d'Irlandais, commandés par trois officiers américains sortis de la pépinière du 7ᵉ de milice de New-York. Les Irlandais ont deux défauts favoris : la malpropreté et le penchant à l'ivrognerie. A l'inspection, leurs uniformes n'étaient guère sans taches, ni leur tenue sans reproches. Quand du whisky était introduit au camp en contrebande, c'était au quartier des Irlandais que l'officier de garde s'en apercevait d'abord. Les punitions les plus sévères n'y faisaient rien. Mais en revanche, de fiers batailleurs. Quand ils étaient au feu, les taches de l'uniforme disparaissaient sous la poudre ou le sang. Bons enfants au demeurant, durs à la fatigue, prompts à l'enthousiasme et ne restant pas plus à court d'un bon mot que d'un coup de poing.

J'avais aussi dans mon régiment un petit nombre d'Espagnols, jeunes gens intelligents, sobres, réservés, d'une bonne tenue et d'une bonne conduite, et quelques Italiens, pauvres soldats.

Enfin, la 10ᵉ compagnie, qui ne nous avait pas encore rejoints, était composée d'Américains. Recrutée au hasard, mal commandée, peu disciplinée, à peine exercée, elle se trouva de beaucoup en retard sur les autres. Il fallut lui fournir des instructeurs. Mais officiers et sous-officiers en avaient autant besoin que les soldats, et la compagnie ne sortit jamais de son infériorité relative. C'est là, du reste, un cas spécial qui ne préjuge absolument rien sur la valeur du soldat américain. L'expérience a prouvé qu'il n'était inférieur à aucun autre, et à certains égards il s'est montré supérieur à beaucoup, pour avoir accompli les plus grandes choses, sans jouir des avantages réservés aux nations militaires où la paix ne cesse jamais d'être une préparation pour la guerre. Si les États-Unis avaient eu en 1860 une armée régulière de 150,000 hommes, la rébellion n'eût probablement pas duré six mois.

Pour compléter cette esquisse du 55ᵉ, il me faut mentionner ici une anomalie qui m'avait été léguée par le régime de la milice, et qui ne put être réformée qu'après une première campagne. Je veux parler d'une compagnie de zouaves bizarrement intercalés dans le régiment. Leur uniforme était exactement celui des zouaves français dont ils présentaient d'ailleurs tous les traits caractéristiques. Je ne sais si je dois attribuer cette particularité aux traditions soldatesques qui avaient traversé l'Atlantique pendant les guerres de Crimée et d'Italie, à l'esprit d'imitation, ou bien à l'influence de l'uniforme. La nationalité n'y pouvait être pour rien, la compagnie offrant une bigarrure de Français, d'Allemands, d'Américains, d'Irlandais, où aucun élément ne prédominait d'une façon sensible. Toujours est-il qu'ils étaient foncièrement zouaves. Leur commandant était un jeune capitaine né dans une caserne, élevé au régiment, devenu plus tard sous-officier, ayant fait la campagne de Crimée, et redevable de sa position actuelle à ses qualités pratiques comme instructeur, aussi bien qu'à sa connaissance du service.

Les zouaves du 55ᵉ vécurent ce que vivent les uniformes, l'espace d'une campagne. L'État leur avait fourni leurs fez rouges, leurs jaquettes galonnées, leurs gilets fermés, leurs larges braies garance, leurs guêtres de cuir, et la caisse du régiment, leurs ceintures bleues. Quand il fallut renouveler tout cela, le gouvernement nous envoya fort sagement l'habillement adopté pour les volontaires. Il en fut de même du képi rouge, du pantalon garance et de la capote bleue. Mais pendant près d'un an, le 55ᵉ devait encore porter son uniforme distinctif.

La seule modification que les officiers durent y introduire immédiatement, fut l'adoption des *shoulder-straps*, insignes du grade qui remplacent les épaulettes. La *shoulder-strap* est une bande de drap de quatre pouces de long sur trois quarts de pouce de large, cousue sur l'épaule à ses extrémités. La bordure en est d'or, et sert de cadre aux insignes suivants brodés au centre :

Pour le lieutenant général ou le major général commandant en chef une armée : trois étoiles d'argent. Pour le major général commandant un corps d'armée ou une division : deux étoiles d'argent.

Pour le brigadier-général : une étoile d'argent.

Pour le colonel : un aigle d'argent éployé tenant dans ses serres d'un côté une branche d'olivier, de l'autre un faisceau de flèches.

Pour le lieutenant-colonel : deux feuilles d'érable en argent.

Pour le major : deux feuilles d'érable en or.

Pour le capitaine : deux barres transversales en or, à chaque extrémité.

Pour le premier lieutenant : une barre transversale en or, à chaque extrémité.

Pour le deuxième lieutenant (sous-lieutenant) la bordure seule.

La *shoulder-strap* est bleu foncé pour l'état-major, — rouge pour l'artillerie, — bleu-clair pour l'infanterie, — orange pour la cavalerie.

Les officiers subalternes portent un seul rang de boutons sur la poitrine; — les officiers supérieurs, deux rangs à distance égale; — les brigadiers généraux, double rang de huit boutons espacés deux par deux; — les majors généraux, double rang de neuf boutons espacés trois par trois. Enfin, tous les officiers généraux indistinctement portent le collet et les parements de velours noir.

L'uniforme des officiers se complète par une écharpe de tricot de soie à torsade, — jaune pour les généraux, cerise pour les autres, verte pour les chirurgiens. Les officiers de jour la portent en sautoir.

Quant aux hommes, leur uniforme est des plus simples. Ils portent le pantalon bleu-clair et la jaquette ou la tunique bleu-foncé. La jaquette est galonnée de jaune dans la cavalerie; de rouge dans l'artillerie. Le pardessus à long collet est uniformément bleu-clair. Il est souvent remplacé par un punche en caoutchouc. Le feutre noir, ou le képi bleu-foncé, était la coiffure réglementaire — en campagne.

La grande variété d'uniformes qui distingue les armées européennes est au fond plus agréable qu'utile. Cela plaît aux yeux et ajoute à l'éclat des cérémonies publiques, en temps de paix; mais en temps de guerre, à quoi cela sert-il? Le temps viendra où les gouvernements militaires s'affranchiront de cette complication et économiseront cette dépense. Aux États-Unis, nous avons fait une rude guerre sans shakos, sans casques, sans bonnets à poil, sans cuirasses, sans pelisses, sans chamarrures, — et il me semble que nous ne nous en sommes pas plus mal tirés pour cela (1).

(1) Les détails les plus complets sur l'organisation de l'armée américaine se trouvent dans l'ouvrage de M. Digo-Roussillon : *Puissance militaire des États-Unis d'Amérique*. A peine y pourrait-on relever quelques légères inexactitudes sans importance, au milieu d'informations parfaitement correctes d'ailleurs.

CHAPITRE V

LES RUDIMENTS DE L'ARMÉE DU POTOMAC

La brigade du général Peck. — Environs de Washington. — Régiments de cavalerie. — Batteries d'artillerie. — Grande revue. — Les princes d'Orléans. — Lincoln et Mac Clellan. — Orage d'été. — Le général Buell. — Inspections. — Les défenses au sud du Potomac. — Arlington et la famille Lee. — Le général Wadsworth à Upton-Hill. — La division Blenker. — Mouvement de l'ennemi sur le haut Potomac.

Les régiments qui arrivaient sans relâche à Washington, n'étaient point encore en état d'être présentés à l'ennemi. Ils pouvaient bien servir à défendre la capitale derrière des retranchements, mais un très petit nombre seulement auraient pu entrer immédiatement en campagne. Recrutés en hâte, habillés au fur et mesure, on les expédiait aussitôt qu'ils avaient atteint le chiffre réglementaire. Ils avaient tout à apprendre, l'exercice, la manœuvre, le service, la discipline, et fort peu de sous-officiers pour les instruire, à supposer que les officiers en fussent capables, ce qui était rarement le cas. Telle fut la cause principale de l'inaction dans laquelle s'écoulèrent les mois d'automne et d'hiver. On avait beaucoup d'hommes et très peu de soldats. L'affaire de Bull-Run avait été une leçon. Avant de reprendre les opérations offensives, il fallait faire une véritable armée. Ce fut, en effet, par où l'on commença.

Nous n'étions pas loin de l'ennemi. Les stimulants ne manquaient pas, et l'on était volontiers sur le qui vive.

Ainsi, le camp du régiment était à peine assis et le service installé, que nous eûmes une alerte de nuit. Tout dormait excepté la garde et les sentinelles, lorsque tout à coup, le *long roll*, — la générale américaine, — retentit à quelque distance. Ce signal d'alarme, répété promptement, se propage de proche en proche. En quelques minutes nous voilà tous en armes, — le régiment en bataille sur le front de bandière, les premiers sergents le falot à la main, les officiers le revolver à la ceinture. On entendait vaguement dans le silence comme un grand fourmillement d'hommes; des lumières s'agitaient dans la nuit, et le galop précipité des *orderlies* (soldats d'ordonnance) passait et repassait sur les chemins. Nous attendions des ordres, le temps s'écoulait et les ordres n'arrivaient point. Enfin, l'on apprit la cause de toute cette émotion. Deux régiments du Wisconsin, campés dans le voisinage, venaient d'être envoyés au *Chain-Bridge*, pont traversant le Potomac au dessus de Georgetown, où quelques rapports indiquaient une concentration de forces ennemies. Cela ne nous regardait pas; nous rentrâmes dans nos tentes pour y reprendre le sommeil interrompu. Ces alertes se renouvelaient de temps à autre, prouvant plus de zèle que d'expérience.

A quelques jours de là, nous fûmes attachés à une brigade définitivement constituée sous le commandement du général Peck. Elle se composait de quatre régiments : le 55e et le 62e de New-York; le 6e du New-Jersey et le 13e de Pennsylvanie, formant un effectif d'environ 3,500 hommes.

Le général Peck avait fait la guerre du Mexique comme officier, après quoi il avait abandonné la carrière militaire pour mener de front la politique et les affaires. C'était le cas de la plupart de nos généraux. Quand il reprit l'uniforme, il eut d'abord besoin de se dérouiller. Commandant capable, du reste, homme consciencieux, tellement dénué de charlatanisme, que, lorsque pour la première fois, il vint assister aux manœuvres de mon régiment, il voulut

commander lui-même une pause, « pour se refaire un peu »,
— disait-il, ajoutant à haute voix devant les hommes, qu'il
n'avait pas prononcé un commandement depuis plus de dix
ans. Beaucoup d'autres auraient jugé la confidence inutile.

Le colonel qui commandait le 62ᵉ était un avocat de
New-York, sans notion des devoirs de sa nouvelle position. Les connaissances les plus élémentaires du métier
lui étaient étrangères et il ne semblait pas qu'il se mît en
peine de les acquérir. Son régiment était campé sur les
terrains d'une villa élégante où il s'était installé lui-même
sans façon. Il était bel homme, et passait volontiers son
temps à Washington où sa haute taille faisait valoir son
uniforme et les aigles éployés de ses *shoulder straps*. Il
abandonnait à un instructeur spécial le soin des exercices.
Quant à la discipline, il avait là dessus des idées toutes
particulières, se déclarant, en principe, opposé aux punitions, parce que, disait-il, « la punition dégrade le soldat! »

On devine aisément le résultat d'un pareil système.
L'insubordination régnait parmi les hommes, la discorde
parmi les officiers, l'administration était livrée au tripotage, et le régiment qui, en d'autres mains, eût valu tout
autant qu'un autre, s'en allait à l'abandon. Mauvais voisinage qui exposa plus d'une fois nos sentinelles à des
insultes dont il nous fallait faire justice nous-mêmes, sous
peine de les voir rester impunies. Je cite ces faits comme
exemple des obstacles à surmonter alors pour arriver à
une bonne organisation de l'armée. On y arriva cependant, mais il fallut du temps.

Le 13ᵉ de Pennsylvanie dépassait le maximum, ce qui
lui fit retrancher deux compagnies supplémentaires. Il
était en bonne condition relative, sous le commandement
d'un *politicien* influent de Pittsburg, bon compagnon, rond
de figure et de pause, qui n'avait pas d'objection à s'exposer au feu, mais qui ne dédaignait pas encore de se préserver de l'eau du ciel, à l'aide d'un parapluie, sous lequel
je le trouvai un jour parcourant son camp, sans souci du
qu'en dira-t-on?

Le 6ᵉ du New-Jersey ne fit que passer dans la brigade, où il fut remplacé par le 93ᵉ de Pennsylvanie.

Le premier soin du général Peck, en prenant le commandement, fut d'établir l'uniformité des exercices, et d'en fixer la durée à six heures par jour ; le matin, l'école du soldat et l'école de peloton ; dans l'après-midi, l'école de bataillon et le service en campagne. Tout cela n'avait rien de nouveau pour le 55ᵉ ; mais il n'en était pas de même ailleurs. Un lieutenant français, appartenant à un régiment du Wisconsin, me racontait qu'il ne s'y trouvait pas un capitaine pouvant commander sa compagnie, et que le colonel assistait naïvement à l'école de peloton, le manuel à la main, pour se rendre compte de la signification des commandements. Ce qui n'empêcha point que ce régiment fut envoyé à quelques jours de là de l'autre côté du Potomac. On se demande ce qu'il aura pu faire en face de l'ennemi. Du reste, nous n'en étions pas tellement loin à Meridian-Hill, que nous n'entendissions distinctement les détonations de l'artillerie. Il n'était pas rare que nous fissions l'exercice au son du canon.

Cette proximité de l'ennemi n'était pas sans donner à réfléchir à ceux qui voyaient de quelle étrange façon se faisait — ou plutôt ne se faisait pas le service dans nos campements. Un seul fait peut suffire à en donner l'idée.

Le 20 septembre, le commandement de la grand'garde de la brigade fut dévolu au major du 55ᵉ, officier zélé dans tous les détails du service qu'il avait appris dans les rangs de la garde nationale de Strasbourg. Le lieutenant de la compagnie de zouaves fut envoyé faire une grande ronde pendant la nuit, et il fut constaté au rapport du lendemain qu'il était entré dans les camps de douze régiments sans être ni arrêté, ni même interpellé, se promenant librement partout avec ses hommes. Dans le 62ᵉ de New-York, il avait trouvé sept sentinelles endormies dans leurs couvertures. Enfin, ce qui semble à peine croyable, pénétrant dans la tente déserte du colonel du 19ᵉ de l'Indiana, il en avait enlevé le drapeau du régiment, sans que personne fût là pour s'y opposer. Le drapeau fut remis au général Peck pour être rendu au régiment qui, peut être, ne s'était pas aperçu de sa disparition. J'aime à croire que les choses se faisaient différemment de l'autre côté du Potomac. Autrement, il faudrait en conclure qu'à cette époque, la sécurité de la capitale dépendit moins de la protection de ses défenseurs que de l'inhabileté de ses assaillants.

De notre côté, en dehors des camps qui couvraient Georgetown et Washington, pas un ennemi ne se montrait. Cette portion du pays est ce qu'on peut imaginer de plus pittoresque. Les paysages y sont charmants, pleins de variété, abondants en agréables surprises. De grands bois couronnent les collines aux pentes rapides, enfouissent les ravins sous leur ombrage épais, se penchent sur les eaux babillardes du Rock Creek qui va se jeter plus bas dans le Potomac. Ici, le moulin caché dans une étroite vallée, là le pont hardiment jeté d'un rocher à l'autre au dessus du torrent. Plus loin, la ferme avec son caquetage de volailles, ses champs de maïs jaunis au soleil, ou la villa avec ses pelouses vertes, ses vergers pleins de fruits, ses jardins pleins de fleurs. Partout la nature féconde, calme, souriante, en regard de nos camps destructeurs, agités, menaçants. Contraste saisissant, protestation éloquente de la paix contre la guerre envahissant rudement son domaine.

Sous les grands arbres, au bord des routes, la blancheur des tentes signalait les camps de la cavalerie plus espacés que ceux de l'infanterie, et distribués dans un rayon plus étendu. La plupart de ces régiments étaient encore en voie de formation. Les hommes qui devaient être armés, équipés et montés à Washington, y arrivaient, parfois même sans uniformes. Il va sans dire que le très grand nombre n'étaient point cavaliers, et ne connaissaient rien à l'entretien du cheval. Beaucoup d'officiers n'étaient guère plus avancés. Ils avaient obtenu leurs commissions en contribuant de leurs bourses à l'enrôlement de leurs compagnies. Ce titre suffisait. On ne pouvait faire autrement.

J'ai connu tel négociant de New-York qui, retiré des affaires, et possédé de la vanité de l'uniforme, consacra une vingtaine de mille dollars à lever un régiment de cavalerie dont il fut, bien entendu, nommé colonel. Son camp était dans notre voisinage; on ne l'y rencontrait jamais. En revanche, il promenait assidument son uniforme sur les trottoirs de l'avenue de Pennsylvanie, et dans les buvettes des grands hôtels. Il était de toutes les réceptions à la Maison Blanche, de toutes les soirées dans les ministères, toujours empressé autour des femmes des hauts fonctionnaires et des sénateurs. Radicalement incapable de commander son régiment, encore plus de le conduire au feu, mais soutenu par la double influence de l'argent et de la politique, il fut nommé brigadier général et proposé plus tard à la garde des barraques vides d'un poste évacué par l'ennemi. Ce fut là sa principale part de gloire, et sans avoir tiré son sabre du fourreau, il retourna chez lui pour y savourer en paix la jouissance du titre de général sur ses cartes de visites.

Ces colonels de carton avaient généralement soin de s'assurer un véritable lieutenant-colonel à qui incombait en réalité le commandement du régiment, et si le major était également un officier capable, il n'y avait pas trop à se plaindre. Mais si l'on peut à la rigueur former promptement le fantassin, il n'en est pas ainsi du cavalier. La cavalerie ne s'improvise pas. Notre expérience l'a bien prouvé. Dans les premiers débuts de la guerre, l'organisation de cette arme avait rencontré un obstacle sérieux dans la disposition marquée du général Scott à s'en passer. Le commandant en chef qui ne pouvait plus monter à cheval, et réglait alors toutes choses de son cabinet, s'était fait, assurait-on, une théorie particulière à ce sujet. De là des retards nuisibles.

L'ennemi, au contraire, favorisait par tous les moyens la formation des corps de cavalerie. Les jeunes gens riches du Sud pourvoyaient eux-mêmes aux frais de leur équipement. Ils amenaient à l'armée d'excellents chevaux qu'ils savaient déjà manier habilement, et ils ne dédaignaient point d'entrer dans les rangs, suivis le plus souvent d'un nègre, qui suppléait son maître dans les détails rebutants du métier.

Ces détachements bien montés et bien équipés, composés de jeunes gens alertes et braves, étaient fort utiles à l'armée confédérée. Ils éclairaient ses mouvements et recueillaient des informations exactes sur les nôtres. Ils protégeaient leurs convois et enlevaient nos wagons. Ils couvraient leurs lignes et capturaient nos piquets, apparaissant là où ils n'étaient point attendus, disparaissant avant qu'on pût leur couper la retraite, retournant rarement sans butin ou sans prisonniers. On sait quel bon parti l'ennemi tira de sa cavalerie, pour des opérations plus importantes et des razzias hardies qui illustrèrent le nom de Stuart et quelques autres. Cette supériorité dura près de deux ans, — tant que durèrent les chevaux et les hommes, — jusqu'au jour où nos cavaliers aguerris et mieux commandés purent conquérir la fortune à chances égales, et, vétérans, culbuter partout ces adversaires contre lesquels, novices, ils n'avaient pu tenir.

Les régiments de cavalerie variaient de quatre à six escadrons. Chaque escadron comprenait deux compagnies de trois officiers et quatre-vingt-douze sous-officiers et soldats.

En dehors des exercices, un certain nombre de régiments d'infanterie étaient employés à construire des redoutes détachées, système de fortifications adopté pour défendre la capitale fédérale, particulièrement au nord du Potomac, où l'ennemi pouvait plus difficilement se présenter. Sous la direction d'officiers du génie, les hommes s'acquittaient fort bien de ces travaux.

La première occasion qui s'offrit à moi d'apprécier avec quelque ensemble les progrès réalisés déjà dans l'organisation de l'armée fut une grande revue de cavalerie et d'artillerie, par le général Mac-Clellan. Elle eut lieu le 24 septembre dans la plaine, à l'est de Washington, derrière le capitole. A cette époque, on n'était pas encore blasé sur les solennités militaires qui devinrent de plus en plus fréquentes, à mesure que les troupes étaient mieux préparées à y figurer avec avantage par leur tenue et par leur instruction dans les évolutions de ligne. Pour le moment, les manœuvres ne figuraient pas encore au programme. On s'en tenait à la revue et au défilé.

Le temps était magnifique. La population s'était portée en foule sur le terrain, et admirait sans réserve neuf batteries d'artillerie de six pièces chacune, cinquante-quatre canons de divers modèles, neufs pour la plupart, tout en parfait état. Le reste à l'avenant. Les hommes ne déparaient point le matériel, se tenant chacun à son poste, dans une tenue irréprochable.

Trois mille hommes de cavalerie étaient en ligne, bien habillés, moins bien montés, et trahissant leur inexpérience dans la formation en colonne et le défilé.

Un assez grand nombre d'officiers supérieurs avaient obtenu la permission d'assister à la revue et reçu l'invitation de se joindre à l'état-major du général en chef. Au milieu de ces uniformes sans broderies, mais sévèrement militaires, trois cavaliers en habit civil attiraient naturellement les regards. Ces trois citoyens privilégiés, dont on se demandait les noms, étaient M. le prince de Joinville et ses deux neveux, M. le comte de Paris et M. le duc de Chartres, rejetons d'une royauté découronnée. Les jeunes princes venaient offrir leurs services au gouvernement fédéral, et poursuivre dans une armée républicaine la carrière des armes, qui avait déjà conduit l'un d'eux sur les champs de bataille d'Italie. La vocation militaire est l'apanage inaliénable des princes français, le seul que les révolutions ne puissent pas leur enlever.

Les hommes de ma génération qui ont couru le monde ont assisté à d'étranges revers de fortune. Enfant bercé aux récits de la grande épopée impériale, j'avais vu le roi

Charles X dans tout l'éclat de la royauté, de droit divin, la duchesse d'Angoulême dont le front morne semblait garder l'empreinte indélébile des infortunes de son enfance, la duchesse de Berry, la jeunesse et la joie de cette cour vieillissante, et le duc de Bordeaux, espoir de la dynastie, à qui j'avais été présenté au milieu de ses jouets, comme un futur défenseur de son trône. Mais le trône s'était écroulé avant que je fusse d'âge à tenir une épée.

Jeune homme, j'avais vu le roi Louis-Philippe, l'élu couronné de la bourgeoisie, passer en revue la garde nationale de sa bonne ville de Paris, entouré d'une famille nombreuse et brillante, destinée, semblait-il, à protéger et perpétuer la monarchie nouvelle. Mais un coup de griffe du lion populaire avait précipité dans l'exil la royauté citoyenne, comme autrefois la royauté légitime.

Un jour, j'avais passé au pied des murs du château de Ham, et cherché à découvrir sur ses épais remparts la silhouette du prince Louis-Napoléon Bonaparte qu'ils retenaient captif. — Une tête sans cervelle, disaient les sages d'alors….

Homme fait, j'avais assisté, trois mois durant, au mélodrame républicain joué en France en 1848, sifflant les mauvais acteurs qui se démenaient sur les planches branlantes du pouvoir, jusqu'à ce que le rideau tombât sur un dénoûment sanglant, pour se relever sur une parodie de dictature militaire.

De cette dictature avortée j'avais vu naître l'empire, et le captif de Ham couronné par le suffrage populaire, s'asseoir en triomphe sur le trône relevé.

Tous ces grands naufrages ont semé le monde de débris. J'en ai bien rencontré dans ma vie voyageuse. — J'ai déchiffré l'épitaphe du roi Charles X sur une dalle obscure d'un couvent de Franciscains à Goritz. — J'ai rendu hommage à l'infortune du comte de Chambord, l'héritier déshérité des rois de France, dans ce vieux château de Froshdorff où la fille de Louis XVI cherchait encore dans la prière un adoucissement à l'amertume de douleurs imméritées. — J'ai été l'hôte de la duchesse de Berry, la princesse aux inspirations héroïques, la femme à l'humeur charmante dont ni l'âge ni les malheurs n'altérèrent jamais l'affable sérénité. — Et près d'elle, n'ai-je pas vu à Venise cette archiduchesse d'Autriche qui fut la mère du roi de Rome, grommelant encore ses plaintes d'avoir partagé le plus beau trône du monde avec le plus grand capitaine du siècle? — En Angleterre, j'ai été reçu sous le toit où s'était éteint le roi Louis-Philippe, par le prince qui eût pu être régent de France.

Autour de ces grandes épaves des révolutions, que de célébrités effacées, que de pouvoirs déchus j'ai rencontrés « mangeant le pain amer de l'étranger! » Et maintenant sur cette terre lointaine où le duc d'Orléans avait erré proscrit, je retrouvais ses petits-fils proscrits comme lui. En d'autres temps, j'avais été déjà présenté à M. le prince de Joinville, à l'époque où il visitait New-York, à bord de la *Belle-Poule* qu'il commandait. Nous étions jeunes alors. *Tempora mutantur*..... Les temps changent et nous changent.

A cette revue où je vis les jeunes princes pour la première fois, se trouvait une calèche découverte fort simple, mêlée sur un pied d'égalité démocratique aux autres voitures chargées de spectateurs. Et pourtant, elle portait M. Lincoln et sa famille. Remarque à noter : les regards n'étaient point pour le président de la république. L'homme sur lequel pesait la plus haute responsabilité, de qui plus que de tout autre, dépendait le salut ou la ruine du pays à cette heure des périls suprêmes, — restait inaperçu dans la foule, sans gardes, sans entourage, reconnu seulement par ceux qui se trouvaient dans son voisinage immédiat. Toute l'attention se concentrait sur ce jeune général à l'œil tranquille, à l'air satisfait qui se mouvait suivi d'un immense état-major, au cliquetis des sabres et aux acclamations des spectateurs.

O vanité des enthousiasmes populaires! Pour un combat heureux livré à la tête de quelques milliers d'hommes, le général Mac Clellan était porté sur le pavois. C'était l'idole du moment. La popularité aveugle le sacrait Napoléon. A celui qui, par ses hésitations politiques et son inhabileté militaire, devait aggraver les dangers, prolonger les épreuves, alourdir les sacrifices, on décernait d'avance l'apothéose. — A celui qui devait conduire la lutte jusqu'au triomphe, avec un patriotisme inébranlable et un dévoûment sans défaillance aux meilleurs intérêts de l'Union, — qui, sa tâche accomplie, devait donner sa vie à son pays et mourir martyr de la liberté, — à celui-là le passant oubliait d'ôter son chapeau !

Le 26 septembre, sur un ordre reçu la veille, le régiment leva le camp dès le matin. La brigade se portait à trois ou quatre milles en avant, se rapprochant de Tenallytown. La route était bonne et agréable. Elle suivait les méandres du Rock-Creek, à l'ombre des saules et des peupliers, puis s'enfonçait dans la forêt pour arriver à la ferme Swartz, où nous devions asseoir notre nouveau camp. Les hommes cadençaient le pas en chantant la *Marseillaise* ou le *chant des Girondins*, hymnes inconnus aux échos de ces parages qui les répétaient pour la première fois, — probablement pour la dernière.

L'emplacement qui nous fut assigné ne valait pas celui de Meridian-Hill. Le terrain était montueux, inégal, à pentes abruptes. On en tira le meilleur parti possible, et le camp fut établi avant le soir. Bien nous en prit.

Le soleil s'était couché derrière un rideau de nuages sombres envahissant lentement l'horizon. A l'extinction des feux, lorsque les lumières s'éteignirent dans le camp, les éclairs s'allumèrent dans le ciel; lorsque les tambours se turent, le tonnerre commença à parler. les premiers jours de l'équinoxe s'étaient passés sans encombre; mais nous n'avions rien perdu pour attendre. Les premiers messagers de l'orage furent des coups de vent impétueux s'engouffrant dans les ravins, bondissant sur les collines, menaçant de déraciner les arbres et d'emporter nos tentes.

Les dormeurs furent bien vite éveillés. Aux mugissements qui remplissaient l'air, aux bruissements éplorés de la forêt, aux claquements des *flies*, répondit promptement le son clair des piquets frappés à coups pressés pour affermir nos frêles abris de toile.

On se hâtait encore à la besogne, lorsque le ciel sembla crever sur nos têtes comme le fond d'un vaste réservoir qui viendrait à manquer tout à coup. Une nappe d'eau formidable s'abattit sur nous. Tout le monde disparut aussitôt sous les tentes. Seules les sentinelles continuaient leurs allées et venues interrogeant le ciel, contemplant l'orage et se bornant à protéger d'un pan de leurs capotes la batterie de leurs fusils. Nous n'avions encore que des données incertaines sur la solidité des tentes, et chacun se demandait si elles n'allaient pas s'affaisser sous le poids du déluge ou s'abattre sous l'effort de la rafale.

J'ai dit que le terrain était inégal et montueux. En quelques minutes les ruisseaux commencèrent à courir dans toutes les directions, grossissant à vue d'œil, et se ruant en petits torrents par toutes les anfractuosités, et sur toutes les pentes. La tempête, qui ne pouvait venir à bout de nos tentes par le sommet, les envahissait maintenant par la base. Et chacun de se défendre de son mieux contre cette nouvelle attaque. C'étaient alors des digues élevées avec les mains faute de pelles, et des rigoles creusées avec les baïonnettes, faute de pioches. Ainsi, à la lueur des éclairs, on voyait reparaître les travailleurs un à un, ou deux à deux suivant l'urgence du cas, mais cette fois pieds nus, dévêtus jusqu'à la ceinture, et se consolant d'une douche forcée en narguant l'orage qui n'atteindrait pas leurs vêtements.

La nuit fut rude, mais nous laissa à peu près intacts, à l'exception toutefois du deuxième chirurgien du régiment. La tourmente semblait s'acharner particulièrement contre sa tente. Il la défendait avec obstination, bouchant les ouvertures, réparant les brèches, resserrant les cordes, luttant avec l'énergie d'un homme qui combat *pro aris et focis*. Malheureusement les torrents de pluie détrempaient la terre, et les piquets secoués furieusement sans relâche, s'ébranlaient de plus en plus dans leur alvéole de boue. Un moment vint où tout s'écroula. Le docteur était vaincu, mais exaspéré. Il n'avait pu sauver sa tente debout; il résolut de la défendre abattue. On put l'apercevoir à la lueur des éclairs, la tête nue, les cheveux ruisselants, dédaignant d'appeler des renforts à son aide, plonger dans la toile comme un matelot prenant un ris, en couvrir encore sa malle et son lit de camp, la maintenir des pieds et des mains, et défier le ciel qui, sans doute pour rendre hommage à une résistance si héroïque, ferma enfin ses écluses et calma les vents déchaînés.

Le lendemain, le soleil était brillant, l'atmosphère limpide. Mais, instruits par l'expérience, les soldats n'en achevèrent pas moins avec soin les travaux protecteurs ébauchés pendant la nuit.

Au camp Holt (nom donné, j'ignore pourquoi, à la nouvelle installation de la brigade) le service commença à se faire avec plus d'ensemble et de régularité. C'est là que nous fûmes adjoints à deux autres brigades pour former une division sous le commandement du général Buell, le même qui devait bientôt commander une armée dans le Kentucky, et, au mois d'avril suivant, jouer à Shiloh en faveur de Grant, le rôle que Blücher joua à Waterloo en faveur de Wellington. En septembre 1861, il n'était encore que brigadier général de volontaires. Dans l'armée régulière à laquelle il appartenait, il avait le grade de major et exerçait avant la guerre les fonctions d'assistant adjudant général. C'était un officier précieux pour le gouvernement dans les circonstances présentes. Parfaitement versé dans tous les détails du service, fort strict en matière de discipline, il faisait marcher à grands pas l'organisation des nouvelles troupes, et l'instruction du soldat. Il avait établi son quartier-général à l'écart, au milieu d'un champ entouré de bois. Là il dormait sous la tente, donnant à ses officiers l'exemple des habitudes d'activité et de frugalité qui conviennent à la vie militaire. Comme il aimait à se rendre compte de tout par lui-même, il n'était pas rare de le voir arriver à l'improviste dans nos régiments, suivi seulement d'un soldat d'ordonnance, vérifiant si chacun faisait son devoir, et si ses ordres étaient strictement exécutés. Aucune négligence n'échappait alors à son regard inquisiteur, et il fallait que tout fût en règle, la propreté du camp, comme la ponctualité des exercices, la tenue des officiers comme la vigilance des sentinelles.

La division Buell était couverte par une ligne de piquets dont le service se faisait comme en face de l'ennemi. Elle décrivait une courbe irrégulière à travers les bois et les champs, les chemins et les cours d'eau, au milieu d'une contrée pittoresque dont ne sauraient avoir l'idée ceux qui n'ont vu du Maryland que la partie traversée par le chemin de fer de Washington au Susquehannah. De jolies maisons de campagne disséminées sur les hauteurs, diversifiaient le paysage. Mais tout cela semblait déserté. Le voisinage incommode des troupes, entraînant toujours quelques actes de maraudage dans les potagers et excitant des appréhensions exagérées, en avait éloigné les habitants : nous n'y rencontrions guère que quelques garçons de ferme généralement nègres, laissés là à la garde du mobilier. Dans les champs, personne, sinon nos postes avancés qui n'ajoutaient pas beaucoup à l'animation du paysage. Les vedettes allaient et venaient le fusil sur l'épaule. Le reste dormait ou causait tranquillement autour des feux pour lesquels on avait le bois sous la main. D'autres fumant silencieusement, songeaient..... A quoi ?
— A la famille sans doute, aux chances de la revoir, aux hasards de la guerre, à sa durée probable. Mais c'était le très petit nombre. Le soldat n'est point songeur. L'activité de sa vie ne lui en laisse pas le temps. La sensibilité s'émousse vite dans une existence au jour le jour livrée au sort, et où la veille n'a souvent point de lendemain. L'insouciance naît de l'inutilité des prévisions. On s'abandonne à la destinée et l'on jouit de son mieux de l'heure

présente, en s'inquiétant le moins possible de l'heure à venir.

Près de notre camp, derrière la ferme Swartz, se dessinaient sur la hauteur des fortifications commencées que nous allions, supposions-nous, achever. Mais il n'en fut rien. Les exercices habituels ne furent suspendus que pour les revues et les inspections devenues de plus en plus fréquentes. L'une d'elles valut au 55ᵉ l'honneur d'une mention particulièrement flatteuse.

Le colonel Marcy, chef d'état-major du général en chef, avait été chargé d'inspecter toutes les forces volontaires campées au nord du Potomac. Le comte de Paris et le duc de Chartres, attachés comme capitaines à l'état-major du général Mac Clellan, l'accompagnaient. Leur amour-propre national n'eut point à souffrir du régiment français.

— « Le régiment — dirent les journaux citant le rapport d'inspection, — mérite une mention spéciale. Presque tous les officiers sont français. Beaucoup ont servi en Europe. Les hommes sont principalement français, et en tenue, en instruction comme en discipline, n'ont point de supérieurs, même parmi nos troupes régulières des États-Unis. »

Après l'inspection et la revue qui en est la conclusion habituelle, le général Peck, le colonel Marcy et les princes se réunirent sous un tente où le champagne prolongea la visite. A cette époque, un panier de champagne pouvait encore se trouver sous le lit de camp d'un colonel.

La proximité de Washington, le bon état des routes, les beautés du paysage, faisaient de notre camp un but agréable de promenade. Aussi les visiteurs n'y étaient pas rares. C'étaient des hauts fonctionnaires, des hommes politiques, des membres du Congrès ou du corps diplomatique, des officiers étrangers venant offrir leurs services ou simplement étudier la formation de notre armée, des correspondants de journaux, — les uns et les autres accompagnés souvent de dames curieuses d'assister à nos exercices ou à nos revues.

Il n'en était pas de même au sud du Potomac où se trouvait l'ennemi. Les ponts étaient gardés, et nul ne pouvait les traverser sans une permission spéciale. De ce côté notre ligne de défense formait un arc de cercle appuyant ses deux extrémités au fleuve. — l'une à Alexandrie, quelques milles au dessous de Washington, l'autre couvrant le Chain-Bridge quelques milles au dessus. Elle se composait d'une ceinture d'ouvrages détachés plus importants et mieux armés que les redoutes élevées au nord du fleuve. Ces forts couronnaient une série de hauteurs présentant de grands avantages naturels. Quelques mois auparavant, elles étaient généralement couvertes de magnifiques forêts dont la hache avait déjà fait des abattis immenses, brise-lames d'une puissante efficacité contre les flots humains d'une attaque régulière. Dans un rayon plus rapproché s'élevaient d'autres ouvrages défendant les hauteurs d'Arlington, en face de la ville, et couvrant la tête de pont qui protégeait le Long-Bridge.

Le domaine d'Arlington appartenait encore à cette époque au général Robert E. Lee de l'armée confédérée. La famille Lee est historique aux États-Unis, et n'a pas été sans distinction en Angleterre. Le premier du nom qui passa en Amérique fut Richard Lee, émigré sous Charles 1er, partisan énergique et dévoué des Stuarts, comme la plupart des Virginiens de son temps contre lesquels Cromwell dut envoyer une expédition qui ne réduisit point la colonie royaliste à la soumission. Les descendants de Richard Lee qui avaient conservé après lui une position influente, jouèrent un rôle important dans la guerre de la révolution, et assurèrent à leur nom une considération plus haute que jamais dans la République américaine, quoique les instincts de leur race fussent beaucoup plus aristocratiques que démocratiques.

En 1861, Robert E. Lee était colonel de l'armée régulière des États-Unis. Fils du général Henry Lee, il était sorti de West-Point dans le génie et avait servi au Mexique avec une distinction récompensée par plusieurs promotions consécutives. Plus tard, il avait été chargé du commandement de l'école militaire. Enfin, au mois d'avril 1861, il avait donné sa démission pour s'attacher à la fortune de la Confédération du Sud.

Arlington dont il faisait sa principale résidence, est d'un aspect seigneurial. Un vaste parc ombragé d'arbres magnifiques entoure la maison d'habitation dont l'architecture démodée possède un prestige d'ancienneté d'autant plus respecté en Amérique, qu'il s'y rencontre plus rarement. Chacune des deux façades est ornée d'une large piazza dont les hautes colonnes supportent la projection du toit qui les recouvre. Sur celle du nord, on jouit d'une vue admirable. Dans la plaine, le cours majestueux du Potomac perdu au loin dans les horizons gris d'Alexandrie; puis la ville de Washington tout entière avec ses grands monuments et ses petites maisons; Georgetown s'élevant à gauche en amphithéâtre; enfin comme cadre à ce panorama, la ligne des collines bleues coupée à droite par l'immense dôme du Capitole élevant vers le ciel la statue de la Liberté armée.

Le 29 septembre, lorsque je visitai Arlington pour la première fois, l'empreinte de la guerre en avait déjà altéré la physionomie. La demeure des Lee était devenue le quartier général de Mac Dowell, commandant maintenant une division dans l'armée dont il avait été général en chef, — les corps d'armée n'étant point encore organisés. Les chevaux sellés et bridés des cavaliers d'ordonnance creusaient impatiemment le sol autour des arbres où ils étaient attachés. Les tentes de la garde et des suivants de l'état-major s'étalaient dans les jardins foulés en tout sens par les hommes et par les bêtes. Les allées du parc étaient profondément sillonnées par le passage continuel des fourgons et de l'artillerie. A travers les barrières renversées, les haies effondrées, dans les champs, dans les bois et sur les pelouses, nombre de camps abandonnés, où quelques feux fumaient encore, indiquaient par mille débris informes l'emplacement où les régiments avaient séjourné, et qu'ils avaient quitté au point du jour.

La division forte de douze mille hommes, venait en effet de se porter en avant, par suite d'un mouvement rétrograde de l'ennemi qui, la veille, avait évacué ses positions avancées à Upton-Hill et à Munson-Hill. Il ne nous fut pas difficile d'atteindre la colonne principale. Elle suivait un chemin étroit et montueux, tantôt encaissé dans de hauts talus, tantôt traversant en chaussée des terrains vaseux. Les fourgons encombraient parfois la voie, arrêtés par quelque obstacle ou quelque accident. Les hommes filaient par les côtés de la route, se hâtant de combler les intervalles ouverts dans les rangs.

Un escadron de cavalerie, halté dans un champ, indiquait la place où le général Keyes avait établi son quartier général dans un char-à-bancs couvert d'où il expédiait ses ordres et surveillait le mouvement de ses troupes. Tout le monde était en belle humeur; personne ne restait en arrière.

Quand j'arrivai à Upton-Hill, la brigade du général Wadsworth en avait déjà pris possession. Le général n'appartenait point à l'armée régulière. Il n'avait servi précédemment que dans l'état-major du général Mac Dowell, pendant la campagne de trois mois si malheureusement terminée par le désastre de Bull-Run. Il possédait des propriétés très étendues dans l'état de New-York où sa famille était fort considérée. Lorsqu'au début de la guerre, les communications avec Washington avaient été interrompues, il avait nolisé un bâtiment, l'avait chargé d'approvisionnements à ses frais, et s'y était embarqué lui-même pour en mieux assurer l'arrivée à Annapolis. Ce généreux dévoûment à la cause de l'Union l'avait recommandé aux faveurs du gouvernement pour lequel, après l'emploi de sa fortune, il devait faire plus tard le sacrifice de sa vie.

Je trouvai le général Wadsworth sous le toit de la ferme saccagée. Il avait alors cinquante-quatre ans; mais l'ardeur de son patriotisme suppléait à la vigueur physique de la jeunesse, et son énergie morale supportait, sans faiblir, le contraste de la rude vie des camps avec l'existence luxueuse qui avait été jusque-là son partage. Quelques tabourets éclopés étaient tout ce qu'il restait du mobilier. Des portes enlevées de leurs gonds servaient de table ; des planches ramassées dans le jardin servaient de bancs. Les confédérés qui, la veille, occupaient encore la maison, avaient charbonné leurs noms sur les murs dégradés de toutes les chambres. Ils y avaient joint, comme c'est l'habitude des soldats, des croquis informes, parmi lesquels se reproduisait de préférence la pendaison de M. Lincoln. Il suffisait d'en modifier la légende explicative pour en faire la pendaison de M. Jefferson Davis. Les nôtres n'y manquèrent pas.

La maison était surmontée d'une sorte de belvédère, d'où la vue embrassait, dans tous ses détails, une scène des plus variées. Dans les jardins, des faisceaux d'armes se dressant au milieu des soldats couchés à l'entour ou fouillant le potager; des régiments prenant successivement position en ligne; une douzaine de canons en batterie, les canonniers à leurs pièces, interrogeant du regard les contours de la vallée, les officiers promenant leurs longues vues sur un horizon couvert de forêts, les caissons en arrière, les attelages au revers intérieur du coteau. En face, la route de Leesburg sur laquelle galopaient çà et là des officiers d'état-major, suivis de leurs *orderlies*, et le monticule isolé de Munson-Hill, au sommet duquel flottait déjà le drapeau fédéral. Quand nous y arrivâmes, nos hommes préludaient à leur installation, derrière une ligne circulaire de retranchements laissés inachevés par l'ennemi, en brûlant la paille à moitié pourrie sur laquelle avaient dormi les premiers occupants. De là, les rebelles avaient pu contempler à leur aise le dôme du capitole, objet de leur convoitise, terre de Chanaan qu'il leur fut donné d'entrevoir mais où ils ne pénétrèrent jamais.

Au carrefour de Bailey (*Bailey's crow-roads*) étaient massés plusieurs régiments, parmi lesquels la garde de Garibaldi, comptant autant de nationalités différentes que de compagnies, bataillon mal tenu par un colonel hongrois, dont la carrière suspecte devait finir au pénitentiaire de Sing-Sing. La compagnie française désirait être transférée dans le 55°; le capitaine qui la commandait était venu lui-même m'en entretenir; mais il était trop tard. Le département de la guerre, craignant d'ouvrir la porte à de nouveaux abus, écartait toutes les demandes collectives ou individuelles de ce genre. Tel avait été le sort d'une pétition signée par vingt zouaves Anderson et présentée par M. le comte de Paris au général Mac-Clellan.

Du carrefour de Bailey au séminaire, — vaste maison d'éducation bâtie sur le point le plus élevé des hauteurs qui dominent Alexandrie, — presque tout le terrain était couvert d'abattis traversés par la route. Quelques points fortifiés se montraient à peine de distance en distance, en avant des ouvrages plus sérieux, dont j'ai déjà parlé. En revanche, les piquets avec leurs réserves bordaient partout la route. De ce côté, le mouvement se bornait à relier les positions à l'avance de la droite du côté de Munson-Hill.

Les camps que nous visitâmes au retour étaient généralement bien tenus et en bon ordre. Là se trouvait la division allemande du général Blenker, tout émaillée de feuillages, de petits jardinets, de tonnelles, où les souvenirs du *Vaterland* étaient surabondamment arrosés de *lager-beer*.

Le général avait fait la guerre en Europe. Il avait servi en Grèce dans la légion bavaroise, et, plus tard, en 1849, avait commandé un corps de troupes révolutionnaires en Allemagne.

Il nous reçut sous une vaste tente qui avait évidemment été destinée au service des hôpitaux. Elle était doublée d'une étoffe bleuâtre agréable à l'œil, et précédée d'un *wall-tent* réglementaire formant vestibule. Là se tenait l'aide de camp de service, près duquel se réunissait un état-major nombreux composé d'officiers étrangers, presque tous venus d'Allemagne.

La courtoisie démonstrative du général Blenker contrastait singulièrement avec les manières réservées des officiers américains de son grade. Je le voyais pour la première fois, et il semblait que je fusse de ses amis intimes. C'était à chaque instant : « Mon très cher colonel, — mon bon camarade, — quel plaisir de vous voir! etc. » Sa musique, qui était excellente, nous fit entendre un choix de morceaux du répertoire italien. Du champagne incontestable nous fut servi sur une table chargée de fruits et de gâteaux délicats; nous assistâmes ensuite à la parade d'un régiment d'une belle tenue et apparemment d'une instruction avancée; — après quoi nous prîmes congé avec force compliments et poignées de main.

La carrière de Blenker ne devait pas répondre à l'éclat de ses débuts. Il ne suivit point l'armée du Potomac dans la Péninsule, fut relevé de son commandement pour des actes de haute fantaisie et des mépris de discipline préjudiciables au gouvernement dans certaines portions de la Virginie, qu'on désirait concilier à la cause de l'Union. Il mourut dans l'humble position dont la guerre l'avait tiré, avec le regret d'une fortune manquée pour s'en être laissé éblouir, — poussé peut-être dans la tombe par la pire des douleurs, selon le poète : *Il Ricordarsi del tempo felice, nella miseria...*

En somme, cette position de l'armée du Potomac avait alors sur nous l'avantage d'avoir vu le feu. Des escarmouches peu importantes, mais assez fréquentes avaient commencé à aguerrir les hommes dont une partie avait en outre assisté plus ou moins activement à la bataille de Bull-Run.

Je rentrai le soir à Washington en compagnie du ballon militaire de Lawe dont les services encore à l'essai, se continuèrent pendant près de deux ans, et finirent par être définitivement abandonnés. De ce que la nature très boisée de la Virginie en rendit l'utilité problématique, il ne s'ensuit pas que dans les pays de plaines, on ne puisse tirer bon parti des aérostats pour éclairer les mouvements d'une armée, et juger avec un certain ensemble des positions de l'ennemi.

A mon retour au camp, je trouvai l'ordre de faire cuire trois jours de rations, de requérir un complément de fourgons et de tenir le régiment prêt à marcher au premier signal. La cause en était une reconnaissance en force de l'ennemi qui passait le haut Potomac à cinq ou six lieues de nous. La journée du lendemain se passa dans l'attente. Le soir, le général Peck convoqua ses colonels dans sa tente. On savait positivement que huit mille confédérés étaient à *Great-Falls*, sur la rive nord du fleuve. On discuta, les cartes sous les yeux, la probabilité de leurs intentions, les chances d'une attaque au point du jour, les meilleures mesures de défense à prendre. Mais il ne me parut pas qu'aucune intention définie fût venu du quartier général, ni qu'aucun plan d'ensemble eût été arrêté. Se tenir prêt, voilà à quoi se bornaient les ordres. On s'y conforma strictement. Les piquets furent renforcés, des consignes sévères furent données sur toute la ligne. Chaque homme reçut cent cartouches, et dormit tout habillé, sans savoir s'il se réveillerait au son du tambour ou de la fusillade.

Je me rappelle que la nuit était belle et calme. Les étoiles brillaient au ciel dans une atmosphère limpide, mais froide. La grande ourse s'abaissait lentement à l'horizon. En la suivant du regard, je fus quelque peu surpris d'y compter une huitième étoile plus brillante que les autres. Un examen attentif, à l'aide d'une longue vue, me révéla bientôt que l'astre supplémentaire n'était qu'un petit ballon lumineux, lancé sans doute par l'ennemi comme un signal. D'innombrables vers luisants étincelaient dans les herbes, comme si la terre eût voulu refléter le scintillement des étoiles... Rien ne troubla le silence que quelques coups de feu lointains, tirés par des vedettes trop aisément alarmées. Au jour, on reconnut que la colonne ennemie s'était retirée comme elle était venue, et tout rentra « dans l'ordre accoutumé. »

CHAPITRE VI

QUARTIER D'HIVER

Installation à Tenallytown. — Clair de lune. — Jour de paie. — Un cas de *delirium tremens*. — Cours martiales. — Le général Keyes. — Malheureuse affaire de Ball's Blust. — Aménagements d'hiver. — La *mess* des officiers. — Présentation de drapeaux. — Le président Lincoln à la table du 55°. — Effets de la guerre autour de Washington.

Le 9 octobre, la division Mac-Call, forte d'environ douze mille hommes, traversa le Potomac pour aller s'établir à quelques milles au dessus du Chain-Bridge, dans la direction de Leesburg. Par suite de ce mouvement, la brigade Peck dut se porter en avant pour aller occuper Tenallytown, position importante qui couvre Georgetown, sur la limite du district de Colombie.

Le village est bâti sur une colline où convergent cinq routes différentes, dont trois de grande communication. A droite, sur le point le plus élevé, le fort de Pennsylvanie domine la plaine. Le 13° de Pennsylvanie en fournit la garnison. Le 98° de Pennsylvanie et le 62° de New-York assirent leur camp en avant, sur les bords de la route de Rockville. Le 55° fut détaché à un mille de là, sur la gauche, près d'une forte demi-lune, armée de quatre pièces de 32 et fermée par une haute palissade percée de meurtrières. Cet ouvrage, construit avec soin dans une position bien choisie, portait le nom de « fort Gaines. » Chacune de mes compagnies devait l'occuper successivement et s'y familiariser avec l'exercice du canon.

En arrière du camp s'élevaient de grands bois bordés par la route de Tenallytown au Chain-Bridge. En avant, la vue s'étendait à de grandes distances. Au dessus des bois qui garnissaient encore la vallée, l'œil suivait le parcours du Potomac dont les eaux apparaissaient de distance en distance. Au delà, on pouvait distinguer les mouvements de nos troupes les plus avancées, et, dans le lointain, les lignes indécises de l'ennemi se perdant à l'horizon. Devant nous, entre le fleuve et la route de Rockville, s'élevait, de l'autre côté de la vallée, une hauteur boisée dont les arbres ne tardèrent pas à disparaître. On y construisait trois redoutes qui, plus tard, furent réliées ensemble et formèrent un des forts les plus importants dans les défenses de la capitale.

Il ne parut pas d'abord que nous dussions rester longtemps dans cette position. Nous y étions à peine établis, qu'un soir, l'ordre arriva de nous tenir prêts à partir sur l'heure. Les tambours, qui battaient en ce moment la retraite, changent aussitôt de batterie. Les hommes répondent par des hurrahs, et, en quelques minutes, les compagnies se rangent à leur ordre sur la ligne du drapeau, lorsque survient un contre-ordre. On ne se mettra en marche qu'au point du jour. Chacun rentre dans sa tente, au milieu d'un feu roulant de plaisanteries. A neuf heures et demie, nouvel ordre d'aller, sans délai, bivouaquer au Chain-Bridge. Et tambours de battre. Dix minutes plus tard, nouveau contre-ordre par le télégraphe. Redoublement de gaîté dans les rangs. A dix heures, troisième ordre, définitif cette fois, avec instructions de ne laisser qu'une douzaine de soldats et un sergent à la garde du camp, d'emmener les deux chirurgiens qui confieraient l'hôpital aux soins du *steward*, et prendraient les quatre wagons d'ambulance avec eux.

A dix heures et demie, nous étions partis. C'était notre première marche de nuit, et les ordres n'indiquaient certainement pas qu'il s'agît d'une simple promenade militaire. Le moral des hommes semblait excellent, et volontiers se fussent-ils mis en route en chantant, si des instructions sévères n'eussent été données de garder le plus profond silence dans les rangs. Nous suivions un chemin de traverse, ici plongeant dans les bois, là émergeant dans les champs. De longs nuages couraient dans le ciel, comme les lambeaux d'un immense rideau déchiré. Tantôt la lune apparaissait dans les interstices, allumant des milliers d'étincelles au tranchant des bayonnettes, tantôt elle disparaissait laissant dans une obscurité douteuse le régiment qui s'allongeait dans les sinuosités du chemin, comme un serpent fantastique aux écailles bleues. A minuit, on fit halte près du Chain-Bridge.

D'où vient ce nom de *Chain-Bridge?* Je l'ignore. Toujours est-il que ce « pont de chaînes » n'est qu'un pont de bois supporté par des culées de pierres. En face de Georgetown, le Potomac se rétrécit tout à coup et cesse d'être navigable. La plus grande partie de son lit est envahie par des alluvions sablonneuses, couvertes de cailloux et de rochers, laissées à sec pendant l'été, et sur lesquelles les eaux roulent bruyamment pendant l'hiver. Durant la plus grande partie de l'année, le courant profond et rapide s'encaisse dans le chenal étroit qu'il s'est creusé du côté de la Virginie, sous la dernière arche du pont. Le canal de Washington suit la rive du Maryland sur un talus assez élevé. Des deux côtés s'élèvent de hautes collines abruptes et rocheuses, généralement couvertes de bois épais. Des fortifications construites à la hâte, mais suffisamment armées, défendaient les approches par les hauteurs virginiennes. Eussent-elles été forcées, le pont était encore protégé par une batterie de gros calibre, établie à mi-côte et par deux pièces de campagne pouvant le balayer dans toute sa longueur.

La nuit se passa sans accidents autour des feux du bivouac. Le jour se leva dans une tranquillité parfaite, et le premier ordre reçu dans la matinée, fut de retourner au camp où nous rentrâmes désappointés. L'impatience nous gagnait de n'être pas encore menés au feu. Si nous avions pu lire dans un avenir de quelques mois seulement, il est à croire que nous en aurions pris beaucoup plus aisément notre parti.

A partir de notre installation à Tenallytown, les évolutions de ligne firent partie des exercices de la brigade, et se répétèrent presque chaque jour, lorsque le temps le permettait. Nous avions un vaste champ de manœuvres, où les quatre régiments pouvaient se déployer en tout sens, déduction faite des compagnies détachées pour le service des forts et celui des avant-postes. Mais à mesure que la saison s'avançait, le temps devenait de plus en plus incertain. Dès la fin d'octobre, des pluies froides et persistantes commencèrent à annoncer l'approche de l'hiver, et le service devint plus pénible. Néanmoins, les derniers beaux jours étaient activement mis à profit, et le général Buell put bientôt venir lui-même commander les manœuvres sans y relever autre chose que des erreurs de détail.

Le 31 octobre, le régiment fut, ce qu'on appelle en anglais, *mustered for pay*. L'expression n'a pas d'équivalent en français, parce que la chose n'existe pas en France. Aux États-Unis, le système suivi pour la paie de l'armée est extrêmement défectueux. Le soldat comme l'officier n'y est payé que tous les deux mois, — à supposer que les choses se fassent régulièrement, ce qui n'est pas souvent le cas en campagne. Le *muster* a lieu le dernier jour du second mois. Voici en quoi il consiste : après l'inspection en détail des compagnies, l'officier chargé du *muster* et qui doit être un inspecteur d'état-major ou l'un des colonels ou commandants de régiment de la brigade, procède lui-même à l'appel, à rangs ouverts, les officiers à leur poste, les sous-officiers et soldats l'arme au bras. Chacun d'eux répond à son nom, et passe sans commandement au port d'arme et à l'arme au repos, jusqu'à ce qu'il soit ainsi constaté que tous les hommes présents figurent sur la liste. Il est rendu compte sur les rôles de toutes les absences par désertion, congé temporaire ou autre cause, et le *mustering officer* s'assure ensuite par lui-même de la présence des hommes notés comme faisant partie de la garde ou retenus à l'hôpital du régiment. Les rôles dûment signés et certifiés par les chefs de compagnie, lui sont remis pour qu'il les signe à son tour, après y avoir ajouté un rapport sommaire sur la condition des hommes, leur tenue, leur discipline, etc., etc. Ces rôles en quadruple expédition sont envoyés : un à l'adjudant général, à Washington, deux au payeur général, le quatrième restant au régiment. Même disposition du rôle séparé de l'état-major. Dans les états-majors des généraux, les rôles sont individuels. Le payeur (*pay-master*) ayant charge de la brigade, fait le calcul de la somme due à chacun sur une colonne laissée en blanc à cet effet, et lorsqu'il a reçu les fonds nécessaires, il se rend au camp pour en opérer le paiement, — après quoi il retourne aussitôt à Washington.

Est-il besoin de faire ressortir les inconvénients d'un pareil système? Le soldat américain, dont la paie est de treize dollars par mois, ne reçoit jamais moins de vingt-six dollars à la fois, c'est à dire *cent trente francs*, somme trop considérable pour ne pas l'exposer à de dangereuses tentations. Je veux bien qu'ils en envoient une portion à leurs familles; mais tous les soldats n'ont pas une famille à pourvoir, et parmi ceux qui sont dans ce cas, tous ne s'acquittent pas de ce devoir avec le même scrupule. Il en est toujours parmi eux qui ne sont pas présents au jour fixé pour recevoir leur paie. Les voilà donc ajournés à deux mois, et alors ce sera cinquante-deux dollars ou deux cent soixante francs qu'ils auront à toucher. Et ne croyons pas que ce soit seulement par exception.

Les dépenses énormes de la guerre, les vols multipliés sous toutes les formes aux dépens du gouvernement, ou même les délais apportés à une nouvelle émission de papier-monnaie ont souvent placé le trésor dans l'impossibilité de remplir à heure fixe tous ses engagements. En pareil cas, l'armée et la marine ont toujours été considérées comme pouvant le mieux attendre. Devant Fredericksburg, mon régiment reçut six mois d'arriérés à la fois. Ce fut donc soixante dix-huit dollars ou trois cent quatre-vingt-dix francs par homme. Les sergents en proportion.

De ces chiffres, il n'y a rien à déduire, car la différence de la valeur du papier-monnaie avec les cours de l'or a été compensée pour les soldats par un acte du Congrès qui porta la paie de treize à seize dollars, augmentation maintenue longtemps après la guerre.

Le soldat n'est pas thésauriseur, surtout en campagne, où les balles et les boulets entrent en ligne de compte dans toutes ses prévisions. Que peut-il faire alors d'une somme considérable? S'en laisser dépouiller au jeu, au risque des peines disciplinaires, s'il est surpris; se procurer en cachette à des prix plus qu'exorbitants quelques bouteilles de mauvais whisky avec lequel il s'enivrera et enivrera ses camarades, quelque graves qu'en puissent être les conséquences. S'il est capable de déserter, l'argent lui en facilitera les moyens. Peut-être il n'y eût point songé sans cela; mais pour l'avoir senti dans sa poche, la tête échauffée par la boisson, il n'est pas impossible qu'il meure fusillé à l'endroit même où il a reçu sa fatale paie.

Pour les absents, envoyés en service détaché ou retenus dans quelque lointain hôpital, naissent de longues complications de *descriptive lists* incorrectes, oubliées, perdues. Tous les commandants de régiments savent à quelles interminables réclamations donne souvent lieu la paie dans les hôpitaux, et combien de patients y ont été retenus un temps indéfini comme servants, par cela seul que leur arriéré ne pouvait leur être soldé. Il suffisait ainsi de quelque informalité, résultat presque inévitable des accidents de la guerre, pour retenir dans un service répugnant des hommes auxquels d'honorables blessures donnaient droit à un congé définitif.

L'intérêt du soldat, comme celui de la discipline, réclame à cet égard une réforme. Le gouvernement et l'armée des

États-Unis ont tout à gagner à l'adoption du système de paie à courtes échéances et au changement qui en serait la conséquence dans l'organisation des officiers payeurs.

Je viens de dire quelle était la paie du soldat d'infanterie. Le sergent reçoit par mois 17 dollars; le 1er sergent 20; le sergent-major, le sergent-commissaire, le sergent quartier-maître et le tambour-major 21; le *steward* d'hôpital 30.

Voici maintenant la solde mensuelle des officiers : Colonel, 194 dollars; lieutenant-colonel, 170; major, 151; capitaine, 118; 1er lieutenant, 108; 2e lieutenant, 103. Ce à quoi il faut ajouter 10 dollars par mois pour tout officier commandant une compagnie, en considération de sa responsabilité en fait d'uniformes, armes et accoutrements. En temps de guerre, les fourrages sont de plus fournis en nature aux officiers montés d'après le nombre de chevaux qui leur est alloué.

Les chiffres sont un peu plus élevés dans le génie, la cavalerie et l'état-major.

Un brigadier général reçoit par mois 300 dollars et quatre rations de fourrage. Un major général, 445 dollars et cinq rations de fourrage. Enfin, le lieutenant-général commandant en chef 720 dollars et autant de fourrage qu'il lui convient.

Le mois de novembre s'annonça assez tristement pour nous. Une pluie continuelle, accompagnée de violentes rafales, assombrit le jour de la Toussaint, et, le lendemain, nous eûmes à enregistrer le premier décès au régiment. Un soldat de la compagnie de zouaves avait succombé à une maladie de quelques jours, sans avoir pu être transféré à Washington. A défaut de l'honneur de tomber sur le champ de bataille, il eut du moins l'avantage de funérailles, accompagnées d'une certaine pompe militaire. Le corps, revêtu de son uniforme complet, resta exposé vingt-quatre heures sous une tente tendue de drapeaux et gardée par des factionnaires de la compagnie qui, non seulement se prêta à ce supplément volontaire de service, mais encore se cotisa pour acheter un cercueil assez coûteux et expédier le mort à sa famille. Chacun visita la tente mortuaire. C'était un spectacle nouveau, Mais le cercueil enlevé ne laissa point de vide apparent dans le camp.

Mieux vaut goujat debout que *zouave* enterré.

Ce fut la seule victime que la maladie fit dans nos rangs avant notre départ pour la péninsule, au printemps suivant. La santé des hommes se maintint dans les conditions les plus satisfaisantes, pendant tout l'hiver. A peine si quelques-uns durent être envoyés à l'hôpital, beaucoup plus pour prévenir une maladie sérieuse que pour la guérir. Le seul cas en dehors des indispositions ordinaires, fut celui d'une recrue arrivée au camp vers cette époque.

C'était un jeune homme suisse de naissance, ayant reçu une éducation assez avancée pour être attaché à la rédaction d'un journal français de New-York. D'un tempérament excessivement nerveux, il avait ruiné sa santé par de malheureuses habitudes d'intempérance. L'usage immodéré des liqueurs fortes finit par développer en lui des symptômes de *delirium tremens* dont le résultat fut de lui faire perdre la place qui le faisait vivre. Sa seule ressource fut alors de s'engager comme soldat. Il était myope, et d'une constitution chétive évidemment impropre au service ; mais on n'y regardait pas de si près, et il fut envoyé au 55e. Le mettre dans les rangs, c'était l'achever à coup sûr. Je l'attachai à l'hôpital où il pouvait être utilisé sans danger pour sa santé délabrée. Tout alla bien d'abord, mais la terrible maladie n'avait pas lâché sa proie.

Une nuit, des hurlements lugubres retentirent tout à coup dans le camp, suivis bientôt d'une course tumultueuse réveillant en sursaut les hommes endormis. La garde poursuivait une sorte de fantôme demi nu qui fuyait en poussant des cris de détresse : — Pour l'amour du ciel ne me tuez pas ! — N'est-ce pas assez d'avoir brûlé ma tente? — Ah! ils vont me fusiller ! — Et des appels désespérés au colonel pour avoir la vie sauve. — Le tumulte s'apaisa bientôt, et alla s'éteindre dans le corps de garde. Presque aussitôt l'adjudant vint me rapporter que M..., le *ward* de l'hôpital, en proie à un accès de *delirium tremens*, avait été arrêté par la garde, et laissé aux soins des chirurgiens.

Le lendemain, je fis appeler, M... revenu à son état normal. Le récit qu'il me fit de ses hallucinations de la nuit me parut tellement saisissant que je puis encore le reproduire dans ses étranges détails. M... avait passé comme d'habitude la soirée dans la petite tente où il était installé séparément. Ses écritures terminées, il se coucha peu après l'extinction des feux et s'endormit sans malaise apparent. Vers une heure du matin, il fut réveillé par la sensation d'une chaleur ardente. Il ouvrit les yeux et vit avec effroi sa tente en feu. Elle était remplie d'une épaisse fumée qui le suffoquait, et les flammes perçant la toile à divers points en rongeaient les parois et s'étendaient dans toutes les directions avec une clarté éblouissante.

Il allait s'élancer lorsqu'il entendit distinctement au dehors quelques officiers qu'il me nomma, parlant à voix basse, et se disant entre eux : — Attendons un peu ; le feu l'obligera à sortir et nous le fusillerons. Il n'est bon à rien. Le gouvernement ne peut pas continuer à nourrir ainsi des bouches inutiles dans son armée.

Le malheureux saisi d'épouvante à ces paroles sinistres, se couvrit la tête, essayant d'échapper à l'atteinte des flammes. Mais en vain ; la chaleur devenait de plus en plus intolérable ; des langues de feu se glissaient sous la couverture, et lui léchaient le visage. Il se sentait brûlé vif. Éperdu, il se précipita hors de la tente... Étonné de n'être pas tombé mort, et de n'avoir même pas entendu la détonation des revolvers, il s'arrêta et regarda autour de lui. — La lune brillait au ciel dans une paisible sérénité ; la tente de l'hôpital se dressait à quelques pas ; deux tisons presque éteints fumaient encore à la cuisine en plein air des malades. En arrière, les wagons d'ambulance étaient à leur place; les chevaux se tenaient immobiles à leurs piquets, ou cherchaient du bout des lèvres quelques grains d'avoine oubliés à terre. Les meurtriers avaient disparu. Partout le calme et le silence.

M... se rendait compte de tous ces détails, pour se convaincre pleinement qu'il était bien éveillé. Il considérait attentivement les étoiles, les arbres, les tentes et jusqu'aux pierres du terrain qui lui était familier, lorsque, s'étant avancé de quelques pas vers un espace ouvert, il y aperçut le régiment en ligne, les armes apprêtées, les officiers en arrière comme lorsqu'on va commencer le feu. Rien ne bougeait dans les rangs; mais un peu plus loin, les sentinelles se promenaient à leurs postes habituels. Alors le colonel se pencha sur son cheval, et dit : — Les fusils sont-ils bien chargés à balle ? — L'adjudant qui était à pied répondit : — Oui, colonel.

A ces mots, tout fut révélé au malheureux M... C'était pour le fusiller que le régiment était sous les armes à cette heure insolite. Fou de terreur, il se prit à fuir au hasard, en poussant ces hurlements qui avaient mis tout le camp en émoi. La garde accourue se lança à sa poursuite, et la réalité se confondant de plus en plus avec l'hallucination, le fugitif était absolument privé de raison lorsqu'il fut pris et entraîné au poste.....

Il me racontait ces détails avec une parfaite lucidité d'esprit, mais par moments, une expression d'angoisse passait sur sa physionomie. Ses regards scrutaient alors les objets qui l'environnaient et sa main touchait ceux qui se trouvaient à sa portée, comme s'il cherchait encore dans la certitude matérielle, une protection nécessaire contre le retour des fantômes.

M... ne suivit point le régiment en campagne. Il fut envoyé à l'hôpital militaire de Philadelphie où il reçut plus tard sa décharge du service.

Depuis trois mois, l'armée concentrée autour de Washington, pour être restée inactive contre l'ennemi, n'en avait pas moins mis le temps à profit. De grands progrès avaient été réalisés comme instruction, comme discipline et comme organisation dans toutes les branches du service. Les troupes étaient exercées sans relâche, par bataillon, par brigade, et de temps à autre par division. A Tenallytown les exercices à feu étaient fréquents, surtout le tir à la cible auquel les soldats apportaient beaucoup d'émulation.

Des cours martiales générales furent constituées dans chaque brigade. Elles se composent de douze officiers pris en nombre égal dans chaque régiment, à savoir : un colonel, trois majors, six capitaines et deux lieutenants. Leur juridiction embrasse tous les crimes et délits dont la pénalité dépasse la perte d'un mois de paie et la condamnation à un mois d'emprisonnement ou de travaux forcés, limite assignée aux sentences des cours martiales de régiment qui se composent seulement de trois officiers, et ne peuvent juger que les sous-officiers et soldats. Les arrêts des cours martiales générales comprenant la peine de mort, les travaux forcés, le boulet, l'emprisonnement, la dégradation militaire etc., etc., ne sont sujets qu'à la révision et à l'approbation confirmatoire du général en chef, avant d'être mis à exécution.

La peine corporelle du fouet avait été supprimée en 1812. Elle fut rétablie exceptionnellement en 1832 pour le seul cas de désertion en temps de paix, et définitivement abolie en 1861.

Le code militaire des États-Unis (*articles of war*) est, à peu de chose près, le même qu'en Europe, sauf le duel qui entraîne le renvoi infamant du service, non seulement pour les combattants, mais aussi pour les témoins et tout officier qui aurait pris une part quelconque à l'envoi ou à l'acceptation du cartel, ou même qui se serait volontairement abstenu d'empêcher le combat. Comme, du reste, le duel a disparu des mœurs des États du nord, ces mesures de répression demeurent sans application dans l'armée. Pendant toute la durée de la guerre, je ne connais que deux cas isolés où le fait d'une provocation ait motivé le renvoi de l'officier qui en avait bravé les risques.

En dehors des cours martiales, de sages mesures furent prises pour se débarrasser des officiers d'une incapacité persistante. Des commissions d'examen furent instituées auxquelles les colonels pouvaient déférer ceux dont il n'y avait décidément rien à attendre de satisfaisant. Cette mesure eut le bon résultat de stimuler généralement les paresseux et de renvoyer dans leurs foyers nombre de nullités incorrigibles qui ne purent subir l'épreuve devant les examinateurs. Seulement, elle ne fut pas assez générale. Il eût été plus profitable qu'elle s'étendît également aux colonels.

En somme, tout prenait meilleure tournure à l'armée où le général Mac Clellan ne se lassait pas de passer des revues de division.

Notre tour vint le 8 novembre. Ce jour-là, les trois brigades se rendirent dès le matin sur la plaine de Kolorama, voisine de l'emplacement où nous avions campé d'abord, en arrivant à Washington. Pour nous, c'était une marche de cinq milles environ ; mais le temps était favorable, la route en bon état, et les nouveaux pantalons garance arrivés quelques jours auparavant de New-York, n'eurent point à en souffrir. Comme toujours, il y avait foule à la revue qui fut suivie de grandes évolutions commandées par le général Buell. Le général en chef parut très satisfait et les spectateurs retournèrent à Washington persuadés qu'avec de pareilles troupes, il n'y avait qu'à se mettre en marche pour arriver tout droit à Richmond. Si cependant ils avaient parcouru le soir la route de Tenallytown, leur confiance eût pu être quelque peu ébranlée, en voyant ce qu'une colonne en marche peut laisser de traînards derrière elle après une journée de fatigue.

Cette revue fut l'adieu du général Buell à sa division. Quelques jours après, il nous quitta pour aller commander le département du Cumberland dont le quartier général était à Louisville (Kentucky.) Il fut également regretté des hommes et des officiers, en dépit de sa sévérité dans les détails du service. Tout le monde avait confiance dans ses talents militaires, et le soldat s'attache de préférence aux chefs dont le mérite justifie l'autorité et lui garantit que sa vie ne sera pas sacrifiée sans utilité et sans fruit sur le champ de bataille.

Le général Buell fut remplacé par le général Keyes, officier vieilli dans la carrière, ce qui ne veut pas dire qu'il eût les façons abruptes d'un grognard. C'était au contraire un homme de manières aimables ayant trouvé en Californie l'occasion rare pour les militaires, de faire une fortune considérable. Aussi son séjour à San Francisco avait-il laissé en lui des empreintes beaucoup plus appréciables que ses anciennes expéditions contre les Indiens du Nord-Ouest. Peu jaloux d'imiter les allures spartiates de son prédécesseur, il préférait décidément à la tente en plein air, une maison confortable à Washington. C'est là qu'il installa son quartier général sans trop se soucier des inconvénients qui pouvaient en résulter pour le service. Du reste, pour n'être pas un *strict disciplinarian* comme Buell, Keyes n'en faisait pas moins un commandant capable. Sa conduite à la bataille de Bull-Run avait été citée avec éloges, et son affabilité lui concilia bientôt ses inférieurs auxquels il manquait rarement l'occasion d'adresser quelque compliment.

Il va sans dire que le général Keyes fit à son tour manœuvrer la division sous les yeux du commandant en chef. Cette seconde représentation, à un mois d'intervalle de la première, fut décidément plus satisfaisante et put servir à constater les progrès que l'armée continuait à faire de jour en jour. Mais la saison était déjà trop avancée pour les utiliser immédiatement contre l'ennemi. La malheureuse affaire de Ball's Bluft, encore toute récente, n'encourageait pas d'ailleurs à se presser. Voici ce qui s'était passé :

Le 20 octobre le général Stone dont la division gardait la ligne du haut Potomac, à une trentaine de milles en avant de Washington, donna l'ordre au colonel Devens commandant le 15ᵉ régiment du Massachussetts de traverser la rivière pendant la nuit, pour aller enlever et détruire un campement ennemi qui, selon le rapport d'un officier envoyé en reconnaissance, se trouvait à peu de distance. Le 21, au point du jour, le colonel Devens, arrivé à l'endroit indiqué, trouva, au lieu du prétendu campement, un verger d'arbres fruitiers plantés sur une éminence, et à travers lesquels la douteuse clarté de la lune avait pris aux yeux des éclaireurs l'apparence de tentes symétriquement alignées. Il envoya aussitôt son rapport, sans abandonner la position avancée où la présence du régiment fut bientôt signalée à l'ennemi. De ce premier rapport, on conclut beaucoup trop vite à la possibilité d'une attaque favorable contre Leesbury, et le 20ᵉ du Massachussetts, un régiment de Californie et un de New-York, reçurent ordre de traverser également la rivière. Pour cette opération, l'on n'avait que deux bateaux plats pouvant porter chacun une quarantaine d'hommes, et un canot métallique munis de rames ;— moyens d'autant plus insuffisants qu'on avait à débarquer d'abord dans une île longue et étroite, pour se rembarquer ensuite de l'autre côté.

Lentement et péniblement on parvint ainsi à transporter sur la rive virginienne un millier d'hommes, un canon rayé et deux obusiers de campagne. Comme pour compliquer les difficultés, le commandement était dévolu au colonel Baker, ex-sénateur de la Californie, officier brave mais inhabile, bien qu'il eût fait la guerre du Mexique. Le général Stone commit la faute de laisser la conduite de l'expédition à sa discrétion. Lors donc que le colonel Devens, pressé par des forces très supérieures, et ayant l'ennemi sur ses talons, se replia en bon ordre sur le point où il devait repasser la rivière, il y trouva une ligne de bataille maladroitement disposée en travers du seul terrain découvert au milieu des bois. Plus maladroitement encore les pièces d'artillerie étaient placées en avant, et si exposées qu'à peine pût-on commencer à en faire usage, avant que les servants fussent tués ou blessés par le feu concentré des tirailleurs ennemis. Enfin, la position assignée au 15ᵉ du Massachussetts fut si mal conçue, qu'elle annulait la moitié de ses feux.

Les troupes se battirent bravement, — admirablement même pour des hommes qui n'avaient jamais vu le feu, qui se sentaient mal commandés, et qui faisaient face à un ennemi deux fois supérieur en nombre. Groupés sur le *bluff* (coteau élevé au bord de l'eau), ils se défendirent de leur mieux jusqu'à la tombée de la nuit; mais ils finirent par être écrasés. Les premiers qui s'élancèrent dans le seul bateau plat resté à portée, le firent sombrer sous leur poids. Alors tous ceux qui pouvaient nager se jetèrent à l'eau. Les autres tombèrent au pouvoir de l'ennemi avec les canons et les blessés, dont le nombre était fort considérable. Il faut en excepter, toutefois, cent cinquante hommes environ, sauvés par le sang-froid énergique d'un capitaine du 20ᵉ du Massachussetts, Frank Bartlets, devenu depuis général. Ce jeune officier ayant découvert un batelet caché sur la rive, y fit passer successivement les soldats qui l'avaient suivi, ne s'embarquant lui-même qu'avec les derniers. Le colonel Baker avait été tué en payant bravement de sa personne. Des seize cents hommes lancés ainsi à l'étourdie de l'autre côté du Potomac, la moitié à peine échappa au désastre.

Ce malencontreux engagement termina la campagne de 1861 comme elle avait commencé, par une déroute. Il donna lieu à une enquête minutieuse devant le comité du Congrès chargé des rapports sur la conduite de la guerre. Le général Stone rejeta toute la responsabilité sur le colonel Baker qui n'était pas là pour répondre. Mais il ne fut pas démontré que ce dernier eût risqué sans ordres trois des régiments de sa brigade, dans une position d'où la retraite lui était impossible en cas de revers. Quelles que fussent d'ailleurs ses erreurs et ses fautes dans la disposition des troupes durant le combat, elles auraient été repoussées, mais non écrasées, si les moyens de retour ne leur avaient pas manqué.

L'opinion publique s'émut d'autant plus de cette incurie, qu'elle y croyait reconnaître des indices de trahison. Certaines dépositions devant le comité, faisaient en effet peser sur le général Stone des soupçons de connivence avec les confédérés, — soupçons qui devinrent assez sérieux pour déterminer son incarcération au fort Lafayette. Cependant, comme aucune preuve ne vint corroborer des imputations que son caractère loyal et ses services passés rendaient invraisemblables, il fut remis en liberté, sans toutefois obtenir le bénéfice d'une cour martiale dont il attendait sa réhabilitation. Ce fut seulement vers la fin de la guerre que sa remise en activité devint la réparation tardive d'une injustice dont son honneur avait eu cruellement à souffrir.

La conclusion naturelle que l'on dut tirer de l'affaire de Ball's Bluff fut qu'en général les hommes étaient plus capables de bien se battre que les chefs de les bien commander.

La saison devenait de plus en plus défavorable aux opérations actives. Décembre arrivait avec son cortége de pluies et de frimats. Les chemins détestables de la Virginie se changeaient en bourbiers impraticables à l'artillerie et au train des équipages. L'armée dut entrer en quartiers d'hiver. Rien ne fut changé à la position des camps, mais des mesures furent prises pour mieux protéger les troupes contre les intempéries du ciel. On renouvela les tentes en mauvais état, en laissant aux différentes brigades toute latitude pour modifier ou compléter leurs installations de la façon la plus uniformément avantageuse au bien-être du soldat.

Le système adopté pour le régiment fut celui des *log-cabins*, huttes carrées faites de rondins généralement fendus en deux, et maçonnés avec de la terre argileuse qui en bouchait hermétiquement les interstices. Sur ces parois verticales élevées de trois ou quatre pieds, la tente était fixée comme toiture. Une porte en planches ou en caoutchouc s'ouvrait sur la façade à l'intérieur. L'esprit inventif du soldat se manifestait en combinaisons ingénieuses pour multiplier le mobilier en ménageant la place dans un espace de six pieds carrés. Le problème était d'y faire tenir deux lits, une table, un ratelier pour les armes, un porte-manteau pour les habits, une cheminée californienne (1) ou un petit poêle en tôle et jusqu'à un tabouret. Problème qui finissait presque toujours par être victorieusement résolu, parfois même avec d'autres menus détails de confort supplémentaire.

Les bois environnants fournirent les matériaux en abondance, et les exercices quotidiens furent suspendus pendant les quelques jours nécessaires aux hommes pour construire leurs *palais d'hiver*.

Les officiers en profitèrent pour organiser leur *mess* dans une salle à manger qu'ils achetèrent toute faite à Washington. L'industrie américaine toujours active à tirer parti des circonstances, trouvait dans la guerre de nouvelles sources de profit. Entre autres inventions, elle fabriquait des maisons de planches de toutes dimensions, parfaitement construites, munies de portes et fenêtres et pouvant aisément se monter et se démonter à volonté. Celle des officiers du 55e, était assez longue pour contenir une table de quarante couverts, ressource précieuse pour les soirées d'hiver.

La *mess* est la table à frais communs des officiers d'un régiment. En Angleterre, c'est une institution permanente, Les officiers passent, la *mess* reste. Elle a son fonds d'argenterie, souvent magnifique, son service complet de linge, de porcelaine et de verrerie, ses provisions de vins

---

(1) La cheminée californienne est creusée en terre et recouverte, au niveau du sol, de larges pierres plates sous lesquelles, un courrant d'air habilement ménagé active le feu, et emporte la fumée au dehors par un conduit étroit opposé à son orifice.

fins, etc., etc. Dans un pays où les commissions s'achètent, et où la fortune est une condition à peu près indispensable pour entrer dans l'armée, il est assez naturel que la pension des officiers prenne le caractère d'un club. En dehors du service, chacun est un *gentleman* en uniforme. Les degrés de la hiérarchie militaire font place à une sociabilité épicurienne qui réunit à la même table depuis le colonel jusqu'au dernier sous-lieutenant, d'autant plus que le sous-lieutenant peut être l'héritier présomptif d'un grand titre seigneurial, et le colonel n'être qu'un riche bourgeois quand il a dépouillé son uniforme.

En France où la majeure partie des officiers n'ont guère que leur modestes appointements pour vivre, comme leurs mérites militaires pour s'élever, la gradation de la solde et la discipline hiérarchique s'accordent pour maintenir séparément la table des lieutenants, celle des capitaines et celle des officiers supérieurs.

En Amérique, pays de liberté démocratique et d'initiative individuelle, chacun s'arrange à sa convenance. Dans le 55e, composé d'éléments mixtes, nous avions adopté un moyen terme en établissant deux *mess* : celle de l'état-major et celle des officiers de compagnie.

Aucun événement militaire ne signala les quatre mois que nous passâmes en quartier d'hiver. La régularité monotone de notre vie de camp ne fut égayée que par quelques scènes de famille telles que la présentation d'un fort beau cheval de bataille qui me fut offert en cérémonie par les officiers de mon régiment. Malheureusement, le cheval de bataille ne put même pas me servir de cheval de parade. C'était un étalon noir de superbe apparence, mais ombrageux et peu maniable comme la plupart des bêtes de sa qualité. Il ne put jamais s'accoutumer au feu, et après des luttes interminables pour le familiariser avec les manœuvres du régiment, je dus me résigner à en faire un cheval de promenade. Il fut capturé par les confédérés à Frédériksburg. J'aime à penser qu'il ne leur aura pas été plus utile qu'à moi.

Je ne mentionne que pour mémoire, le réveillon traditionnel de Noël, et les sérénades échangées entre les régiments de la brigade, pendant la nuit du jour de l'an, — sérénades de musiques militaires, de tambours et de clairons, variées de chœurs polyglottes en anglais, en français et en allemand. Le jour mémorable entre tous fut celui où le président des États-Unis vint s'asseoir à notre table, en nombreuse et brillante société. Voici à quelle occasion :

Un des officiers de la compagnie de zouaves, avait à New-York de nombreux amis qui s'entendirent pour offrir au régiment deux drapeaux magnifiques, l'un aux couleurs américaines, l'autre aux couleurs françaises. La présentation fut préparée d'avance comme une solennité, et le jour en fut fixé au 8 janvier, anniversaire de la bataille de la Nouvelle-Orléans.

Le temps était favorable; une gelée piquante affermissait le sol du champ de manœuvres que recouvrait une légère couche de neige. L'effet des pantalons garance et des capotes bleues y gagnait au point de vue pittoresque; les spectateurs n'y perdaient rien, tandis que les acteurs principaux n'avaient point à s'en plaindre sur l'emplacement soigneusement balayé qui leur avait été réservé. Bien que ce genre de cérémonie ne fût pas nouveau, l'affluence des voitures, des cavaliers et des amazones était considérable pour la saison. La calèche découverte du président contenait M. et Madame Lincoln, le général Schields et M. N. P. Willis l'élégant écrivain dont les œuvres jouissent d'une double popularité en Amérique et en Angleterre.

M. Frédéric A. Conklin, membre du Congrès pour un des districts de New-York, prononça un éloquent discours auquel je répondis... ce qu'on répond en pareille circonstance. Les tambours battirent, les clairons sonnèrent, la garde du drapeau rentra dans les rangs, et le défilé termina la cérémonie militaire, mais non pas la célébration.

Le programme embrassait encore une collation préparée dans la salle à manger dont les parois intérieures étaient pour l'occasion tendues de drapeaux, ornées de guirlandes, et de tous ces trophées militaires que l'adresse des soldats s'entend si bien à combiner. Le président, les généraux, les dames et quelques hôtes de distinction prirent d'abord place à la table où l'orgueil du régiment était de ne servir aucun mets qui ne fût préparé par ses artistes culinaires.

Le triomphe de ces derniers fut complet, mais coûteux en ce sens que les lauréats de la cuisine, pour avoir fait preuve de trop de talent, ne tardèrent pas à être enlevés par les généraux qui les firent détacher à leurs quartiers. J'y perdis une demi-douzaine de combattants que le feu de la cuisine sauva du feu de l'ennemi.

Le président fit grand honneur à la collation.—Jamais, disait-il, il n'avait si bien mangé depuis son entrée à la Maison-Blanche. Il tenait à goûter de tout, et la gaîté de son humeur disait assez combien il appréciait cette diversion d'un moment aux graves soucis qui l'accablaient à cette époque. Il ne put échapper néanmoins au toast obligatoire qu'il était de mon devoir de proposer : — « La santé, et la prospérité du président de la République. Puisse-t-il voir l'Union rétablie promptement sous son administration ; pas si promptement toutefois que le 55ᵉ n'ait le temps d'y contribuer d'abord sur quelque champ de bataille. »

Le président répondit par quelques mots de remercîments qu'il termina ainsi : — « Tout ce que je puis dire, c'est que si vous vous battez aussi bien que vous traitez vos hôtes, la victoire nous est assurée. Et puisque l'union ne doit pas être rétablie avant que le 55ᵉ ait eu sa bataille, je bois à la bataille du 55ᵉ, et je souhaite qu'elle ait lieu le plus vite possible. »

A sa sortie de la salle, il fut accueilli par les acclamations enthousiastes des soldats qui se pressaient en foule autour de sa voiture, et se formèrent spontanément en haie pour saluer successivement de leurs vivats le passage de nos hôtes.

La visite du président Lincoln fut le premier fait mémorable gravé dans les souvenirs du régiment. Les deux drapeaux qui le rappelaient eurent un sort bien différent. L'un, le tricolore français, ne quitta Tenallytown que pour retourner à New-York, où il apparaît encore de temps à autre hors de son étui pour orner les sorties d'un nouveau 55e qui nous a remplacés dans la milice. L'autre, le drapeau national américain, reçut son baptême de feu à Williamsburg, et troué par les balles, déchiré par la mitraille, laissa ses lambeaux à Fairsaks et à Malvern-Hill, jusqu'à ce qu'il n'en restât plus que la hampe et un morceau de frange à Frédéricksburg où finit sa glorieuse carrière.

Mais à Tenallytown, nous ne connaissions encore de la guerre que les roses, bien qu'autour de nous, d'autres en ressentissent déjà cruellement les épines. L'installation des camps dans toutes les directions autour de Washington n'avait pu se faire qu'aux dépens des propriétés que le gouvernement occupait d'urgence. On y construisait des forts, on y établissait des troupes; on y abattait des bois, on y bouleversait des terrains. Les soldats, peu disciplinés dans la plupart des régiments, commettaient des dégâts difficiles à prévenir, surtout dans les vergers et les potagers. Les travaux de l'agriculture étaient arrêtés. A quoi bon labourer, à quoi bon semer là où l'on ne pourrait pas récolter? Et d'ailleurs, les nègres employés jusque-là dans les champs, faisaient défaut. Ils quittaient partout leurs maîtres, encouragés et aidés par la présence de ces troupes du Nord qu'animait la haine de l'esclavage et qui se croyaient à peu près en pays ennemi, parce qu'elles se trouvaient en pays à esclaves. Les propriétaires de biens-fonds privés ainsi de leurs revenus, étaient déjà sur le penchant de la ruine.

Les terrains occupés par le 55e faisaient partie d'une propriété considérable appartenant à M. L..., dont l'habitation n'était séparée du camp que par un champ consacré aux manœuvres. C'était une belle maison entourée d'arbres et de gazons, avec une large avenue sur la route, des jardins, des bâtiments d'exploitation rurale,—tout ce qui constitue la jouissance de la fortune dans la vie de campagne. M. L... était un des meilleurs hommes que j'aie connus, alliant la simplicité du cœur aux manières distinguées du gentleman, jugeant les choses sans passion ni préjugé, fidèlement attaché à l'Union, et préparé aux sacrifices par la sincérité de ses sentiments religieux. Avant la guerre, il vivait heureux, environné d'une famille charmante pour laquelle l'avenir semblait n'avoir que des promesses et point de menaces. Une année avait bouleversé tout cela. De ses deux fils, l'un était parti pour la Californie, l'autre avait rejoint l'armée des confédérés. Madame L... et ses deux jeunes filles restaient seules à Grassland (la terre des gazons) pour soutenir et consoler le vieillard dans ces terribles épreuves.

Outre Grassland, M. L... possédait encore une autre propriété à quelques milles sur la route de Rockville. Celle-là avait été saccagée par les troupes de passage qui la trouvèrent abandonnée. Il n'y restait qu'un moulin dévasté, une maison désertée, et des terres en friche, dont les barrières servaient à alimenter le feu des piquets. Et cependant les habitudes hospitalières de la famille survivaient encore au naufrage de leur fortune. Ceux de mes officiers que j'y avais présentés, y étaient accueillis avec une politesse sans restriction, et bien des fois, je me suis assis au dîner de famille qui m'était offert avec la même cordialité que celle qui y présidait dans les meilleurs jours.

Pendant cet hiver, le bon naturel des soldats autant que leur obéissance à la discipline, assurèrent aux jardins et à la basse-cour de M. L... une sécurité complète. Mais il n'en fut point ainsi après notre départ, et lorsque les fortunes de la guerre me ramenèrent dans ces parages durant la première invasion du Maryland, je trouvai cette famille autrefois si fortunée, contrainte par les nécessités présentes, à recevoir le prix de la table fournie aux officiers qui y prenaient pension.

Tel était l'effet de la guerre aux alentours de la capitale. Que serait-ce donc lorsque nous entrerions en pays ennemi?

CHAPITRE VII

LES HOMMES ET LES CHOSES A WASHINGTON

Le Congrès. — La population de Washington. — Les solliciteurs et les spéculateurs. — Les fournisseurs de l'armée. — Les découragés. — Le général en chef. — Le général Seth-Williams. — Le comte de Paris et le duc de Chartres. — Le corps diplomatique. — Sa partialité pour le Sud. — Pourquoi. — Les réceptions à la Maison Blanche. — M. Stanton. — M. Seward. — Le président Lincoln.

Ainsi les jours se suivaient et se ressemblaient dans la vie des camps. Pour en varier l'uniformité, nous avions de temps à autre la permission d'aller passer douze ou vingt-quatre heures à Washington. C'était l'occasion de se tenir au courant de ce que ne publiaient pas les journaux, et d'étudier le spectacle curieux que présentait alors la capitale.

Le Congrès y était rentré en session au commencement de décembre. Il marchait avec ensemble dans les voies énergiques, déblayées de toute opposition factieuse par l'absence des représentants du Sud et par le concours des démocrates du Nord, qui s'étaient ralliés aux républicains pour poursuivre la guerre avec vigueur. A peine si quelques voix discordantes empruntaient au simulacre d'un faux patriotisme le prétexte de vaines attaques contre la cause nationale, et d'excuses hypocrites en faveur de la sécession. — *Rari nantes*, — rares naufragés dans le vaste courant de l'opinion publique.

En dehors des États confédérés, le pays était unanime

pour réprimer à tout prix la rébellion, si l'on excepte le Maryland où l'opposition tombait dans le ridicule en se réduisant aux affectations puériles des femmes de Baltimore, le petit État de Delaware dont l'insignifiance ne saurait guère entrer en ligne de compte, et le Kentucky que l'intérêt de l'esclavage ne pouvait arracher à l'étreinte du pouvoir fédéral. Néanmoins, il ne manquait pas, à Washington, d'oiseaux de mauvais augure affirmant l'inutilité de la guerre, ne prévoyant que désastres, et prédisant la ruine de l'Union par le maintien définitif de la Confédération du Sud.

Il faut se rappeler que Washington était une ville sudiste. Depuis l'établissement de la république, les hommes du Sud y avaient eu la haute main dans les affaires de l'État. Ils y avaient précieusement conservé leur institution sacramentelle. Ils y avaient assidûment entretenu leurs idées et leurs principes, au moyen de cette influence prépondérante qu'ils exerçaient dans les différentes branches du gouvernement. Aussi étaient-ils chez eux, là où les hommes du Nord se sentaient toujours hors de chez eux, — dans cette capitale commune où les représentants des États libres ne pouvaient arriver sans passer sur les terres de l'esclavage, et où les services de de la domesticité étaient rendus par des esclaves.

Cet état de choses avait laissé des traces profondes dans la population qui restait fidèle au culte du passé, sans dédaigner toutefois d'exploiter les avantages du présent. Jamais, en effet, on n'avait vu un tel concours de monde à Washington. La concentration de plus de cent cinquante mille hommes autour de la ville, y avait développé une activité industrielle et commerciale sans précédents. C'était comme une population quadruplée en quelques mois, dont les trois quarts consommaient sans produire.

Mais outre l'armée qui faisait tête à l'ennemi, il y avait encore toute une autre armée de solliciteurs, fournisseurs, entrepreneurs, spéculateurs qui se renouvelait sans cesse et ne s'épuisait jamais. Ceux-là se ruaient à l'assaut du trésor, pareils à des nuées de sauterelles s'abattant sur la capitale, pour dévorer la substance du pays. On les rencontrait partout : dans les rues, dans les hôtels, dans les ministères, au Capitole et à la Maison Blanche. Ils assiégeaient sans relâche les bureaux des administrations supérieures, ceux du sénat et ceux de la Chambre des représentants, selon ce qu'ils y pouvaient gagner.

Le gouvernement, obligé de s'adresser à l'industrie privée pour toute espèce de fournitures que l'armée et la marine exigeaient sans délai, était à peu près à la merci de ces spoliateurs avides qui s'entendaient entre eux pour lui faire la loi. De là des contrats excessivement onéreux qui appauvrissaient le trésor pour enrichir quelques individus.

Il va sans dire que ces derniers, étrangers à toute inspiration patriotique, ne voyaient dans la guerre qu'une occasion extraordinaire de faire fortune. Tout leur était bon pour y arriver ; aussi la corruption jouait-elle un grand rôle dans les transactions de ce genre. Les protections politiques s'achetaient au prix d'une part d'intérêt dans les contrats obtenus. Or, comme ces contrats devaient se multiplier ou se renouveler en proportion de la durée de la guerre, sa prolongation devint d'un avantage direct pour une certaine classe de gens disposant de capitaux considérables, et d'influences étendues. Quel en fut le résultat sur les événements? C'est ce qu'il serait difficile de préciser. Mais, en tous cas, on y peut voir une des causes partielles qui embarrassèrent la marche du conflit et retardèrent plus ou moins le rétablissement définitif de l'Union.

Le gouvernement, — c'est à dire le peuple qui supporte en définitive le poids de toutes les dépenses publiques, — était donc rançonné par les plus modérés, volé par les plus avides. L'armée en souffrait directement. Ainsi, les objets qui lui étaient fournis à un prix bien au dessus de leur valeur s'ils eussent été de bonne qualité, étaient presque tous d'une infériorité frauduleuse. Par exemple, au lieu d'épaisses couvertures de laine, les recrues reçurent souvent à cette époque de légers tissus à jour, fabriqués de je ne sais quels ingrédients incongrus, qui ne les protégeaient ni contre le froid, ni contre la pluie. Un court usage changeait en loques une grande partie des uniformes, et pendant l'hiver passé à Tenallytown, la durée moyenne d'une paire de chaussures n'allait pas au delà de vingt ou trente jours.

Ce dernier fait, constaté dans mon régiment, donna lieu à des réclamations énergiques à la suite desquelles le général commandant la brigade, nomma, conformément aux règlements, une commission spéciale d'inspection (*board of survey*) dans le but d'obtenir la condamnation des articles défectueux. Parmi les membres de la commission se trouvait un officier expert en ces matières, pour avoir été employé, avant la guerre, dans une des grandes fabriques de chaussures du Massachussetts. Le rapport put donc être fort explicite. Il y était expliqué en termes techniques que les chaussures étaient faites de mauvais cuirs n'ayant même pas subi les préparations nécessaires; que l'intérieur des semelles était *bourré de papier gris*, et que les talons étaient si mal chevillés qu'il suffisait d'un temps sec succédant à quelques jours de pluie, pour les détacher du soulier. En somme, la fraude était flagrante et sur la matière et sur la façon.

Le rapport fut dûment transmis aux autorités supérieures. Fut-il pris en considération? Je ne l'ai jamais su. Toujours est-il qu'il fallut épuiser la fourniture avant d'en obtenir une autre meilleure, et que rien ne fut changé au prix porté sur le compte de chaque soldat.

Retournons à Washington.

L'impression la plus générale n'y était pas favorable au succès de la guerre. Presque personne n'en avait d'abord prévu les redoutables proportions. Aussi, à mesure que la vérité se faisait dans la situation, s'effrayait-on de la grandeur des sacrifices et de l'incertitude des résultats.

En supputant ce qu'il en pourrait coûter d'efforts, de dépenses, d'immolations, pour rétablir l'Union fédérale, les esprits timides se demandaient s'il ne serait pas plus sage d'accepter les faits accomplis et de se contenter d'une république de vingt États libres infiniment plus puissants et plus prospères que n'avaient jamais été les treize États qui avaient originairement fondé la grande nation américaine. Ils abondaient ainsi dans le sens de certains commerçants du Nord lésés dans leurs affaires avec le Sud, et des politiqueurs frustrés dans leur dévotion à la cause de l'esclavage. Les uns et les autres auraient aveuglément sacrifié le pays à leur pusillanimité, à leur intérêt, à leur ambition, — chacun d'eux à un égoïsme individuel.

Mais le gouvernement et le peuple étaient d'accord pour juger plus sainement les choses. Ils comprenaient que la lutte engagée était une question de vie ou de mort. La seule chance de salut reposait sur le maintien du grand principe de cohésion, base fondamentale et garantie de l'Union des États en un seul peuple. Concéder le droit de sécession, c'était délier à jamais le faisceau, et livrer le pays à un morcellement indéfini dont ne pouvait sortir que la ruine commune, à travers d'interminables conflits dont l'histoire des républiques espagnoles du nouveau monde avait donné la mesure et montré les conséquences.

Que si, mettant toutes choses au pire, la Confédération du Sud parvenait à établir son indépendance après l'épreuve d'une guerre longue et acharnée, le principe du moins restait sauf en droit. Rien que la force n'y pouvait porter atteinte, ce qui est le cas de tous les principes gouvernementaux en face de toutes les révolutions. Aucune sécession nouvelle ne pouvait invoquer le précédent comme principe, et aucune tentative n'en pouvait être faite autrement que par la force sujette à la répression par les armes. Or, c'est là une épreuve à ne hasarder qu'à la dernière extrémité, et à laquelle on en viendrait d'autant moins qu'on aurait plus durement éprouvé ce qu'elle entraînait de dangers et de sacrifices. Toute idée de compromis était donc illusoire, et cependant il semble qu'il se soit trouvé encore à cette époque des esprits assez peu clairvoyants pour en caresser la chimère. Dans un conciliabule secret tenu au mois de juin à Baltimore, quelques démocrates du Nord et du Sud étaient allés jusqu'à discuter sérieusement le rétablissement de l'Union au profit de l'esclavage, et à l'exclusion de la Nouvelle Angleterre! On dit que pour en préparer les voies, toute l'influence de ce singulier cénacle fut mise en œuvre pour assurer au général Mac Clellan le commandement en chef de l'armée auquel il fut en effet élevé un mois plus tard. A cet égard, les présomptions semblent tirées surtout de la conduite politique du général en diverses circonstances, et notamment pendant la campagne présidentielle de 1864, où, comme on sait, il fut le déplorable candidat du déplorable parti de la paix et des compromis.

Quoi qu'il en fût, pendant l'hiver de 1861-62, le général Mac Clellan était l'homme sur lequel reposaient les plus grandes espérances de la guerre. Sa popularité, pour être fondée sur une confiance anticipée, beaucoup plus que sur aucun motif plausible, ne lui en assurait pas moins la haute puissance du moment. A force de lui chanter des dithyrambes quotidiens, la presse en avait fait une sorte de Dieu sauveur pour le peuple, et de conquérant irrésistible pour l'armée. Jusque-là, néanmoins, le rôle de l'idole s'était borné à se laisser adorer.

Le général Mac Clellan demeurait à Washington dans une maison élégante où il tenait sa cour. Là il recevait les hommages qui affluent toujours autour du pouvoir, là il accueillait les empressements des officiers allant demander à la faveur ce qui leur manquait en mérite. Au reste de l'armée il ne se montrait que dans les grandes revues. Jamais il ne visitait nos campements. Jamais, que je sache, il ne chercha à se rendre compte par lui-même du degré de discipline, d'instruction ou de bien-être des troupes qu'il devait conduire à l'ennemi. A cet égard, les rapports officiels lui suffisaient.

En revanche, lorsque quelques affaires de service nous conduisaient au quartier général, nous ne manquions jamais d'y trouver un officier qui a peut-être plus fait qu'aucun autre pour l'organisation de l'armée du Potomac. Je veux parler de Seth Williams, major dans l'armée régulière, et assistant-adjudant général, — fonctions qu'il conserva comme brigadier général de volontaires jusqu'à la fin de la guerre, tant ses services furent précieux aux différents généraux qui se succédèrent dans le commandement. Seth Williams était un homme simple, modeste, et dévoué à son devoir. Travailleur infatigable, rien ne lui semblait indigne de son attention. Il l'appliquait également aux mesures générales et aux détails particuliers, — multipliant ainsi ses services pour obvier aux défauts des rouages intermédiaires dans cette vaste organisation de l'armée où il y avait eu autant à créer qu'il restait à coordonner.

M. le comte de Paris et M. le duc de Chartres étaient, comme je l'ai dit, attachés à l'état-major du général Mac Clellan. Ils habitaient avec M. le prince de Joinville une maison où les Français étaient toujours bien venus.

La position de M. le comte de Paris m'impose une réserve que tout le monde comprendra. Je puis du moins, sans arrière-pensée politique, rendre ici justice à l'amabilité de ses manières, à la sagesse et à la modération de ses vues, comme aussi à la justesse de ses idées en général. Quant à leur application particulière à la France, en matière de gouvernement ou de politique, c'est un sujet dont le prince ne m'a jamais entretenu. Soit, dans le laisser-aller de sa table où j'ai eu parfois l'occasion de partager « la fortune du pot » soit dans la causerie du tête à tête sous ma tente où il m'a fait l'honneur de me visiter, il m'a paru éviter avec une certaine circonspection tout ce qui eût pu sembler inspiré par le rôle de prétendant. Mais il parlait librement et sensément sur les questions générales, et jugeait bien la situation en Amérique.

Quant à M. le duc de Chartres, il jouissait franchement du privilége de n'être l'héritier présomptif d'aucune couronne éventuelle. Son naturel actif, gai, spirituel s'accommodait à l'uniforme du capitaine Robert d'Orléans. Son abord est franc, sa conversation ouverte. La saveur piquante d'une anecdote lui sourit; le sel d'un mot de troupier convenablement amené ne lui déplaît pas. La guerre semble être son élément, tant il y va de bon cœur. Quoi qu'il arrive, sa grandeur ne le retiendra jamais au rivage.

Le dernier des Stuart mourut à Rome affublé de la robe de cardinal. Les d'Orléans ne finiront point ainsi, pour peu que le dernier d'entre eux ressemble à M. le duc de Chartres.

Un jour du mois de janvier, le prince qui ne manquait jamais une occasion de monter à cheval, fut envoyé faire une tournée sur notre ligne de piquets, le long du Potomac jusqu'à Great-Falls. Il s'arrêta un moment au camp qui se trouvait sur sa route. Je fis aussitôt seller un cheval, pour l'accompagner, et nous voilà partis.

De Tenallytown à Great-Falls on compte une douzaine de milles, et il s'en fallait que la route fût belle ou le temps agréable. Pour visiter les postes et les réserves, nous avions à grimper des hauteurs, à descendre des pentes rapides, à traverser des fourrés, à barbotter dans les boues. Le capitaine d'Orléans semblait à peine s'en apercevoir. Il faisait son service en conscience, sans se laisser distraire par les difficultés.

Vint un moment où il nous fallut traverser le canal. Le bac était sur l'autre bord et le passeur à quelque distance. Tandis qu'on l'allait chercher, nous mîmes pied à terre, tenant nos chevaux par la bride.

La vie amène de singuliers rapprochements. J'en ai trop vu pour m'en étonner outre mesure; mais il m'est resté une impression particulière de cette chevauchée dans les bois du nouveau monde, avec le petit-fils du dernier roi des Français portant l'uniforme de la République.

Au coucher du soleil, nous nous séparâmes à l'embranchement d'une route qui devait me ramener au camp. Le prince continua scrupuleusement sa tournée jusqu'à Great-Falls où il n'arriva qu'à la nuit close, — ce qui ne l'empêcha point de retourner cette nuit au quartier général.

Parmi les visites que je faisais de temps à autre à Washington, je ne saurais oublier celles qui me firent connaître directement l'opinion du corps diplomatique à l'endroit de la grande crise américaine. Je dois avouer à ce sujet que les représentants des puissances européennes firent preuve d'un manque de perspicacité remarquable dans leurs appréciations. Suivant eux, c'en était fait de l'Union; jamais nous ne pourrions la rétablir, et il vaudrait infiniment mieux, en acceptant la séparation, éviter une guerre désastreuse, dont le seul résultat serait de ruiner le pays, sans compensation imaginable.

Ce qui me frappait dans ces entretiens, c'était moins les erreurs de jugement que la partialité flagrante de l'argumentation.

Certes, les ministres étrangers résidant à Washington avaient tous les moyens d'être bien renseignés. Et cependant, ils voyaient les choses tout différemment de ce qu'elles étaient. Les obstacles, les abus, les embarras que j'ai signalés, prenaient à leurs yeux de telles proportions qu'ils semblaient ne les avoir considérés que sous le verre grossissant d'un microscope moral, tandis que la détermination enthousiaste du peuple, sa promptitude spontanée à tous les sacrifices nécessaires, les immenses ressources matérielles du pays, la puissance d'une grande idée nationale, les inspirations d'une cause ennoblie par la civilisation et la liberté, tout cela échappait à leurs regards ou restait sans poids sensible dans la balance de leurs jugements.

S'agissait-il au contraire des confédérés? Tout tournait à leur avantage. Leur pénurie relative devenait une richesse inépuisable. Leur infériorité de population serait plus que compensée par la conscription et s'il le fallait, par la levée en masse. Leurs récoltes de coton seules valaient des armées. Tous les bons généraux combattaient dans leurs rangs; tous les grands hommes d'État étaient pour eux. Les vastes solitudes de leur territoire étaient inaccessibles à nos colonnes, et si nous les entamions sur les frontières, ils resteraient toujours inexpugnables au cœur de la Confédération. Enfin, de guerre lasse, il nous faudrait céder, trop heureux si la loi du vainqueur ne nous était pas dictée dans Washington même.

Les ministres de Prusse et d'Italie étaient les seuls, à ma connaissance, qui ne partageassent point cette manière de voir et qui restassent fidèlement convaincus du triomphe ultérieur et définitif de nos armes.

Cette cécité du corps diplomatique provenait en partie des relations antérieures de la plupart de ses membres avec les hommes du Sud. Avant la guerre, ils se liaient de préférence avec ceux des Américains qui, par leurs manières, leur éducation, leurs habitudes, se rapprochaient le plus des usages élégants de la société européenne. A cet égard, il faut le dire, la supériorité était du côté du Sud. Les représentants à Washington, soit dans le gouvernement, soit dans le Congrès, soit dans la société, appartenaient généralement à la classe des riches planteurs où les traditions aristocratiques s'étaient conservées non moins dans leur manière de vivre que dans leurs principes. Beaucoup avaient visité l'Europe. Ils en pouvaient parler d'après leurs observations personnelles, parfois en français aussi bien qu'en anglais. Plusieurs tenaient maison dans la capitale où leurs réceptions et leurs fêtes étaient fort recherchées. De là des rapports plus intimes avec les diplomates à qui, dans les épilogues de la table, ou dans les entr'actes du whist, ils expliquaient à leur point de vue, les énigmes de la politique intérieure, et démontraient le succès infaillible de leur plan de sécession.

Les hommes du Nord n'avaient pas les mêmes avantages. D'abord, leurs idées avaient beaucoup moins d'analogie avec les idées européennes, et leurs façons n'étaient pas, en général, celles d'une société raffinée; même parmi ceux qui jouaient un rôle important dans la politique, il se trouvait beaucoup de « fils de leurs œuvres » (*self-made men*) dont l'éducation première avait été fort négligée et dont les habitudes se ressentaient de l'humilité de leurs débuts. Ceux-là se tenaient volontiers à l'écart des ambassades où leur rare apparition n'était guère signalée les soirs de gala que par leurs bottes maculées, leur négligé de costume et leur appétit plébéien à la table du souper. Toutes choses qui ont leur importance en matière diplomatique.

Sans doute le Nord envoyait aussi à Washington des hommes aux manières polies, des *gentlemen* distingués et même lettrés. Mais ils étaient en minorité. D'ailleurs leur républicanisme démocratique ne pouvait logiquement inspirer confiance ou sympathie aux représentants d'un ordre de choses diamétralement opposé.

La cause de cette différence entre le Sud et le Nord au siége du gouvernement, était celle-ci : au Sud, la carrière politique était considérée comme la vocation naturelle et l'apanage exclusif des hommes le plus haut placés. Au Nord, au contraire, elle était généralement abandonnée aux hommes d'une position secondaire, depuis que les plus considérés avaient quitté la partie pour échapper à l'obligation de courtiser la multitude et de se prêter à des transactions électorales répugnant à leur conscience ou à leur dignité.

Ainsi, par la préférence des ambassades étrangères pour les hommes du Sud, pouvait s'expliquer leur partialité pour la cause du Sud. Mais il n'était pas difficile d'y apercevoir en outre le reflet des défiances qu'inspire la grande république aux monarchies européennes.

Depuis des siècles, les peuples de l'ancien monde ont été façonnés à croire que le gouvernement républicain est *impossible* sur une grande échelle, et que seules les petites communautés comme la Suisse peuvent s'en accommoder. En face de cette théorie se pose le fait des États-Unis d'Amérique qui porte en soi des conclusions tout opposées. Les arguments n'y peuvent rien, car la politique n'a pas comme la religion de révélation divine à invoquer pour substituer la foi à la raison et transformer l'absurde en évidence, *quia absurdum*.

Le général Bonaparte disait : — La république française est comme le soleil : aveugle qui ne la voit pas. — Il en est aujourd'hui de même de la république américaine. Les peuples ne sont pas assez aveugles pour ne pas la voir.

Lorsqu'elle était encore à son berceau, Joseph de Maistre, le grand apôtre du trône et de l'autel, ne trouvait déjà contre elle que cette fin de non-recevoir : « On nous cite l'Amérique; je ne connais rien de si impatientant que les louanges décernées à cet enfant au maillot : laissez-le grandir. » Depuis lors, l'enfant a terriblement grandi. Il est devenu un géant. Sa naissance contredisait déjà la théorie de son impossibilité. Sa grandeur, sa prospérité, sa puissance en ont complété la réfutation.

Non que je veuille en conclure que la forme républicaine soit dès à présent la meilleure pour tous les peuples. Je suis au contraire convaincu qu'il n'en est rien. Tous les gouvernements sont bons qui conviennent au tempérament des gouvernés, à leur avancement en civilisation et aux conditions particulières dans lesquelles ils se trouvent placés. Tous les gouvernements sont mauvais qui ne répondent point aux exigences du sentiment public, aux besoins du bien-être général et à cette longue éducation des peuples sur laquelle se règle le développement du progrès. La meilleure forme de gouvernement peut devenir la pire suivant l'époque et le pays où elle est appliquée. Rien n'est absolu en ce monde. Être exclusif, c'est fausser la vérité humaine.

Malheureusement, la philosophie rationnelle ne règle point les rapports des gouvernements entre eux. Ces rapports se fondent sur les intérêts nationaux ou dynastiques dont les diplomates sont les éclaireurs envoyés en avant pour reconnaître et préparer le chemin. Or pour les monarchies d'Europe, il y avait un intérêt moral dans le naufrage de la grande expérience républicaine; pour quelques-unes, il pouvait y avoir un intérêt matériel au démembrement de l'Union. Leurs représentants à Washington le comprenaient ainsi, et se laissaient trop facilement aller à prendre leurs désirs pour des prévisions.

En recherchant, dans les archives des affaires étrangères à Paris, les rapports et correspondances diplomatiques de Washington pendant la guerre, on y trouverait un chapitre curieux d'appréciations erronées et de prédictions démenties. Qui sait si l'on n'y pourrait pas reconnaître la cause déterminante de certaines entreprises qu'on n'aurait pas tentées, de certaines complications qui ne se seraient pas produites dans le monde politique, si le gouvernement avait été plus exactement renseigné sur le véritable état des choses en Amérique?

Au milieu de ces agitations affairées, les visiteurs désintéressés affluaient aussi dans la capitale pous assister au spectacle insolite qu'elle offrait à leur curiosité. Un voyage à Washington était une excursion de plaisir fort recherchée, surtout par les dames de New-York venues pour voir — et être vues. Les hôtels étaient brillamment remplis : on y dansait, on s'y amusait sans souci de l'ennemi qui n'était pourtant qu'à quelques milles. Les uniformes se mêlaient abondamment à ces fêtes où s'organisaient des visites aux différents camps, et jusqu'à des promenades à cheval aux avant-postes.

Jamais foule plus élégante ne s'était pressée aux réceptions de la Maison Blanche. On sait que dans ces occasions, les usages démocratiques en ouvrent les portes à qui veut s'y présenter. Cruelle épreuve pour le président contraint de subir, pendant toute une soirée, des poignées de main harassantes dont pas un ne lui fait grâce.

M. Lincoln, tout d'abord reconnaissable à sa haute et maigre stature, se tenait près de l'entrée du premier salon, flanqué de ses deux secrétaires. Ceux-ci lui transmettaient les noms inconnus des survenants qu'il répétait tant bien que mal dans la formule invariable de salutation, lorsqu'il croyait les avoir correctement entendus. En vain aurait-on cherché alors sur son visage osseux la trace de cette *humour* popularisée par tant d'anecdotes et de bons mots. On n'y eût trouvé que l'effort de pensées absorbantes aux prises avec l'ennemi d'un cérémonial vulgaire. Intérieurement en proie aux soucis les plus graves, pliant sous le faix d'une responsabilité formidable, il lui fallait distribuer un sourire banal aux uns et aux autres, comme s'il eût été réellement « charmé de vous voir. »

La tâche de madame Lincoln était beaucoup plus facile. Toujours mise avec une élégance dont elle jouissait d'autant plus qu'elle ne l'avait point connue précédemment, entourée d'attentions féminines, elle échappait à l'empressement de la foule, à l'abri des robes traînantes de son entourage. La présence d'un certain nombre de généraux en uniforme opérait en outre une diversion en sa faveur, les assistants ne voulant rien perdre de ce qu'il y avait à voir.

Les membres du cabinet s'abstenaient fréquemment de paraître à ces représentations. Ils avaient des soucis plus importants. On y rencontrait néanmoins, de temps à autre, la large carrure et la tête massive de M. Stanton qui venait de remplacer M. Cameron au département de la guerre, ou bien la haute figure vénérablement insignifiante de M. Welles, le secrétaire de la marine dont on a tant médit, — beaucoup plus, je crois, qu'il ne le méritait.

M. Stanton était un travailleur opiniâtre, dévoué par dessus tout à la cause de l'Union qu'il avait servie déjà de tout son pouvoir, comme attorney général dans les conseils de l'administration précédente. Déterminé à la faire triompher au prix de tous les sacrifices, il déploya dans ses nouvelles fonctions une capacité vigoureuse qui le fit plus d'une fois désigner comme le Carnot américain. Pour ne s'être fait l'instrument docile d'aucun parti ou d'aucune coterie, il a été souvent en butte à de vives attaques. Peut-être pourrait-on trouver à lui reprocher quelques faveurs personnelles mal placées. Mais les animadversions de ses ennemis — qui n'étaient pas en général les amis du gouvernement, — n'ébranlèrent point sa position affermie, au contraire, par l'importance de ses services. Il put donc accomplir sa tâche jusqu'au bout, et par ses efforts persévérants, par son dévoûment éclairé, compter parmi les hommes qui contribuèrent efficacement à sauver la république des plus grands dangers qu'elle pût courir.

M. Seward était, parmi les ministres du président, celui qui semblait porter avec le plus d'aisance le poids des affaires. Sa part n'était cependant pas la moins ardue. La conduite des relations extérieures à travers des complications délicates et renaissantes, exigeait de sa part la combinaison des hautes qualités qui constituent l'homme d'État. Il avait à lutter contre des difficultés de diverses natures. D'une part, il devait se garder de compromettre les susceptibilités d'une démocratie ombrageuse. De l'autre, il avait à concilier des dispositions douteuses, sinon à conjurer des mauvais vouloirs qui pouvaient, en se transformant en hostilité, peser d'un poids décisif dans la balance de la guerre. La Confédération travaillait de toutes ses forces à amener ce résultat. Elle avait à l'étranger des agents très actifs, très intrigants, peu scrupuleux, qui s'appliquaient sans relâche à influencer l'opinion en ce sens, — dans les régions officielles par la persistance de leurs démarches personnelles — dans le public par l'entremise des journaux auxquels ils fournissaient des informations trompeuses et d'insidieuses appréciations.

Ce danger, M. Seward ne pouvait pas toujours le combattre à armes égales. A Paris, par exemple, tandis que les agents confédérés se montraient partout, se mettaient en rapport avec les hommes influents, travaillaient la presse, et prenaient pied dans la finance, — la légation des États-Unis, où l'on ne parlait pas français, restait confinée dans la limite de ses fonctions officielles, et n'exerçait point au dehors une influence capable de contre-balancer les manœuvres de ses adversaires.

Malgré tout, la nature à la fois souple et énergique du secrétaire d'État, la lucidité de son esprit, la sûreté de son jugement, sa longue expérience des affaires publiques, et ces tempéraments que l'exercice du pouvoir imposa toujours aux ardeurs des chefs de partis, — firent face à tous les dangers extérieurs, et déjouèrent les menées des confédérés. Au milieu de ces travaux et de ces responsabilités, M. Seward conservait en toute occasion ses manières aimables et son humeur spirituelle. Il y avait en lui une vigueur physique et morale à la hauteur de toutes les épreuves.

En 1865, pendant que l'armée du Potomac, revenue triomphante de sa dernière campagne, attendait son licenciement autour de Washington, je passais un jour près de l'hôtel de la présidence, lorsque mon attention fut attirée par un piéton qui traversait la chaussée à quelques pas de moi. Sous un large chapeau de Panama, sa tête était emprisonnée dans un appareil chirurgical dont deux tiges flexibles contournant son visage soutenaient sa mâchoire, et pénétraient à leur extrémité, dans l'intérieur de sa bouche. Comme je ralentissais le pas pour le considérer, il se tourna de mon côté, et me salua de la main. Je reconnus M. Seward.

C'était la première fois que je le voyais depuis qu'un assassin du Sud l'avait criblé de coups de poignard, dans cette nuit fatale où le président Lincoln succomba frappé par un autre sicaire de la même cause. Tel j'avais connu précédemment M. Seward, tel je le retrouvai encore sous ce sinistre accoutrement de tête dont il ne fut débarrassé que plus tard. Sa vitalité élastique défiait également et les labeurs et les blessures.

Il n'en était pas de même du président qui, aux heures sombres de sa première année d'épreuves, pliait parfois sous le fardeau. En janvier 1862, j'eus l'honneur de dîner à la Maison Blanche où vingt convives se trouvaient réunis. La conversation fut variée par les observations d'hommes appartenant à des carrières différentes, et ayant traversé des vicissitudes diverses. M. Lincoln n'y prit aucune part. Ni les saillies de M. P. Willis, ni les remarques excitantes de quelques dames ne purent le distraire de ses réflexions intérieures, ou alléger la fatigue morale et physique à laquelle il cédait visiblement.

C'était l'époque où l'opinion publique, lassée de la longue inaction de l'armée du Potomac, commençait à réclamer hautement quelque revanche de l'échec de Ball's Bluff, et quelque mesure pour rétablir la navigation du fleuve impunément interrompue par les batteries de l'ennemi. Une pression directe était exercée en ce sens sur le président, dont l'anxiété était augmentée par une maladie du général Mac Clellan avec lequel il ne pouvait s'entendre à cet égard. Il lui fallait donc consulter ceux des généraux en qui il avait le plus de confiance, et débattre avec eux des questions militaires dont il n'était pas juge compétent, et qu'il était pourtant appelé à trancher en vertu de son autorité suprême; nouvelle source de perplexités terribles à ajouter aux terribles responsabilités politiques qui l'accablaient.

Ces défaillances momentanées restèrent du reste sans influence sur le dévoûment du président à son devoir. Il ne faillit point dans l'accomplissement de la tâche immense qui lui était échue. Animé du patriotisme le plus sincère, éclairé par une certaine sagacité politique, guidé par une honnêteté irréprochable dans ses vues et dans ses ambitions, soutenu par le concours du peuple dont il fut moins le chef dirigeant que le serviteur fidèle, il suivit la bonne voie en réglant son pas sur la marche des choses, sans chercher à hâter ou à retarder les exigences du moment. Il fournit ainsi une carrière plus utile que brillante pendant sa durée, mais immortalisée à sa dernière heure par la consécration du succès et la sanctification du martyre.

CHAPITRE VIII

ENTRÉE EN CAMPAGNE

Ouverture de la campagne de 1862. — Tiraillements à Washington. — Adoption du plan de Mac Clellan. — Excursion militaire en Virginie. — Organisation des corps d'armée. — Embarquement pour la forteresse Monroë. — Le combat du *Monitor* et du *Merrimac*. — Le débarquement à Hampton. — Paysage. — Newport-News. — Marche sur Yorktown. — Les suppliantes virginiennes.

La campagne de 1862 s'ouvrit d'abord dans l'Ouest, au mois de février, par la prise du fort Henry et du camp fortifié de Donelson. Le premier se rendit, le 6, au commodore Foot, après quelques heures de bombardement; le second, le 15, au général Grant, après trois jours de combat. Ce double succès nous valut seize mille prisonniers, cinquante pièces d'artillerie et quantités d'armes, de munitions et de provisions de toute sorte. Mais son résultat le plus important fut de rompre la ligne de défense de l'ennemi sur les confins du Tennessee et du Kentucky, et de couper ses communications de l'est à l'ouest en lui enlevant la seule voie ferrée dont il pût disposer à cet effet. Aussi fut-il obligé d'évacuer bientôt Nashville et Columbus.

En même temps, le général Burnside, débarquant dans la Caroline du nord, à la tête d'une expédition considérable, s'établissait fortement dans l'île de Roanoke, après s'y être emparé de fortifications importantes, d'une nombreuse artillerie et de plus de trois mille prisonniers.

L'armée du Potomac reçut ces heureuses nouvelles dans ses quartiers d'hiver où continuaient à la retenir les hésitations du général en chef et les irrésolutions du président relativement à l'adoption définitive d'un plan de campagne. La grande question était de savoir si l'on attaquerait de front les confédérés, comme y penchait évidemment M. Lincoln, ou si on tournerait leur position par la baie de Chesapeake pour jeter sur leurs derrières toutes les forces qui ne seraient pas absolument nécessaires à la sécurité de Washington, comme le proposait le général Mac Clellan. Les divergences d'opinion amenèrent des tiraillements dont le secret ne tarda pas à transpirer au dehors. Ainsi l'on sut que le président avait donné l'ordre d'un mouvement général des forces de terre et de mer, à la date du 22 février, avec ce complément péremptoire : « ..... Que les chefs de départements, et spécialement les secrétaires de la guerre et de la marine avec tous leurs subordonnés, et le général en chef ainsi que tous les autres commandants et subordonnés des forces de terre et de mer, seront, chacun en ce qui le concerne, tenus strictement responsables de la prompte exécution de cet ordre. »

L'idée d'un pareil ordre n'était pas heureuse, et son exécution présentait tant d'objections plausibles, que le général Mac Clellan n'eut pas de peine à le faire révoquer. La journée du 22 février s'écoula donc sans autre démonstration que les salves d'artillerie tirées pour célébrer l'anniversaire de la naissance de Washington. Mais, à tort ou à raison, il en resta cette impression, que le président avait été contraint à faire acte d'autorité, pour tirer le général en chef de son inaction.

Ainsi encore, la création des corps d'armée avait été fortement recommandée comme une mesure nécessaire dans l'organisation d'une armée de cent cinquante mille hommes. Le général Mac Clellan s'y était opposé. Sans en contester les avantages au point de vue militaire, il voulait, disait-on, se donner le temps de choisir, d'après leurs mérites, les généraux les plus capables d'en prendre le commandement. Mais comme son choix n'était pas fait encore au moment de commencer les opérations actives, le président trancha dans le vif, et, par un ordre en date du 8 mars, divisa l'armée du Potomac en quatre corps, dont il nomma lui-même les commandants.

Ce même jour, s'était tenu un conseil de guerre de douze généraux de division appelés par le président à se prononcer entre les deux plans de campagne en discussion. Le commandant en chef dut ainsi, à son corps défendant, expliquer ses projets à ses subordonnés et soumettre ses plans à leur jugement. Rien de mieux s'il eût pris l'initiative, car, en pareil cas, pour avoir demandé leur avis, il n'en serait pas moins resté juge en dernier ressort et libre par conséquent d'agir à sa guise. Mais ici il était mis dans la fausse position de plaider sa cause devant ses inférieurs. Que ceux-ci préférassent d'autres combinaisons aux siennes, et il ne lui restait qu'à se démettre du commandement, car il n'est point de la dignité d'un général en chef de se charger de l'exécution d'un plan qu'il désapprouve, lorsque, surtout, il lui est dicté de cette façon. Je ne sais si telle eût été la manière de voir du général Mac Clellan; mais en tout cas, il ne fut pas soumis à cette épreuve. Huit généraux se prononcèrent en faveur de son plan de campagne; quatre seulement émirent un avis différent.

Ici se place un fait dont la singulière coïncidence donna lieu à bien des commentaires : la décision d'opérer sur les derrières de l'ennemi fut prise en conseil *secret*, le 8 mars, — et le 9, les confédérés avaient disparu de Manassas !.....

Où étaient-ils allés? Ils se repliaient sur une position plus sûre, derrière la ligne du Rappahanock, déjouant ainsi la combinaison stratégique dont, la veille, le général Mac Clellan avait révélé le plan pour la première fois.

Quoi qu'il en fût de la cause de cette retraite soudaine, elle eut pour effet de produire un mouvement général et immédiat dans l'armée du Potomac. La nuit suivante, la division Keyes reçut l'ordre de se porter en avant sur la route de Leesburg, et le 10 au matin, nous étions en route par le Chain-Bridge, disant enfin adieu à nos quartiers d'hiver.

On eût dit que nous allions à une fête. Officiers et soldats, également las de la vie de camp, n'aspiraient plus qu'à marcher à l'ennemi, et lorsqu'ils débouchèrent du pont sur le *sol sacré* de la Virginie, comme les Virginiens désignaient orgueilleusement leur terrain, ce fut au milieu des hourrahs pour le général Peek, qui rejoignait en ce moment la tête de la colonne. Le général Keyes en eut sa part lorsqu'il nous atteignit à la première halte, galopant et saluant, comme la caricature de bronze de Jackson sur le square de la présidence.

Nous étions arrêtés sur la route, pour laisser passer la division Mac Call qui achevait de quitter ses campements. Rien de plus triste que ces huttes délabrées sur un terrain aride et dévasté. Si nous étions joyeux de quitter Tenallytown, combien plus joyeux encore devaient être les régiments qui avaient passé l'hiver dans cet endroit désolé!

A quatre heures de l'après-midi, nous arrivâmes à une colline élevée à laquelle la vaste vue qu'elle commande a fait donner le nom de Prospect-Hill. L'ennemi venait d'évacuer cette position où la division établit son bivouac, à cheval sur la route de Leesburg, la droite appuyée au Potomac, l'artillerie au centre et la gauche couverte par un régiment de cavalerie. Les piquets installés, les feux allumés, tout le monde soupa gaîment et dormit d'un sommeil ininterrompu jusqu'au matin.

Trois jours entiers se passèrent là à attendre des ordres qui n'arrivèrent que le 13 au soir, pour nous ramener dans le voisinage du Chain-Bridge où nous devions passer encore deux jours et surtout deux nuits difficiles à oublier.

Le 14, le temps se mit à la pluie. Comme nous n'avions

point de tentes, les hommes essayèrent de se construire des abris de feuillage qu'ils allaient couper dans les bois environnants. Mais l'eau du ciel passait au travers et détrempait si bien le terrain que çe ne fut bientôt qu'un vaste champ de boue. Faute de pouvoir s'étendre à terre, il fallut passer la nuit debout ou assis sur des troncs d'arbres autour des feux péniblement entretenus.

Pour ma part, la chance voulut que je fusse de service comme officier du jour (*field officer of the day*) de la division. J'eus donc à visiter les bivouacs des trois brigades, puis les avant-postes et les piquets. La nuit était d'un noir à ne pas voir à six pas. La pluie tombait sans relâche, et le pays m'était absolument inconnu. Le service n'étant encore que très imparfaitement organisé, je ne reçus au quartier général, avec mes instructions, que des renseignements approximatifs sur la position des troupes. Aucun soldat d'ordonnance ne se trouvait disponible en ce moment; la soirée s'avançait; je dus partir sans guide pour ma tournée nocturne.

Tant qu'il ne s'agit que de vérifier le service de la garde dans les régiments, il me fut assez facile de me diriger sur les feux qui flambaient de toutes parts ; mais lorsque j'eus à sortir du rayonnement de ces foyers lumineux pour gagner la ligne incertaine des piquets, la tâche devint beaucoup plus ardue. L'éloignement de l'ennemi, le mauvais temps et la négligence de plusieurs officiers subalternes avaient causé de graves irrégularités dans la distribution des avant-postes. En réalité la ligne n'existait pas. Ce n'étaient que tronçons disjoints disposés sans ensemble et sans corrélation. Leurs feux étaient le plus souvent masqués par des accidents de terrain ou cachés dans la profondeur des bois. A deux reprises, je m'égarai complétement à les chercher, n'ayant ni étoiles, ni boussole, ni chemins pour me diriger dans l'obscurité. Dans les bois, je me heurtais aux troncs d'arbres, ou des branches invisibles me fouettaient le visage et déchiraient mon caban. Dans les champs, tantôt mon cheval s'enfonçait jusqu'aux jarrets dans la boue, tantôt il glissait sur les pierres mouillées, tantôt il s'arrêtait court devant quelque barrière que mes yeux pouvaient discerner à peine. Un moment, je crus toucher à une route. Elle était là, à quelques pieds devant moi; heureusement, l'instinct de la bête se montra supérieur au jugement de l'homme. Elle refusa obstinément d'avancer d'un pas, se jetant à l'écart et protestant par des grognements contre l'injustice de l'éperon. J'en conclus que mon cheval devait avoir quelque grave motif, pour tenir une conduite si différente de ses habitudes disciplinées, et nous prîmes une autre direction sans nouveau conflit. Le fait est que ce que j'avais pris pour une route, n'était que le sable éboulé d'un talus de douze ou quinze pieds taillé à pic. Si mon cheval m'eût cédé, nous aurions roulé ensemble au fond de la tranchée où Dieu sait dans quel état on nous eût retrouvés le lendemain.

Enfin tant bien que mal, — plus mal que bien, — j'achevai ma tournée et rentrai avant le jour au régiment où mon quartier-maître avait réussi à faire transporter une *wedge tent*, — ce qui me permit de rédiger mon rapport par écrit. La conclusion en était que le service était dangereusement insuffisant devant l'ennemi; que les bivouacs étaient peu ou point gardés; que les piquets étaient disposés sans ensemble; et que les postes étaient tellement séparés les uns des autres, qu'ils pouvaient être enlevés par l'ennemi avant qu'on sût rien de son approche. Il y avait là un mal auquel il fallait porter remède. Le mal était l'insuffisance de discipline chez les volontaires portés à mesurer leur stricte obéissance à la nécessité actuelle des ordres donnés. Le remède fut l'expérience et les coups de fusil.

La pluie continua à tomber tout le jour suivant. Le pire était que des hauteurs où nous la recevions sur le dos, nous pouvions apercevoir notre camp de Tenallytown encore debout.

— Puisque l'ennemi s'en est allé et que nous ne le poursuivons pas, — disaient les soldats, — à quoi bon nous laisser tremper ici, quand nous pourrions si bien nous sécher sous nos tentes restées vides?

— Bah! répondaient les anciens de Crimée et d'Algérie, c'est pour former les conscrits. Nous en verrons bien d'autres.

Comme pour couper court à ce diminutif du supplice de Tantale, le quartier-maître reçut l'ordre d'aller mettre bas les tentes convoitées qui devaient rester en dépôt à Washington. L'opération se fit dans l'après-midi, et nous n'avions plus rien à envier de ce côté, lorsque après une seconde nuit tout aussi mauvaise que la première, voilà l'ordre qui nous arrive de rentrer au camp.

Une heure après, nous y étions de retour, pour reconnaître que tout ce qui n'appartenait pas au gouvernement avait été livré au pillage, en dépit d'une garde de vingt ou trente écloppés laissés en arrière. Une bande de brocanteurs s'y était abattue et n'y avait rien laissé de nos conforts de l'hiver. Malgré tout, nous étions mieux là qu'au bivouac pour attendre l'ordre d'un départ définitif, et recevoir les tentes-abris de caoutchouc qui nous furent enfin distribuées.

L'attente dura huit longs jours, pendant lesquels, conformément à l'ordre du président, l'armée du Potomac fut organisée en cinq corps dont voici la composition :

1er corps : — Major-général, J. Mac Dowell, composé des divisions Franklin, Mac Call et King.

2e corps : — Brigadier-général. E. V. Sumner, composé des divisions Richardson, Blenker et Sedwick.

3e corps : — Brigadier-général, P. Heintzelman, composés des divisions Porter, Hooker et Hamilton.

4e corps : — Brigadier-général. E. D. Keyes, composé des divisions Couch, Smith et Casey.

5e corps : — Major-général, N. P. Banks, composé des divisions Williams et Shields.

Chaque corps était donc formé de trois divisions, comme chaque division de trois brigades.

Les régiments de cavalerie restaient provisoirement attachés à leurs divisions respectives.

Ordres et contre-ordres se succédèrent incessamment pendant cette semaine. Un jour nous devions aller nous embarquer à Alexandrie; le lendemain les transports viendraient nous prendre à Georgetown. Puis la flottille se trouvait en retard; puis le charbon manquait... Enfin, nous partîmes.

C'était le 26 mars. Les cinq régiments de la brigade s'étaient embarqués la veille sur six bateaux à vapeur qui descendirent de conserve à Alexandrie où l'on s'arrêta pour attendre les deux autres brigades de la division Couch, et prendre à la remorque des goëlettes chargées de chevaux, de fourrage et d'artillerie.

Jamais ce petit port intérieur n'avait vu spectacle pareil. Le fleuve était encombré de bâtiments de toute espèce et de toute grandeur. Les quais étaient couverts de troupes attendant leur tour de s'embarquer à mesure que les vapeurs venaient se ranger le long des *docks* pour les recevoir. Les petits remorqueurs sillonnaient le fleuve en tout sens, promenant dans l'atmosphère leurs longs panaches de fumée. La nuit même ne suspendit point cette grande agitation. L'embarquement continua à la lueur des feux allumés sur la rive, au milieu des signaux échangés d'un bâtiment à l'autre. Aussitôt chargés, les vapeurs venaient s'ancrer au milieu du fleuve dans la position assignée au commandement dont ils faisaient partie.

Le soleil du 27 se leva dans un ciel sans nuages, et trouva toute la division embarquée. Au signal donné à bord du *Daniel Webster* qui portait le général Couch, les bâtiments de la première brigade se mirent en mouvement. L'ordre était de nous rendre à la forteresse Monröe où le 3ᵉ corps nous avait précédés, sans régler autrement notre marche que sur la vitesse de chaque steamer. Le hasard voulut que le *Croton*, de New-York, sur lequel j'étais embarqué avec huit de mes compagnies, fût le meilleur marcheur. Nous prîmes donc bientôt assez d'avance sur la division pour la perdre de vue avant d'avoir atteint ce long bras de mer intérieur que l'on nomme la Chesapeake.

La garnison du fort Washington salua notre passage de ses hourrahs; le mont Vernon, manoir seigneurial du « père de la patrie » nous apparut un instant entre ses grands ombrages; les batteries rebelles qui avaient interrompu la navigation du fleuve, maintenant abandonnées, nous regardèrent silencieusement passer. Puis, peu à peu, les rives s'éloignèrent, les collines s'abaissèrent, et la nuit descendit sur nous.

Au point du jour, nous étions arrivés, et nous attendions à l'ancre le reste de la brigade qui nous rejoignit bientôt.

Le fort Monroë est un ouvrage de premier ordre construit selon toutes les règles de l'art militaire. Situé à l'extrémité d'une langue de terre formant un des côtés de la baie de Kampton, il commande l'embouchure de la rivière James au milieu de laquelle surgit un groupe de rochers isolé nommé les Rip-Raps. On y a élevé depuis un nouveau fort sous les canons duquel coule le chenal extérieur.

Là, comme à Alexandrie, le fleuve était couvert de navires. Mais un seul attirait les regards et absorbait l'attention : ce bâtiment unique entre tous, ne ressemblait à rien de ce qu'on avait vu jusque-là flotter sur les eaux. Qu'on se figure une navette plate, au ras de l'eau, sans bordages, sans gréement, sans panneaux, rappelant en grand ces minces planchettes effilées par le bout, que les enfants lancent sur les ruisseaux, et portant au centre, une tourelle plus large que haute ; — et l'on se fera une idée de ce qu'était le *Monitor*. Ce petit bateau d'apparence si inoffensive, c'était le plus récent et le plus terrible engin de guerre dû au génie inventif des Yankees.

Vingt jours auparavant était sortie de Norfolk une autre invention formidable avec laquelle l'ennemi se croyait sûr de détruire également et nos bâtiments de guerre et nos bâtiments marchands. C'était comme une tortue colossale portant sous sa carapace à l'épreuve du boulet, des canons énormes, et à son avant un long éperon. Cette batterie flottante était la carène transformée du *Merrimac*, frégate tombée au pouvoir des confédérés par la prise de Norfolk.

En débouchant dans la rade, le *Merrimac* marcha droit sur la frégate des États-Unis *Cumberland*, et sans souci d'une bordée qui rebondit sur sa cuirasse comme une poignée de pois secs, il l'aborda deux fois par le travers, lui creva la hanche et la frégate coula. Il se retourna alors vers la frégate *Congress* qui, se voyant impuissante à éviter une destruction certaine, amena pavillon, après s'être échouée tout près de la rive, ce qui ne la sauva pas de la destruction. Telle fut l'œuvre du premier jour interrompue par la nuit.

C'en était fait de tous les bâtiments en rade autour de la forteresse Monroë, et de bien d'autres, sans doute. Le lendemain, le *Merrimac* retiré à la pointe Sewall se mettait en mouvement pour achever une troisième frégate, le *Minnesota*, échouée la veille près de Newport-News lorsqu'apparut au large, un objet de forme étrange, dont la nature ne se trahissait que par une longue traînée de fumée indiquant un vapeur. Il passa devant la forteresse sans s'arrêter et se dirigea vers le *Merrimac*.

De tous les bâtiments et de tous les points des deux rives où se trouvaient des yeux humains, on commença à le regarder venir. A mesure que diminuait la distance, on put reconnaître la coupe d'un bateau plat, et la forme cylindrique d'une tourelle, et la bannière étoilée flottant au bout d'un petit mâtereau ; mais aucune forme humaine n'apparaissait sur le pont lavé par les vagues.

Énigme bizarre. Les rebelles se disaient en riant : — qu'est-ce que ce gros fromage planté sur un radeau ? Les Yankees veulent-ils donc nous approvisionner de gruyère ?

Et le petit *Monitor* avançait toujours...

Tout à coup du flanc de cette machine qui égayait l'humeur des confédérés, jaillit un nuage blanc illuminé par un éclair; un coup de tonnerre ébranle l'atmosphère, et une lourde masse de 168 livres de fer, ricoche sur la carapace du *Merrimac*. La tourelle cessa aussitôt de ressembler à un fromage.

Le combat dura trois heures, pendant lesquelles les deux adversaires se canonnèrent à outrance et presqu'à bout portant. L'armement du *Merrimac* se composait de huit pièces de huit pouces et de deux *Armstrongs* de cent, en batterie. Mais la tourelle du *Monitor* tournait sur elle-même et ses deux pièces de onze pouces pouvaient faire feu dans toutes les directions. L'invulnérabilité de celui-ci était d'ailleurs supérieure, puisque l'atteinte de vingt-deux projectiles ne put endommager que la petite case du pilote. — Le *Merrimac* moins facile à manœuvrer était plus vulnérable par les sabords ouverts dans sa muraille cuirassée. Il se retira de la lutte tellement maltraité qu'il lui fallut l'aide d'un remorqueur pour rentrer à Norfolk d'où il ne devait plus jamais rentrer en lice.

Quand nous arrivâmes à la forteresse Monroë, le petit *Monitor* à l'ancre, mais toujours sous vapeur, guettait encore nuit et jour une sortie possible du *Merrimac*, — comme un jaguar guetterait la sortie d'un taureau blessé.

Dans la matinée, la brigade reçut l'ordre d'aller débarquer à Hampton où nous arrivâmes avant midi. Là nous arrêta pendant toute la journée ce même défaut d'organisation dont nous avions déjà ressenti les effets en plus d'une circonstance. Aucun ordre ne présidait au débarquement; aucune autorité supérieure n'en dirigeait les détails. Les abords du dock étaient encombrés de navires se poussant pêle-mêle, dans la passe étroite par où il fallait arriver. Le débarquement s'opérait lentement au milieu du désordre, et les transports une fois déchargés pouvaient à peine se frayer un passage dans la masse compacte de navires qui cherchaient à prendre leur place.

D'heure en heure, le *Croton* attendait son tour, et

n'avançait pas, dépassé par de plus entreprenants ou de plus habiles. J'envoyai mon rapport sur les difficultés qui me retardaient, et reçus simplement en réponse l'avis de faire de mon mieux. — Profitez de la première chance, me dit un aide de camp. — Poussez de l'avant, — me dit le quartier-maître de la brigade. Et j'aperçus le général Couch et le général Peck s'éloigner à cheval de la rive, sans paraître s'embarrasser autrement de notre mise à terre. Sur quoi je me décidai à faire en effet de mon mieux, et puisque « chacun pour soi » était le mot d'ordre, d'emporter le dock de haute lutte. Nous y parvînmes, grâce à la puissance de notre machine, et ce fut ainsi que s'opéra notre débarquement dans la péninsule.

Le premier spectacle qui s'y présenta à nos yeux, fut celui des ruines de Hampton. C'était, avant la guerre, une petite ville charmante, assise au fond de la baie qui porte son nom. Elle avait ses églises, ses banques, ses hôtels, ses villas, ses jardins ombragés. Les familles du Sud y affluaient pendant l'été, pour y prendre les bains de mer, et jouir gaîment des autres plaisirs de la saison. De tout cela, il ne restait rien maintenant, — rien que des masses de décombres gisant sur le sol, des pans de murs noircis par le feu, des colonnes brisées indiquant encore la façade de quelque édifice public, et de pauvres arbustes survivant çà et là aux jardins dévastés. Forcés d'évacuer la place, les confédérés, sous l'inspiration d'une forfanterie barbare, ou obéissant à la fantaisie d'ivrogne d'un de leurs généraux, avaient livré la ville aux flammes, et ruiné toute une population désormais dispersée et sans abri.

Le soleil se couchait sur cette scène de désolation, lorsque le régiment se mit en marche. Le pays était plat, sans apparence de collines, et d'un caractère tout nouveau pour nous. La végétation semblait y avoir une puissance extraordinaire, à juger surtout par ces forêts grandioses sous lesquelles la route ne tarda pas à s'enfoncer. C'étaient surtout des pins immenses s'élevant d'un jet vers le ciel, et s'épanouissant en parasol à des hauteurs vertigineuses. Au dessous, point de branchages pour intercepter la vue de ce vaste dôme de verdure supporté par des piliers gigantesques où la brise frémissait en bruissements sonores et que la lune rayait de flèches argentées.

Parfois la route s'élevait en chaussée et traversait ces *swamps* aux bords fleuris où les lianes s'enlacent aux grands arbres et suspendent des arceaux de verdure au dessus des marécages, comme un piége tendu à l'homme par la nature.

La marche nous parut courte au milieu de ces nouveautés, jusqu'au bivouac qui nous était assigné dans le voisinage de Newport-News. Là nous devions attendre les deux autres divisions du 4ᵉ corps. Celle du général Smith arriva presque en même temps que nous, celle du général Casey nous rejoignit le 2 avril.

Dans l'intervalle, j'eus l'occasion de visiter Newport-News où la brigade du général Mansfield occupait un camp parfaitement établi, sur le bord du James. Les troupes qui la composaient étaient en bonne condition et montraient dans leurs manœuvres, une instruction pratique très suffisante pour être présentées à l'ennemi. Mais elles ne devaient entrer en ligne qu'après la bataille de Fair-Oaks.

Jusqu'ici, elles n'avaient fait le coup de feu que contre le *Merrimac*. C'était en effet en face de Newport-News, et à une encâblure à peine du rivage qu'il avait attaqué et coulé le *Cumberland* dont la mâture et le gréement se dressaient encore hors de l'eau. La brigade était aux premières loges pour suivre tous les incidents du combat. Elle eut même l'honneur d'y prendre part. Si ses pièces de campagne restaient sans effet sur le bâtiment cuirassé, les balles de ses carabines pouvaient du moins pénétrer par les sabords. La rive fut en conséquence couverte de tirailleurs.

Lorsque le *Congress* échoué à courte portée eut amené son pavillon, les deux vapeurs confédérés, *Yorktown* et

Jamestown essayèrent de l'amariner. Mais les tirailleurs couvrirent la frégate d'un feu si vif et si bien dirigé qu'il fut impossible à l'ennemi de prendre possession. Le *Merrimac* vint alors y mettre le feu, et une partie de l'équipage périt dans la conflagration. Ce fut, paraît-il, un des tirailleurs de la brigade Mansfield, qui blessa le capitaine Buchanan du *Merrimac*, au moment où il se présentait à un sabord.

Le général Mac-Clellan arriva le 2 avril. Il avait alors sous la main deux corps d'armée, son artillerie et quelques régiments de cavalerie, c'est à dire plus de soixante mille hommes effectifs. C'était plus que suffisant pour refouler l'ennemi. Le mouvement en avant commença le 4, — le 3ᵉ corps tenant la droite vers Yorktown, le 4ᵉ la gauche vers Warwick-Court-House.

Les chemins étaient étroits et boueux, et les deux colonnes s'allongeaient démesurément, chaque régiment marchant par le flanc à la suite l'un de l'autre avec l'artillerie dans l'intervalle des brigades, les wagons et les ambulances dans l'intervalle des divisions, — le tout couvert par une ligne de flanqueurs.

Cet ordre de marche qui, dans toute autre contrée, aurait présenté des dangers sérieux, était le seul que permît la nature du pays. Il est certain que si l'ennemi eût eu la possibilité d'attaquer en force un point quelconque de cette longue ligne, il y eût mis tout en désarroi et en eût détruit une partie avant que l'autre pût arriver à l'aide. Mais les mêmes obstacles naturels qui nous imposaient cette nécessité, empêchaient les confédérés de se mouvoir autrement, et le remède se trouvait ainsi à côté du mal. Ce qui explique pourquoi ce système, tout défectueux qu'il soit en thèse générale, a pu être conservé sans causer aucune malencontre regrettable.

Dans notre avance sur Yorktown, nous allions passablement à l'aventure. Le pays était fort peu connu ; les données sur la position et le chiffre des forces que nous avions devant nous, étaient forts incertaines. Lorsque la tête de la division atteignit le point où s'embranche la route de Big-Bethel, on croyait encore à la présence de l'ennemi derrière les fortifications qu'il y avait élevées. En conséquence, je fus chargé d'arrêter toute attaque dans cette direction, avec mon régiment et quatre pièces d'artillerie rayées, jusqu'à ce que la division et ses équipages eussent passé en sûreté, ce qui prit toute l'après-midi et me contraignit à rester là jusqu'au lendemain. Or l'ennemi avait évacué Big Bethel depuis longtemps lorsque les éclaireurs de Heintzelman, s'y présentèrent. Eux seuls pouvaient venir à nous dans cette direction.

Néanmoins, nous passâmes la nuit sous les armes, sans avoir à combattre d'autres ennemis que des bandes de cochons à demi sauvages et tout à fait rebelles qui fournirent un ample supplément au souper des soldats.

Au matin, nous rejoignîmes la brigade à quelques milles de là. Le peu de maisons, riches ou pauvres qui se trouvaient sur notre passage, étaient toutes abandonnées. Leurs habitants avaient disparu à notre approche.

Je me souviens qu'à l'entrée d'un bois de sapins, près d'une masure déserte, nous rencontrâmes quatre enfants accroupis au bord du chemin. Le plus âgé n'avait pas douze ans. De maigres haillons couvraient à peine leur formes chétives. Leurs yeux creux, leurs visages hâves, disaient éloquemment ce qu'ils avaient déjà souffert. Leur mère était morte, et leur père les avait abandonnés. Ils pleuraient en demandant à manger. Les soldats leur firent aussitôt une provision suffisante pour quelques jours. Les couvertures ne pouvaient manquer à ces petits. Il faisait chaud, et les bords de la route en étaient semés. Mais que sont devenus ces enfants? On n'aime pas à songer à ces choses. C'est le vilain côté de la guerre.

Ce jour-là nous traversâmes le moulin de Youny, position avantageuse et bien fortifiée où l'ennemi nous eût donné du fil à retordre, s'il s'y était défendu. Mais il l'avait évacué à notre approche, et nous n'y trouvâmes que des barraques où quelques régiments avaient passé l'hiver. Elles nous servirent d'abri contre une pluie torrentielle, pendant la courte halte que nous y fîmes. Ce n'était d'ailleurs qu'une pluie d'orage. Elle dura peu, et le soleil n'en était que plus chaud lorsque nous arrivâmes en face de la plantation de Youny.

Ce Youny, que l'on nous dit servir alors comme quartier-maître dans l'armée confédérée, était une sorte de Carabas du pays. L'habitation était à lui ; à lui la ferme et le moulin ; à lui les champs et la forêt ; à lui le bétail et les esclaves. Il semblait que nous ne pussions sortir de son domaine. Mais nous n'avions pas le temps de nous y attarder. Une canonnade assez vive nous annonçait que, devant nous, la division Smith était aux prises avec l'ennemi qu'elle avait atteint. On se hâta d'avancer jusqu'à un demi-mille de Warwick-Court-House, où l'on resta en position près de l'artillerie, jusqu'à ce que les détonations de plus en plus lointaines nous eussent révélé que le général Smith continuait sa marche à la poursuite des confédérés en retraite.

Warwick-Court-House est, comme l'indique son nom, le siége de la justice du comté ; l'emplacement de ses tribunaux est uniformément établi à quelque point central, où convergent plusieurs routes. Leur occupation est donc d'une certaine importance au point de vue militaire. Les causes criminelles ou civiles qui s'y jugent pendant les sessions, y attirent d'abord les parties intéressées, et à leur suite, bon nombre de gens oisifs ou affairés, ce qui en fait le principal centre de réunion parmi ces populations clair-semées, que relient seulement quelques rares chemins mauvais en toute saison et à peu près impraticables en hiver.

Néanmoins, la Court-House s'élève rarement au dessus des proportions d'un village. Deux ou trois maisons de résidents ; une boutique universelle à l'usage des gens de la campagne, dont le comptoir sert aussi de bureau de poste ; un cabaret où deux ou trois chambres blanchies à la chaux servent d'hôtellerie à autant de voyageurs que les lits communs peuvent en contenir ; quelques chaumières et quelques potagers, une église peut-être : telle est en général, l'agglomération élémentaire groupée autour du bâtiment en briques où la justice rend ses arrêts.

Je n'eus pas le loisir de visiter Warwick-Court-House. Le régiment avait à peine formé les faisceaux, que des coups de feu répétés se firent entendre sur la ligne des piquets où deux de mes compagnies étaient détachées. Des aides de camp partirent au galop pour en reconnaître la cause, et bientôt ils revinrent rapporter qu'un certain nombre de maraudeurs armés de leurs fusils, se livraient avec une ardeur indisciplinée à la chasse du cochon réputé sauvage, parce qu'il courait les bois en liberté selon l'usage pratiqué partout dans la péninsule. Il va sans dire que cela se faisait en violation directe des ordres défendant surtout les coups de fusil, à moins qu'ils ne fussent adressés à l'ennemi.

Il fut aussitôt enjoint à tous les colonels d'envoyer chacun un officier pour mettre le holà, et arrêter les délinquants. On doutait encore, non sans raison, de l'empressement des volontaires à obéir à d'autres officiers que ceux de leurs régiments respectifs. Me souvenant de la façon dont le service des avant-postes avait été négligé près du Chain-Bridge, je préférai m'assurer par moi-même de l'état des choses dans mes deux compagnies.

J'eus la satisfaction de trouver tout en ordre sur cette partie de la ligne. Non qu'il n'y eût pas aussi quelques képis rouges à battre les buissons ; mais, comme le régiment était armé de carabines rayées du modèle français, et que les faisceaux étaient strictement gardés, ils n'avaient que leurs sabres baïonnettes et c'était à l'arme blanche qu'ils couraient sus à la gent porcine, en deçà des piquets plus dangereux encore à traverser pour les chassés que pour les chasseurs.

Le détachement du 55ᵉ formait la gauche de la ligne appuyée à des marécages bordant le James. Une compagnie était déployée, l'autre en réserve auprès d'une scierie importante qui, peu de mois auparavant, occupait encore de nombreux ouvriers. Tous étaient partis, emmenés de gré ou de force par les troupes confédérées. Mais les femmes et les enfants étaient restés.

En face de l'usine sans bruit, sans mouvement, sans vie, une dizaine de pauvres cabanes étaient groupées sur une ondulation de terrain. Plusieurs femmes en sortirent rapidement, lorsque j'arrêtai mon cheval devant le bâtiment abandonné pour examiner le parti qu'on en pourrait tirer en cas d'attaque. Elles avaient reconnu en moi un officier supérieur, et se hâtèrent de me rejoindre, les unes seules, d'autres traînant un enfant par la main, une d'entre elles avec un *baby* dans les bras. Elles m'eurent bientôt entouré, me demandant d'un air à la fois craintif et suppliant de les protéger contre les maraudeurs dont elles avaient déjà subi la brutale visite.

Je parcourus leurs pauvres demeures qui se composaient d'une pièce unique servant à la fois de cuisine et de chambre à coucher. Une seule avait une partition et un certain air de propreté qui attira mon attention. Elle était habitée par une femme du Nord, blonde, jeune encore, celle-là même qui était venue vers moi, son *baby* dans les bras. Elle me raconta que son mari et elle étaient du Vermont. Comme il était bon ouvrier, on lui avait fait des propositions avantageuses pour travailler en Virginie, et dix-huit mois auparavant, ils étaient venus s'établir à la scierie. Tout alla bien d'abord; mais bientôt l'imminence de la guerre jeta la perturbation dans tout le Sud. Les travaux de la scierie se ralentirent; puis les ouvriers cessèrent d'être payés. Le Vermontais voulait retourner au Nord avec sa famille; néanmoins l'espoir de recevoir ce qui lui était dû, le retint de semaine en semaine. Lorsque enfin il vit qu'il fallait en faire le sacrifice, il était trop tard. Ses épargnes étaient épuisées, et les autorités se seraient opposées à son départ. Force lui fut de rester, et au moment où, après de longs jours de privations et de soucis de toute espèce, l'approche de nos troupes lui promettait une chance de se rapatrier, les confédérés l'avaient enrôlé de force dans leurs rangs.

Ce récit, accompagné de larmes, avait tout l'accent de la vérité, et me fut confirmé d'ailleurs par le témoignage des autres délaissées.

Celles-ci n'appartenaient pas toutes à la petite colonie. Une partie d'entre elles étaient venues s'y réfugier de leurs maisons isolées où elles n'avaient osé rester à notre approche. L'imagination terrifiée par ces contes absurdes que les rebelles répandaient à dessein contre nous, elles s'étaient enfuies avec leurs enfants, laissant tout ce qu'elles possédaient à l'abandon, plutôt que de tomber entre les mains d'hommes qu'on leur avait dépeints comme des bandits sans foi ni loi, adonnés au viol, au meurtre et au pillage. Les femmes de la scierie partageaient avec elles leurs lits et leurs provisions, et elles étaient là toutes, tremblantes, désolées et n'osant croire encore à la protection qu'elles imploraient.

Une seule, plus résolue, ne cédait point à ces terreurs exagérées. C'était une Virginienne. La misère avait altéré, mais non détruit en elle une beauté dont le caractère se retrouvait encore dans ses grands yeux noirs, dans ses traits réguliers, dans sa chevelure abondante à laquelle le manque de soin donnait naturellement ce tour négligé qui est devenu depuis une œuvre d'art sur la tête de nos dames à la mode. Sa maigreur se drapait avec un certain air, dans les plis d'une robe de laine unie.

— Je ne suppose pas, me dit-elle, que vous soyez venus pour faire la guerre aux femmes et aux enfants. Cependant vos hommes sont arrivés ici, il y a quelques heures, quand le canon grondait encore de l'autre côté de Warwick. Ils sont entrés partout et ont emporté ce qui leur convenait. Il ne nous reste, pour garder ensemble l'âme et le corps, que quelques poules, un peu de farine et un peu de maïs; permettre qu'on nous l'enlève, c'est nous condamner à mourir de faim, nous et nos enfants. Est-ce là ce que vous voulez?

— Non, lui dis-je, nous voulons simplement punir les coupables et protéger les innocents.

— Je ne sais pas, reprit-elle, qui vous appelez les coupables ; mon mari est parti avec *notre* armée...

Les autres femmes suivaient avec une inquiétude visible le tour que prenait la conversation. Aux derniers mots de la Virginienne, l'une d'elles la tira doucement par la robe, et lui dit à l'oreille quelques mots que je n'entendis pas, mais dont il n'était pas difficile de deviner le sens.

— Laissez donc !... répondit mon interlocutrice, en fixant sur moi un brave regard. Mon mari a fait son devoir, comme lui fait le sien. S'il est un *gentleman*, il comprendra cela.

Elle se tut, semblant attendre une réponse.

— Je ne suis pas ici, lui dis-je, pour examiner si votre mari a fait son devoir, ou s'il l'a trahi en vous abandonnant, — mais, pour adoucir, autant qu'il est en mon pouvoir, les malheurs que ceux qu'il a suivis ont attiré sur vos têtes.

— Oui! oui! s'écrièrent les autres avec empressement. Le colonel a raison. Il nous protégera. — N'est-ce pas, monsieur, que vous empêcherez les soldats de nous ôter le pain de la bouche?

— Sans doute, répondis-je. Mais comprenez bien que ce ne sont pas les *soldats* qui sont capables de vous violenter. Ils vous protégeront, au contraire, contre quelques mauvais sujets, dont les déprédations sont défendues et punies dans notre armée.

Je rejoignis la compagnie de réserve établie de l'autre côté du ravin, et donnai l'ordre au capitaine d'envoyer deux hommes de garde pour éloigner les maraudeurs de ces malheureuses femmes qui purent, du moins, dormir tranquilles la nuit suivante. Le lendemain matin, le régiment partit pour aller relever le 2ᵉ du Rhode-Island, sur le bord de la rivière Warwick.

CHAPITRE IX

L'APPRENTISSAGE DE LA GUERRE

Siége de Yorktown. — Attaque du moulin de Lee. — La ferme de Harwood. — Entre tirailleurs. — La chasse à l'homme. — Visite du général en chef. — Défauts d'administration. — Une mayonnaise de serpent noir. — Défilé de troupes confédérées. — L'ennemi abandonne ses positions. — Évacuation de Yorktown.

La péninsule virginienne est, comme on le sait, formée par le cours presque parallèle du James et du York qui tous deux vont se jeter dans la Chesapeake. A dix milles de l'embouchure du York, s'élève sur la rive droite, la petite ville fortifiée de Yorktown qui doit sa première célébrité à la capitulation de lord Cornwallis en 1781, après un siége auquel le marquis de Lafayette prit une part brillante. Au mois d'avril 1862, les confédérés en avaient étendu et complété les défenses, de façon à commander, avec leur artillerie, le terrain compris entre la ville et la petite rivière qui porte le nom de Warwick. Celle-ci prend son cours à un mille et demi de distance, et se dirigeant au sud pour s'aller jeter dans le James, traverse ainsi la péninsule dont la largeur n'est en cet endroit que de dix à douze milles. C'était un obstacle naturel que l'ennemi avait déjà renforcé en élevant l'eau sur les gués au moyen de barrages et en couvrant par des batteries retranchées les points faibles plus particulièrement susceptibles d'être assaillis. Mais quand nous y arrivâmes, il n'avait à nous opposer que le corps de Magruder comptant au plus dix mille hommes.

Si on l'eût attaqué vigoureusement tout d'abord, il n'eût pu, quoi qu'il fît, nous empêcher d'effectuer le passage sur quelque point. Une fois entamée, la ligne ne pouvait pas tenir un instant, et Yorktown, serré de toutes parts, était à nous en quelques jours. Malheureusement, on ne fit en ce sens qu'une attaque tardive, isolée et maladroite. Tardive, parce qu'elle n'eut lieu que le 16, onze jours après notre arrivée ; isolée, parce qu'on n'y engagea que quelques compagnies de troupes du Vermont ; maladroite, parce qu'on choisit précisément le point le mieux fortifié, celui qui offrait le plus de difficultés et, par conséquent, le moins de chances de succès. Le résultat fut que notre détachement se battit bravement, mais inutilement, pendant plus d'une heure, dans les fossés à tirailleurs enlevés à l'ennemi, et qu'il finit par être rejeté dans la rivière avec une perte très considérable.

Les compagnies sacrifiées dans cette malencontreuse affaire appartenaient à la division du général W. F. Smith, qui agit d'après les ordres directs du général Mac-Clellan. Le général Keyes s'en lavait les mains, disant ouvertement qu'il n'avait même pas été prévenu, bien que les troupes engagées fissent partie de son corps d'armée.

Du premier moment, la majorité des généraux avait été d'avis de forcer sans retard la ligne du Warwick. Le commandant en chef, officier du génie avant tout, préférait creuser des tranchées, ouvrir des parallèles, planter des batteries autour de Yorktown. Les premiers demandaient simplement à culbuter l'ennemi par l'élan d'une supériorité numérique irrésistible ; le second voulait le réduire par les procédés scientifiques chers aux écoles spéciales. En pareil cas, n'est-il pas permis de soupçonner qu'il ordonna l'attaque du moulin de Lee moins avec la résolution de la faire réussir, qu'avec la pensée de démontrer par son insuccès la supériorité de ses autres plans..? *quod erat demonstrandum.*

Quoi qu'il en fût, le siége étant résolu, l'armée s'établit en conséquence, et Magruder put attendre sans danger et recevoir sans précipitation les renforts dont il avait besoin.

La brigade Peck se trouva former l'extrême gauche de l'armée près de l'embouchure de la rivière, en face de l'île de Mulberry où l'ennemi tenait une assez forte garnison. Le Warwick, avant de se jeter dans le James, décrit à ce point un coude abrupte autour d'une pointe de terre avancée qui, par sa configuration, faisait saillie dans la ligne de défense de l'ennemi. Cette position fut assignée au 55e.

De notre côté, la rive était plus élevée, ce qui assurait un certain avantage à nos tirailleurs. En revanche, il y avait de l'autre côté deux batteries commandant tout le terrain que nous occupions, et dont le feu nous eût fort incommodés sans les grands bois qui dérobaient nos tentes aux yeux des confédérés. Ces bois s'étendaient le long de l'eau, couvraient la pointe du triangle, et laissaient seulement à sa base des terres cultivées, au milieu desquelles s'élevait la ferme de Harwood. Position excellente pour habituer les hommes au feu. Ce fut en l'examinant que nous entendîmes siffler les premières balles et en établissant les piquets que nous tirâmes les premiers coups de fusil.

A l'entrée de la nuit, les rations étant en retard depuis deux jours, j'envoyai vingt-cinq hommes sous le commandement d'un lieutenant, aux bâtiments de la ferme, avec ordre d'en ramener toute personne suspecte qu'on y rencontrerait, et d'en rapporter ce qui pourrait suppléer au manque de rations et de fourrages. Ils trouvèrent la maison complétement abandonnée, mais abondamment fournie de provisions. Le fermier tenait, paraît-il, un magasin de comestibles à l'usage des gens de la campagne. Il y avait laissé quantité de salaisons d'excellente qualité, de la farine, des fromages, du sucre, etc., etc. Il y avait du maïs dans ses greniers, du bétail dans ses étables, de la volaille dans sa basse-cour. Le détachement revint chargé d'un butin qui fut distribué également entre les compagnies, et pendant quelques jours, le régiment, indépendant du commissariat, vécut comme en pays de cocagne, au milieu de l'abondance, et de délicatesses de table comme on n'en avait jamais vues, comme on n'en devait jamais revoir au camp.

Malheureusement, cette bonne aubaine dura trop peu. Dès le lendemain, le bruit s'en étant répandu dans les régiments voisins, attira dans l'après-midi, bon nombre de visiteurs à la ferme. Les premiers s'y glissèrent en tapinois; puis, comme la batterie de l'île de Mulberry ne donnait pas signe de vie, les survenants promptement enhardis, traversèrent bientôt les champs en flânant sans plus de précaution, jusqu'à ce que la maison en fût pleine de la cave au grenier. C'était, parut-il, ce qu'attendait l'ennemi.

Tout à coup, la batterie se couronne de fumée; le canon tonne. Un premier boulet écorne le toit; un second traverse la maison de part en part; au troisième, la ferme était vide. Il fallait voir ce déménagement instantané! — les intrus se ruant pêle-mêle au dehors, qui par la porte, qui par les fenêtres, — bondissant par dessus les plates-bandes, franchissant barrières et fossés, — tous détalant vers le bois avec une vitesse accélérée par les obus qui, heureusement, firent plus de tapage que de dommage.

Ce fut probablement un de ces fourrageurs désappointés qui, pour se venger de la belle peur qu'il avait eue, mit le feu à la ferme le soir même. A minuit, il n'en restait plus qu'un monceau de décombres fumants.

Pendant ce temps, sur les bords de la rivière, les coups de fusil allaient leur train. Six compagnies étaient distribuées dans l'intérieur du bois, chacune fournissant la section de piquets qui la couvrait. Les quatre autres, tenues en réserve, envoyaient, la nuit, le nombre d'hommes nécessaire pour garder le terrain découvert et faire les rondes.

Entre nous et l'ennemi, la rivière n'avait pas plus de quarante à cinquante mètres de large. Comme je l'ai dit, de notre côté, la rive était abrupte et boisée, sauf aux approches d'un pont détruit dont il ne restait plus que quelques pieux debout. Du côté de l'ennemi, le terrain était plat, marécageux jusqu'au pied d'une petite colline qui s'élevait en arrière et où l'on apercevait quelques ouvrages en terre derrière des abattis de grands arbres.

Pendant la nuit, le feu cessait, et de part et d'autre, les tirailleurs étaient relevés, à la faveur de l'obscurité. On ne pouvait se voir, mais on pouvait s'entendre. Des colloques variés s'établissaient d'une rive à l'autre. Il était rare qu'ils eussent rien d'injurieux. C'était, le plus souvent, un échange d'épigrammes soldatesques. Bull-Run et Ball's Bluft en faisaient le fond du côté des confédérés, auxquels les nôtres répondaient Laurel-Hill, Donelson, Roanoke, Newbern.

A ces victoires fédérales, vinrent bientôt s'en ajouter d'autres plus importantes encore, car pendant ce mois d'avril les confédérés furent battus à Shiloh dans le Tennessee, après une bataille sanglante de deux jours, où leur général A. S. Johnston fut tué; et d'un autre côté, ils perdirent la Nouvelle-Orléans qui se rendit à l'amiral Farragut après un combat naval dans lequel celui-ci avait forcé le passage du bas Mississippi, détruit la flottille ennemie, et contraint, conjointement avec les troupes de terre du général Butler, les forts Jackson et Saint-Philippe à se rendre.

Lorsque la nouvelle de ces succès arriva au camp, devant Yorktown, le hasard avait amené en face du 55° de New-York, le 5° Louisianais qui s'intitulait : « Les tigres de la Louisiane. » D'où il résultait que les batteries françaises se répondaient d'une rive à l'autre, et que chaque soir à la même heure, la retraite que les Parisiens entendent sur la place Vendôme se faisait aussi entendre sur les bords du Warwick dans les deux lignes ennemies. Il va sans dire que les colloques nocturnes s'échangeaient en français. La prise de la Nouvelle-Orléans et de Bâton-Rouge, capitale de l'Etat, éteignit la verve des « tigres de la Louisiane » qui ne répondaient plus aux coups de langue que par des coups de fusil.

La nuit, ils traversaient les marécages, pour venir se blottir près de l'eau dans les grandes herbes, derrière quelque arbre mort ou quelque butte de terre, où ils restaient cachés durant le jour. Parmi nous, les hommes choisissaient les meilleurs postes à l'abri de grosses racines ou d'anfractuosités de rocher qui leur permissent de voir sans être vus.

Quand le jour se levait, tout était muet et immobile sur les deux rives où rien ne trahissait la présence d'un être humain. C'était pourtant l'heure où les regards aiguisés par des appétits meurtriers, interrogeaient les moindres accidents du terrain et fouillaient les herbes et les buissons.

De part et d'autre, la partie se jouait avec une patience et une habileté rares, d'abord pour découvrir le point précis où se cachait un adversaire, et ensuite pour lui loger une balle dans le corps. Les ruses les plus ingénieuses étaient pratiquées pour attirer les coups sur quelque simulacre trompeur et forcer en même temps le tireur à se découvrir. Deux détonations rapides se faisaient alors entendre; deux bouffées de fumées blanches apparaissaient et disparaissaient en un moment; mais rien ne se montrait; seulement peut-être, un blessé se traînait dans les broussailles en appelant à l'aide, ou un cadavre refroidissait dans une mare de sang.

De toutes les chasses connues, la chasse à l'homme est bien certainement celle qui passionne le plus. Elle a cette supériorité d'être une lutte entre intelligences de même nature, à armes égales et à dangers équilibrés. Aussi les facultés de l'âme et du corps y sont-elles mises également en jeu, et s'y développent-elles avec une ardeur curieuse à étudier.

Un matin, je m'étais rendu à un de nos *riflepits* avancés pour tâcher de reconnaître la nature des travaux que l'ennemi avait poursuivis sans relâche durant la nuit précédente. A quelques pas de là, je reconnus immobile et couché à plat ventre, un jeune soldat ordinairement d'une nature douce et inoffensive. Son humeur en rapport avec son apparence physique, eût répugné à verser le sang d'un mouton. Mais la chasse à l'homme l'avait transfiguré. La tête couverte de feuillage, le menton au ras de terre, il s'était traîné là en rampant, et, les yeux obstinément fixés sur un point unique du marécage, il guettait comme un animal carnassier une proie invisible. Sa carabine armée s'allongeait devant lui, semblable à un bâton gisant parmi les pierres, mais en réalité braquée à portée de sa main, sur la touffe de joncs qui absorbait son attention.

Il entendit le bruit de mon pas, et sans changer de posture, sans tourner la tête, il fit seulement de la main un geste contenu qui disait clairement : » Ne bougez pas, derrière moi ; vous pourriez lui donner l'éveil. » Je le laissai dans cette position où il resta, je crois, deux ou trois heures, jamais las d'épier, jamais découragé d'attendre. Enfin la touffe de jonc s'agita; un coup de feu en partit; mais le tireur s'était montré. Presque aussitôt, il bondit en arrière et retomba en se débattant parmi les hautes herbes, tandis que l'autre sautait lestement dans le *riflepit* en s'écriant d'un air de triomphe : — Il en tient!

— Bravo! bien tiré! firent les camarades quelque peu jaloux d'un si beau coup.

Quoi qu'on en puisse dire, la guerre répond à un instinct que la nature a mis dans le cœur de l'homme. Au lieu de la violation d'un ordre de choses divinement établi, elle est bien plutôt l'obéissance normale à une de ces lois mystérieuses qui gouvernent l'humanité et président fatalement au développement de ses destinées. Qu'on explique le fait comme on voudra, la race humaine depuis qu'elle existe, n'a jamais cessé de s'entre-détruire, et n'a jamais cessé de se multiplier. L'effusion du sang doit donc être une condition d'équilibre dans sa propagation. — Et mon bon jeune homme qui n'aurait pas donné une chiquenaude à un enfant, n'était, en tuant son semblable *con amore*, que l'humble mais frappante manifestation de ce qu'on appelle *les voies providentielles*.

Ce genre d'exercice à feu dont j'ai souvent entendu discuter l'utilité, possède des avantages incontestables. Mieux qu'aucun autre, il perfectionne le soldat dans le tir des armes de précision; il le familiarise promptement et sans effort avec l'épreuve du danger; enfin, il donne le ton à son moral par l'application habituelle de ses facultés individuelles à l'œuvre commune, qui est de faire le plus de mal possible à l'ennemi au prix des moindres sacrifices. C'est pourquoi j'y encourageais mes hommes, bien qu'il en fût différemment ailleurs.

Sur le front de la brigade voisine, on se regardait paisiblement d'un bord à l'autre de la rivière. On s'étendait à l'ombre ou au soleil; on allait et venait dans une sécurité parfaite. Les amateurs de poissons jetaient la ligne dans le courant, et au lieu de chasser à l'homme, pêchaient à l'anguille. De ce côté, le service des avant-postes était une églogue en action.

Du nôtre, au contraire, le canon fut bientôt de la partie. L'ennemi mit en batterie des canons rayés dont les projectiles coniques venaient éclater dans les pins, autour de ma dernière compagnie. Pour s'en garer, on postait une sentinelle spécialement chargée de surveiller ce fortin. A chaque coup tiré dont elle apercevait d'abord la fumée, elle criait : *Look out!* (Gare!) et les hommes se rangeaient derrière les arbres jusqu'à ce que l'obus eût éclaté. De cette façon, l'ennemi brûla beaucoup de poudre aux moineaux. Peu s'en fallut néanmoins qu'il ne nous fît un vilain coup.

Le général en chef ayant exprimé l'intention d'examiner par lui-même la position du 55°, sa visite me fut annoncée par un officier d'état-major, et les compagnies furent promptement mises sous les armes. Bientôt, en effet, arriva par la forêt, le général Mac Clellan accompagné des généraux Keyes et Peck et suivi d'un état-major assez nombreux. Ils s'arrêtèrent d'abord près des zouaves qui se trouvaient le plus en arrière, et tentés par les facilités que le terrain découvert offrait à la vue, ils s'avancèrent quelque peu en dehors du bois. L'ennemi qui avait toujours l'œil ouvert sur nos mouvements, reconnut aisément un groupe d'officiers supérieurs. Il pointa ses pièces rayées avec un soin particulier, et fit feu. Deux obus arrivèrent l'un après l'autre en sifflant un air connu, et éclatèrent avec une précision remarquable au dessus de nos visiteurs qui rentrèrent sous bois sans aller plus avant, remettant la visite promise à un autre jour qui ne vint jamais.

Je regrettai ce contre-temps. Je n'aurais pas été fâché que le général en chef vît de ses yeux ce que nous avions à souffrir de la négligence ou de l'incapacité des quartiers-maîtres. Au 55°, pas un officier n'avait de tente. Pour mon compte, je couchais à terre, au pied d'un arbre, sous l'abri problématique d'une double couverture de caoutchouc tendue sur un bâton transversal et fixée aux quatre coins par des piquets. Pis encore : Tous mes bagages avaient été laissés près de Niewport-News, et quoique nous n'en fussions qu'à une distance de douze ou quinze milles, nous les attendions vainement de jour en jour. Plus de deux semaines s'écoulèrent avant qu'ils nous fussent envoyés.

Aux soldats, les rations n'étaient distribuées que très irrégulièrement. Les moyens de transportation manquaient, disait-on, et les routes étaient abominables. On n'avait pourtant pas loin à aller. Le dépôt général n'était qu'à quelques milles en arrière de nos lignes, à la tête navigable du Poquosin où les transports arrivaient sans difficulté. Quant à la mauvaise condition des chemins, on y obviait en établissant partout ce qu'on appelle en anglais du *corduroy*.

Le *corduroy* est une sorte de rude plancher formé par la juxtaposition de baliveaux ou de rondins portant sur des traverses et recouvert d'une legère couche de feuillée mêlée de terre. Dans un pays de forêts, c'est un moyen facile et expéditif d'établir de bonnes communications pour l'artillerie et les équipages. Partout où nous avons séjourné, nous avons fait de grands travaux de ce genre pendant la guerre. Ils durent longtemps, nécessitent peu d'entretien, et sont d'une utilité constante, surtout dans la saison des pluies.

Devant Yorktown, ce qui nous faisait défaut, c'était beaucoup moins les moyens matériels que les moyens administratifs. Les quartiers-maîtres et les commissaires manquaient d'expérience, d'instruction et trop souvent d'honnêteté. Quant aux officiers d'état-major proprement dits, ils étaient au dessous de leurs fonctions. C'étaient généralement des jeunes gens recommandés, plus par leurs liens de famille et par leur position privée que par leur capacité, aux généraux qui les attachaient à leur personnes. Si on les eût tirés de l'armée régulière, le service y eût beaucoup gagné ; mais les officiers de l'armée régulière qu'on pouvait enlever à leur régiment, étaient employés dans le génie ou exerçaient des commandements supérieurs dans le service volontaire.

Le 16 avril, j'adressai un rapport au quartier général de la division pour recommander l'érection d'une batterie sur un point qui commandait le cours de la rivière, et pouvait être d'une grande utilité, soit pour en faciliter le passage, soit pour repousser une attaque dans le cas où l'ennemi tenterait un mouvement offensif sur la gauche de nos lignes. Le général Couch vint lui-même examiner la position ; le plan fut approuvé par le commandant de l'artillerie, et les ordres furent donnés en conséquence. Mais les travaux marchèrent si lentement faute de direction, qu'ils n'étaient pas encore terminés, lorsque les confédérés évacuèrent Yorktown. Un jour les outils manquaient et il fallait renvoyer les hommes à leurs quartiers ; le lendemain c'était les hommes qu'on avait oublié de détacher après avoir envoyé les outils. Ces négligences de l'état-major donnaient lieu à des plaintes fréquentes ; mais il ne paraissait pas qu'on pût ou qu'on sût y remédier.

Le siége se poursuivait néanmoins, et la canonnade devenait de plus en plus fréquente sur le front du 3e corps. Devant nous, les hostilités se bornaient à l'échange de coups de feu entre tirailleurs. On avait bien installé quelques pièces de campagne en batterie derrière des parapets; mais avec injonction de n'en faire usage qu'en cas d'attaque de l'ennemi. Celui-ci en profitait pour déménager librement les provisions et les fourrages amassés dans quelques bâtiments que nous aurions pu démolir en un quart d'heure.

A cette époque, on avait encore pour les confédérés des ménagements d'autant plus singuliers, qu'ils étaient loin de nous rendre la pareille. La fumée de nos feux ne pouvait indiquer l'emplacement de nos tentes, sans nous attirer aussitôt quelques obus, ce qui obligeait les hommes à s'en aller cuire leur repas à cent ou deux cents mètres en arrière dans l'intérieur des bois. Mais, en face de nous, hors de portée des carabines, les officiers ennemis se réunissaient ouvertement dans une petite ferme qui leur servait d'observatoire. On les y voyait, du matin au soir, fumer nonchalamment leurs cigares sur la piazza, ou vaquer à leurs affaires sans être inquiétés. Je ne pus jamais obtenir un couple de canons pour jeter bas cette cassine.

La seconde quinzaine d'avril s'écoula sans autre incident que l'envoi de quelques blessés à l'hôpital. Je n'avais d'occupation que la routine quotidienne du service, et de distraction que les visites qui me venaient en assez grand nombre, par suite de la position particulière qu'occupait le régiment. J'eus ainsi l'occasion d'accompagner à nos avant-postes, le général Sumner dont le corps d'armée portait le chiffre de nos forces à plus de cent mille hommes.

Quelques-uns de nos visiteurs partageaient volontiers avec nous les hasards de la fourchette, alléchés par la réputation de la cuisine française qui, en effet, multipliait nos ressources culinaires, et ménageait à nos hôtes des surprises absolument inattendues. Je ne parle pas de ces *bull-frogs*, — grenouilles monstrueuses dont la cuisse a les dimensions, et plus que la délicatesse d'une cuisse de poulet. Nous avions mieux ou plus rare que cela, comme s'en souviendra, sans doute, le comte de V..., officier français attaché alors à l'état-major du général Keyes.

Un jour, on lui servit à notre table en plein air, une mayonnaise exquise ; — c'est ainsi qu'il la qualifia quand il en eut gouté. Il y revint avec plaisir. Mais de quoi était faite cette mayonnaise? quel en était le secret? voilà ce qu'il ne pouvait deviner et ce qui l'intriguait par dessus tout.

— Mangez d'abord, lui disait-on ; ensuite nous vous donnerons la recette.

— Et je la rapporterai en France, ajoutait le capitaine, pour qu'elle y prenne place au dessus de la pomme de terre de Parmentier, et à côté du dindon sauvage de Brillat-Savarin.

Le régal fini, le secret fut révélé. La mayonnaise était du serpent noir (*Black snake*), un long reptile couleur d'encre, dont mes zouaves avaient découvert les qualités nutritives. Nous en avions mangé sans façon et en connaissance de cause. Mais voyez le pouvoir de l'imagination. Le mot de « serpent noir » fut un coup de mitraille dans l'estomac de notre hôte. Il avait trouvé la chose excellente ; le nom le frappa d'horreur. Blanc comme son assiette, il se leva avec un sourire bouleversé... Je regrette d'avoir à ajouter comme conclusion, que jamais il ne reparut à notre ordinaire, — et j'ai tout lieu de supposer qu'il n'a point fait connaître en France, les qualités savoureuses du serpent noir... en mayonnaise.

Dans les derniers jours du mois, l'ennemi sembla dégarnir ses batteries d'hommes et de canons. Pour le tâter, nous lui envoyâmes une douzaine de projectiles auxquels il ne répondit pas. Pendant la nuit du 29, il retira en arrière les postes les plus avancés en face de la division Smith. Le 30, il démasqua un mouvement de troupes assez important dans l'île de Mulberry.

Dans l'après midi, une colonne, composée de trois régiments d'infanterie, d'un régiment de cavalerie et d'une batterie d'artillerie, commença à défiler sur la lisière des bois qui bordent le James, et finit par traverser les terrains plats et découverts, en face de la ferme de Harwood, à cinq ou six cents mètres d'un petit ouvrage, où nous avions deux pièces de canon. La route qu'ils suivaient faisait un coude autour d'une maison qui en formait le point le plus rapproché. Une vingtaine de cavaliers y vinrent d'abord comme pour reconnaître nos intentions, et voyant que nous restions impassibles, ils mirent pied à terre, et furent bientôt rejoints par un groupe d'officiers qui s'installèrent dans la ferme, pendant que l'infanterie continuait sa marche, défilant tranquillement sous notre nez.

Pendant ce temps, j'envoyais message sur message au général Peck pour demander l'autorisation d'ouvrir le feu, ce dont le lieutenant d'artillerie n'osait prendre la responsabilité, en présence des ordres formels qu'il avait reçus de ne répondre qu'à une attaque. Le général Peck en référait au général Couch. Quelques aides de camp venaient, à tour de rôle, voir ce qui se passait, et retournaient faire leur rapport. Et le temps s'écoulait, et l'ennemi continuait sa marche sans être inquiété.

Pour s'exposer ainsi à découvert, il fallait qu'il n'eût pas le choix des chemins, quel que fût le but de son mouvement; car nos deux pièces suffisaient pour lui démantibuler sa colonne, sans compter l'artillerie qu'on pouvait envoyer en quelques minutes pour arrêter net son avance et le rejeter dans les bois et les marais d'où il était sorti. Mais non. Le seul ordre que je reçus fut de doubler mes piquets, alors qu'il dégarnissait les siens.

Les troupes que nous avions si bénévolement laissé passer allèrent s'établir plus loin dans un grand bois où, le soir venu, elle ne se gênèrent pas plus d'allumer leurs feux que si nous avions été encore à Tenallytown. Alors seulement, on se décida à leur envoyer quelques coups de canon, et tout rentra dans l'obscurité. Pendant la nuit, elles s'embarquèrent sur des transports envoyés là pour les prendre. Au matin elles avaient disparu.

Ainsi, l'ennemi se retirait déjà de Mulberry-Island. C'était au moins un indice; mais il ne parut pas qu'on y attachât aucune signification au quartier général. Le lendemain 1ᵉʳ mai, tout resta comme devant.

Le 2 au matin, le régiment recevait sa paie pour les mois de janvier et février, lorsqu'un nègre ayant traversé la rivière à la nage, vint nous confirmer l'évacuation par l'ennemi de toute cette portion de sa ligne qui s'étendait devant nous. Je l'envoyai à l'instant au général Peck, et n'en entendis plus parler.

Je précise le fait, qui n'est pas sans quelque importance, pourprouver que sur la gauche de nos lignes, nous avons été tenus deux jours immobiles devant des positions abandonnées et des ouvrages évacués par l'ennemi. Eût-on jeté la division Couch et à sa suite la division Smith de l'autre côté du Warwick dont personne ne nous disputait plus le passage, nous aurions très probablement réussi à couper la retraite à la garnison de Yorktown, et à capturer une partie des forces qui se montraient encore devant le 3ᵉ corps. Le succès eût eu alors une tout autre importance, car la ville prise, c'était une victoire, la ville évacuée, ce n'était qu'une déception.

Je n'ai jamais su, du reste, si le renseignement arriva jusqu'au général en chef. Il ne serait pas impossible que pendant ces deux jours, le fugitif qui nous l'avait apporté, n'eût pas été plus loin que le quartier général du 4ᵉ corps. Tout ce que j'en ai appris, c'est que devant le comité du Congrès sur la conduite de la guerre, le général Keyes y fit allusion en termes assez vagues : « l'ennemi, dit-il, avait pendant un jour ou deux, fait des préparatifs de retraite, *comme je l'appris d'un nègre*, en retirant son artillerie de l'embarcadère de Griffen sur le James, et, comme je le crois, d'autres points du côté de Yorktown. » Pas un mot de la brigade que nous avions vu partir le 30 avril, ni de l'envoi du nègre au quartier général de l'armée.

Le 3 mai, dans la soirée, l'ennemi ouvrit sur la droite de nos lignes un feu violent qui se continua sans interruption pendant la plus grande partie de la nuit. C'était pour nous donner le change sur ses mouvements, et il y réussit à ce point que défense fut faite à nos batteries de répondre, de peur de gâter l'effet d'un bombardement formidable qui devait s'ouvrir le 6. Peines perdues : après tant de travaux et de si longs préparatifs, les rebelles que l'on croyait tenir nous glissèrent entre les doigts. Le 4 au matin, ils avaient quitté Yorktown sans encombre, ne laissant derrière eux que des barraques vides et soixante-et dix pièces de gros calibre qu'ils n'avaient pu emporter.

CHAPITRE X

LA PREMIÈRE BATAILLE

(WILLIAMSBURG)

Poursuite. — L'ennemi atteint à Williamsburg. — Retour offensif contre la division Hooker. — La brigade Peck la première à le soutenir. — Le 55e au feu. — Moment critique. — Attaque repoussée. — Les renforts arrivent. — Engagement du général Hancock. — Les rapports de Mac Clellan. — Un avis du général Couch. — Tournée sur le champ de bataille. — Enterrement des morts. — Visite aux blessés. — Les amputés. — Les prédictions du capitaine géorgien.

La poursuite commença aussitôt. Le général Stoneman fut envoyé avec la cavalerie pour tailler des croupières à l'ennemi dont il rejoignit l'arrière-garde durant l'après-midi, devant Williamsburg. Mais là, il se heurta à une série de redoutes qui barraient la plaine, et il dut s'arrêter pour attendre l'arrivée de l'infanterie.

Celle-ci avait été mise également en mouvement dès le matin, le 3e corps par la route de Yorktown; le 4e par la route de Warwick qui, l'une et l'autre aboutissent, en deçà de Williamsburg, à un point où l'ennemi avait élevé un ouvrage bastionné portant le nom de fort Magruder.

La division Couch traversa la rivière au moulin de Lee, où nous comprîmes pour la première fois à quelles sauvages animosités nous devions-nous attendre de la part des confédérés.

La route que nous suivions était semée de piéges meurtriers. C'étaient des bombes cylindro-coniques à percussion, enterrées de façon à ne laisser à fleur de terre que la capsule soigneusement dissimulée. Un homme, ou un cheval marchant dessus, suffisait à déterminer une explosion toujours fatale. Parfois, la bombe était recouverte d'un morceau de planche invitant le soldat fatigué à s'y asseoir. Celui qui cédait à la tentation, ne se relevait jamais. Quelques cadavres éventrés et noirs de poudre nous montrèrent l'effet de cette invention du Sud. Mais du moment que nous fûmes sur nos gardes, elle cessa d'être destructive, et la plupart des projectiles déterrés allèrent grossir les munitions de l'artillerie.

La marche continua presque sans relâche pendant toute l'après-midi, sans autre rencontre que des camps abandonnés. Le peu de tentes qui s'y trouvaient encore debout, étaient hachées à coups de sabre, pour qu'elles ne pussent nous être d'aucun service. Fatigués, crottés, affamés, nous arrivâmes tard au bivouac où la pluie ne nous laissa même pas une nuit de repos.

Le lendemain, 5 mai, dès sept heures du matin, nous avions repris notre marche en avant. La pluie n'avait pas cessé pendant la nuit; elle continua sans relâche pendant le jour. Le ciel était caché par un de ces épais rideaux de nuages gris derrière lesquels il semble que le soleil se soit éteint pour toujours. Les routes étaient horribles, — si l'on peut appeler routes d'immenses bourbiers où se débattaient les attelages, où les canons et les fourgons, enfoncés jusqu'aux moyeux, ne sortaient à grand'peine d'une ornière que pour retomber dans une autre.

Cependant, le canon se faisait entendre sans interruption à Williamsburg, et indiquait un engagement sérieux. Les premiers arrivés avaient évidemment rencontré une résistance vigoureuse. Ils pouvaient avoir besoin de renforts; il fallait se hâter. Et l'on poussait en avant comme on pouvait, à travers un océan de fange, parmi les attelages embourbés, au milieu d'un désordre inévitable qui laissait bien des traînards derrière. Comme chacun tirait de son côté par les passages les moins impraticables, la confusion finit par se mettre entre les régiments, les brigades et même les divisions. Quand je rencontrais un endroit favorable, j'y faisais une courte halte de quelques minutes pour rallier mes compagnies éparses, et donner aux traînards le temps de les rejoindre. Puis nous repartions en nous informant du 102ᵉ de Pennsylvanie avec lequel le général Peck avait pris l'avance.

Derrière nous marchait le général Kearny, conduisant la tête de sa division qui venait de Yorktown. Son ardeur avait trouvé moyen de dépasser, sur la route, les troupes qui se trouvaient devant lui. Il pressait nos retardataires, et m'apprit que la division Hooker, ayant marché pendant la nuit pour rejoindre Stoneman, devait avait avoir sur les bras toute l'arrière-garde des confédérés.

Bientôt un aide de camp du général Peck vint m'apporter l'ordre de dépasser la division Casey arrêtée, je ne sais pourquoi, dans une vaste clairière, près d'une église en briques. La canonnade ne se ralentissait pas devant nous. Ce fut là que la division Kearny tourna à gauche, pour arriver en ligne par un chemin de traverse moins encombré.

Un peu plus loin, je rencontrai le capitaine Leavit-Hunt, aide de camp du général Heintzelman, chargé de presser l'arrivée des renforts. Il me confirma l'exactitude des conjectures de Kearny en m'apprenant que Hooker, rudement pressé par des forces supérieures, perdait du terrain, après un combat acharné de plus de quatre heures, pendant lesquelles aucun soutien ne lui avait été envoyé.

A son tour, M. le prince de Joinville passa près de moi sans s'arrêter, en me jetant une nouvelle recommandation de me hâter. Il était monté sur un cheval anglais et couvert de boue des pieds à la tête. Il courait à Yorktown pour tâcher d'amener le général Mac-Clellan, qui n'en avait point encore bougé, ignorant ce qui se passait à Williamsburg.

En l'absence du général en chef, le général Sumner et le général Keyes perdaient le temps à se consulter sur ce qu'il y avait à faire. Le premier commandait par rang d'ancienneté ; mais le second avait seul des troupes à portée, et entre les deux aucune mesure n'était prise, et après avoir perdu du terrain, Hooker perdait de l'artillerie.

Lorsque je débouchai sur la ferme où se tenait cette conférence oiseuse, M. le comte de Paris et M. le duc de Chartres, reconnaissant l'uniforme du régiment, vinrent à pied à ma rencontre. Je n'avais le temps ni de m'arrêter, ni de descendre de cheval ; ils me firent l'honneur de m'accompagner ainsi pendant quelques minutes, à travers les sillons, pour m'expliquer où nous en étions, et me souhaiter bonnes chances.

— Tout va à la diable, me dit le duc de Chartres. Il n'y a ici personne capable de commander, et Mac-Clellan est à Yorktown. Comme plusieurs aides de camp n'ont pu le décider à venir, mon oncle est allé lui-même le chercher, voyant bien que sans lui, on ne fera rien qui vaille.

Le général Peck était à l'entrée d'un rideau de bois qui seul nous séparait de l'ennemi. Voyant que, par suite de la hâte de notre marche et des difficultés de la route, j'avais laissé derrière la moitié de mes hommes, il ordonna une halte de dix minutes pour reposer ceux qui étaient arrivés et donner aux autres la chance de rejoindre. La plupart rentrèrent en effet dans les rangs avant que le régiment fût engagé. Il était alors une heure de l'après-midi.

La route où nous étions débouchait, au sortir du bois, en face du fort Magruder, au milieu d'une plaine oblongue que l'ennemi avait garnie d'une série de redoutes. Comme c'est là le point le plus resserré de la péninsule, la position eût été bonne à défendre à condition d'être maître des deux fleuves. Mais l'évacuation de Yorktown avait livré l'un d'eux à nos canonnières, et l'autre n'était défendu que par le *Merrimac*, dont la prise de Norfolk allait dans quelques jours entraîner la destruction. La ligne de Williamsburg n'était donc pas tenable pour les confédérés.

Ils songeaient si peu à nous y faire tête, que le gros de leur armée avait déjà passé outre, lorsque l'attaque de Stoneman les contraignit à revenir sur leurs pas pour retarder notre poursuite et couvrir leur arrière-garde. Les ouvrages fortifiés se trouvaient là fort à propos pour eux, et c'est ainsi qu'ils en occupèrent une partie, et firent notamment bon usage du fort Magruder.

La brigade Peck, arrivée la première à l'aide du général Hooker, fut promptement déployée sur la lisière du bois faisant face à l'ennemi. Le 55e avait la gauche, appuyant sa droite à la route de l'autre côté de laquelle le 102e de Pennsylvanie formait le centre, et le 98e la droite, un peu plus loin. Le 93e était en seconde ligne, et le 62e de New-York était tenu en réserve de l'autre côté du bois.

Devant nous, s'étendait un abattis d'arbres de vingt à vingt-cinq mètres d'épaisseur, puis un large terrain découvert, traversé parallèlement à notre front par une autre route à laquelle la nôtre aboutissait en face du fort Magruder. De l'autre côté de la route transversale, les champs étaient bordés à deux ou trois cent mètres de distance, par un bois d'où la gauche de Hooker avait été délogée après un combat long et meurtrier, et où l'ennemi, encouragé par un premier succès, se reformait pour une nouvelle attaque dont nous allions recevoir le choc à notre tour.

Mes instructions étaient de soutenir la droite du général Hooker; mais elle s'était repliée dans l'intérieur du bois, nous prenant, je suppose, pour une brigade de la division Kearny, attendue à chaque moment pour la relever. Je devais aussi couvrir une batterie d'artillerie portée dans le champ. Elle s'y trouvait en effet; mais abandonnée dans un bourbier où ses chevaux avaient été tués ou noyés sous leurs harnais.

A peine avions-nous eu le temps de nous rendre compte de ces détails, que, sur le signal d'un groupe d'officiers sortis au galop du fort Magruder, la ligne ennemie s'élança hors du bois avec de grands hurrahs, et marcha droit sur nous. Quand ils furent à mi-chemin, j'ouvris sur eux un feu de file qui promettait, tandis que le 102ᵉ leur envoyait une volée de tout son second rang. J'ignore quel mal nous leur fîmes; mais ils continuèrent à avancer rapidement avec un redoublement de hurrahs.

Il y avait devant ma gauche, une ouverture naturelle dans l'abattis, vers laquelle deux bataillons se dirigeaient avec l'intention évidente d'en faire spécialement leur point d'attaque. Malheureusement, la compagnie qui y faisait face était là plus mal commandée, et celle sur laquelle je pouvais le moins compter. J'avais les yeux sur elle, au moment où elle essuya la première volée. Hélas! elle n'attendit même pas la seconde. Un homme du second rang tourna casaque et se mit à courir. Et comme une bande de moutons après le bélier, en un clin d'œil le reste avait suivi. Presque aussitôt la compagnie suivante lâche pied, puis une troisième. Les zouaves se trouvant alors isolés se rompent à leur tour et se replient; et ce qu'il y a de plus honteux, des officiers se sauvent avec les hommes et même sans eux! Le 93ᵉ formé en seconde ligne ne peut arrêter les fuyards. Ils crèvent ses rangs et disparaissent dans la profondeur du bois. — Bois maudit qui tentait les poltrons par un facile refuge, et sur lequel, au lieu de la pluie, j'aurais voulu voir à cette heure tomber le feu du ciel!

Cependant, dans la débâcle de la gauche, une poignée de braves gens, sous-officiers et soldats étaient restés inébranlables. Postés derrière les arbres, ils tenaient bon et s'efforçaient de couvrir la brèche par un feu rapide et bien dirigé, sous la direction du major Yehl qui leur donnait l'exemple d'un courageux sang-froid. D'autres, surpris à l'improviste et entraînés par le courant, s'étaient arrêtés d'eux-mêmes ou se retiraient lentement, plutôt hésitants qu'effrayés, et comme cherchant à se rendre compte de ce qu'ils avaient à faire. Malgré l'épaisseur du fourré où mon cheval empêtré n'avançait qu'avec difficulté, je fus bientôt au milieu d'eux. A ma voix, ils s'arrêtèrent et se groupèrent autour de moi. J'en ralliai ainsi une centaine et les ramenai vivement en ligne. Mais au moment où je les reformais en face de la fatale ouverture, une formidable volée les rompit une seconde fois.

L'ennemi était alors parvenu à la limite de l'abattis, et s'élançait dans le passage qu'il croyait déblayé. Au milieu de la fumée, je vis six ou huit jaquettes grises pénétrer jusqu'à quelques pas de nous. Allions-nous être débordés? Non. Cette fois, les hommes que j'avais ramenés au feu n'avaient pas fui. La plus grande partie s'étaient seulement mis à couvert derrière les arbres voisins, et de là, dirigeaient un feu de tirailleurs très nourri sur les assaillants que mes compagnies du centre prenaient en outre en écharpe. Les plus avancés furent tués ou blessés et les autres se replièrent sur le front des abattis.

Ma droite n'avait pas bronché. De ce côté, le lieutenant-colonel Thourout, ancien sous-officier de l'armée française, allait et venait encourageant les hommes. Les capitaines Four, Battais, Demazure, Meyer, étaient des hommes solides qui maintenaient leurs compagnies sans effort, car lorsque les officiers donnent l'exemple, les soldats soutenus par la confiance dans leurs supérieurs, et aiguillonnés par l'amour-propre, paient bien plus volontiers de leurs personnes. Aussi peut-on dire avec raison que les soldats sont ce que les font leurs officiers.

Four, qui commandait la première compagnie, avait appris la guerre aux chasseurs de Vincennes. Monté sur un tronc d'arbre, il dirigeait de la voix et du geste le feu de ses hommes, sur chaque point où l'ennemi pénétrait dans l'abattis. — Battais, abandonné de ses deux lieutenants et d'une douzaine d'hommes qui les avaient suivis, continuait à commander comme à l'exercice, avec une ténacité toute bretonne. — La compagnie irlandaise se battait sous le commandement de son sergent-major, sans s'inquiéter de l'absence de ses officiers. — Les zouaves ralliés faisaient maintenant leur devoir avec leur premier lieutenant Saint-James resté à son poste. — Enfin les débris des trois compagnies débandées, groupés sur la gauche, avaient parmi eux un second lieutenant nommé Prost. Ce brave homme ayant vu tout s'enfuir autour de lui, avait dédaigné de se retirer, et demeura jusqu'au bout à son poste, quoiqu'il ne lui restât pas une douzaine d'hommes à commander.

Lorsqu'à travers le voile de fumée qui flottait sur toute la ligne, au milieu du roulement de la fusillade et du fracas des obus parmi les arbres, je pus clairement me rendre compte par moi-même de cet état des choses, — je respirai comme doit respirer un homme retiré de l'eau, au moment où il s'y noyait. Le drapeau du régiment n'avait pas reculé. L'honneur était sauf; le reste n'était plus rien.

Plus rien, c'est peut-être trop dire. Car si nous pouvions tenir l'ennemi en échec sur le bord des abattis, et lui en interdire le passage là où il l'avait tenté inutilement deux fois, ma gauche n'en restait pas moins en l'air. Qu'il allât les traverser cent ou deux cents mètres plus loin, et rien ne l'empêcherait de pénétrer dans le bois pour venir me prendre en flanc et à revers, auquel cas ma seule chance était un changement de front en arrière, — manœuvre toujours délicate, mais à peu près impraticable en forêt, surtout avec des troupes qui se battaient en ligne pour la première fois. Aussi revenais-je fréquemment vers la gauche, pour interroger avec une attention mêlée d'inquiétude cette partie du bois profonde et silencieuse où rien ne se montrait, ni amis ni ennemis. La question était : lesquels s'y présenteraient les premiers ?

Du reste, un splendide vacarme !... Tout le bord du bois en feu ; — la fusillade roulant sans interruption d'un bout à l'autre d'une ligne hérissée d'éclairs ; — les balles crépitant sur les arbres comme la grêle, et ricochant dans les ramées ; — deux batteries d'artillerie tonnant à coups pressés ; — les obus broyant les branches et remplissant le bois d'explosions ; — les paquets de grenades éclatant dans l'air comme des boîtes de pétards : — tels étaient les instruments de ce concert diabolique.

Si tout cela eût fait autant de ravage que de fracas, l'affaire eût été vite décidée ; heureusement il n'en était pas ainsi. Les choses étaient en réalité moins terribles qu'elles n'en avaient l'air. Il est vrai que des hommes tombaient çà et là pour ne plus se relever ; que d'autres, couverts de sang, se traînaient ou étaient portés à quelque distance en arrière, au pied d'un arbre où les deux chirurgiens procédaient aux premiers pansements. Mais en somme, le nombre en était peu considérable. Les projectiles de l'ennemi dirigés sur l'intérieur du bois qu'il supposait probablement plein de troupes, passaient au dessus de nos têtes, sans nous faire aucun mal. Quant à son infanterie, gênée par les abattis qui nous couvraient, elle tirait trop haut.

Lorsque les plus hardis s'élançaient parmi les arbres renversés et tentaient de les franchir pour arriver jusqu'à nous, embarrassés dans leurs mouvements, empêtrés dans un réseau de branches, ils servaient aussitôt de point de mire à nos tireurs et ne tardaient pas à disparaître. Bon nombre y entrèrent ainsi qui n'en sortirent jamais.

De l'autre côté de la route, l'abattis, moins fourni et moins large, rendait l'attaque plus facile en apparence. La route elle-même se dédoublait à la sortie du bois, de façon à entourer un bouquet d'arbres en forme d'îlot. Là se porta l'effort de l'attaque, aussitôt après le premier choc qui avait frappé ma gauche. Elle vint s'y heurter à une portion du 93º de Pennsylvanie (colonel Mac-Corter), portée en travers de la route, et au 102º (colonel Rawlins) déployé en entier sur la droite. L'accueil qu'elle y reçut fut des plus chauds. Une terrible fusillade à cinquante pas mit le désarroi dans ses rangs, et les força à se replier en désordre.

L'engagement durait depuis une heure environ, lorsque pour la première fois, des coups de feu se firent entendre sur ma gauche. Je n'y pouvais rien apercevoir encore, mais le feu devenait de plus en plus vif dans cette partie du bois. Plus de doute. Kearny était arrivé. *Hourrah for Kearny!*

Sa division, en nous quittant près de l'église de brique où la division Casey prenait tranquillement son café, avait suivi un chemin moins obstrué, mais beaucoup plus long que la voie directe par où nous étions venus. La brigade Berry entrait maintenant la première en ligne. Le colonel Poë du 2ᵉ de Michigan était venu à travers le bois examiner lui-même qui nous étions et où nous étions. Il n'eut pas de peine à reconnaître les képis rouges, et fit avancer son régiment sur notre gauche. On devine si la brigade Berry fut la bienvenue. Elle n'eût pu l'être davantage, même s'il m'eût été donné de prévoir que ce serait la première que je serais appelé plus tard à commander.

A partir de ce moment, l'ennemi ne pouvait plus rien que continuer la fusillade, ce qu'il fit jusqu'au crépuscule. Entre quatre et cinq heures, d'autres renforts nous arrivèrent. La brigade Devins prit position derrière nous, suivie par la division Casey que le général Keyes était enfin allé chercher lui-même. Lorsque nos munitions furent épuisées, le 62ᵉ de New-York nous releva au feu. A 5 heures dix minutes, montre en main, le dernier coup de canon fut tiré du fort Magruder. Peu après, la mousqueterie s'éteignit avec le jour, et, seule, la pluie continua à tomber sur les vivants et sur les morts.

Pendant que nous arrêtions ainsi sur la gauche le retour offensif de l'ennemi, voici ce qui s'était passé sur la droite : de ce côté, les rebelles n'avaient point occupé les redoutes élevées à l'est du fort Magruder, dans la longueur de cette plaine étroite que protégeait par là un ruisseau marécageux coulant parmi des bois épais. A son extrémité la plaine se terminait par un escarpement abrupte au pied duquel une longue chaussée transformait le ruisseau en étang. Là se trouvait une redoute formidable. Comme elle enfilait la chaussée dans toute sa longueur, un régiment avec quelque artillerie eût suffi pour y arrêter un corps d'armée. Mais on n'y avait mis ni un canon, ni un homme.

Hooker avait envoyé dans la matinée une reconnaissance dans cette direction. Le colonel qui en était chargé n'ayant rencontré l'ennemi nulle part, fit connaître cette circonstance au général Hancock, qui commandait une brigade de la division Smith. Sur cette information, le général Sumner se décida, dans l'après-midi, à faire avancer par là quelques forces, et Hancock, passant rapidement sur la chaussée, monta la côte au pied de la batterie vide, et déboucha dans la plaine, à l'improviste. Deux redoutes se présentèrent toutes deux vides. Il les occupa, et comme il avait amené une batterie avec lui, il installa deux canons dans la première, et en porta deux autres sur la lisière du bois, avec lesquels il délogea sans difficulté la faible garnison d'un troisième fortin.

Cette attaque donna l'éveil aux confédérés qui, ne nous attendant point de ce côté, avaient laissé jusque-là au général Hancock tout le temps de parfaire ses dispositions.

Lorsqu'ils en reconnurent le danger, Early fut promptement détaché pour venir reprendre les redoutes et nous rejeter dans les marais. Mais Hancock était prêt à les recevoir. Il les laissa d'abord s'avancer en bataille derrière un pli de terrain. Lorsqu'ils y furent bien à découvert, il les accueillit par un feu meurtrier à courte portée; puis au moment où il vit leur ligne ébranlée, il les chargea vigoureusement, et resta maître du champ de bataille, que dans leur déroute ils lui abandonnèrent jonché de morts et de blessés. La nuit qui survint alors empêcha Hancock de poursuivre plus loin les avantages de ce court mais brillant engagement.

Que faisait cependant le général Mac Clellan? Il s'était enfin décidé à quitter Yorktown, aux sollicitations urgentes du gouverneur Sprague et du prince de Joinville, et il était arrivé à Williamsburg.... quand tout était fini. Il ne faut donc pas trop s'étonner que, ne sachant rien par lui-même de ce qui s'était passé, mais pressé de rendre compte du combat, il ait expédié, à dix heures du soir, une dépêche dont les erreurs touchent au ridicule.

Au moment même où l'ennemi, abandonnant sa position, reprenait en hâte sa retraite sur Richmond, il écrit : — « J'ai devant moi Joe Johnston avec de grandes forces, *probablement plus grandes de beaucoup que les miennes, et très fortement retranchées*..... Je courrai la chance de les tenir au moins en échec ici... Le total de mes forces est sans aucun doute *inférieur à celui des rebelles* qui se battent encore bien ; mais je ferai tout ce que je puis avec les troupes dont je dispose. »

Or, ces troupes dont disposait le général Mac Clellan, sait-on quel en était le chiffre? — Cent douze mille trois cent quatre-vingt douze (112,392) hommes, *présents* pour le service, — ainsi qu'il appert du rapport officiel signé six jours auparavant de sa propre main. A Williamsburg, le 3ᵉ et le 4ᵉ corps comptaient à eux seuls soixante-huit mille deux cent dix-neuf hommes (68,219.) Devant nous, les confédérés n'avaient pas la moitié de ce nombre.

Le lendemain, l'ennemi ayant disparu, le général célèbre le succès d'un tout autre ton. Maintenant, « la victoire est complète. » Seulement, c'est Hancock qui l'a remportée. « Il a pris deux redoutes. » Dans son enchantement, le général en chef oublie qu'elles n'étaient pas défendues. — « Il a repoussé la brigade d'Early dans une *vraie* charge à la baïonnette. Il a pris un colonel et 150 prisonniers, tuant au moins deux colonels, autant de lieutenants-colonels et nombre de soldats. .... Le brillant combat de Hancock a eu pour effet de tourner la gauche des ouvrages de l'ennemi qui a abandonné entièrement sa position durant la nuit, laissant tous ses malades et blessés entre nos mains..... Le succès de Hancock a été gagné avec une perte qui ne dépasse pas vingt tués ou blessés... »

C'était une erreur. Hancock avait perdu davantage. Mais ne semblait-il pas que lui seul eût combattu? Quant à Hooker, à peine s'il en est fait mention : « Je ne sais pas exactement quelle est notre perte; mais je crains que Hooker n'ait perdu considérablement sur notre gauche. » Voilà tout. Quant à Kearny, pas un mot, et de Peck, pas davantage. Et cependant la division Hooker s'était battue pendant six heures avec un acharnement attesté par une perte d'environ dix sept cents hommes (1,700). La brigade Peck, la première à arrêter le succès de l'ennemi, avait perdu 124 hommes et la division Kearny environ 300. Le général en chef l'ignorait-il? Ou, pour lui, ces accessoires se perdaient-ils dans le rayonnement de la prise de deux redoutes vides et d'une *vraie* charge... à la baïonnette?

Le régiment passa la nuit dans un champ de boue. — Mauvaise nuit. — Depuis l'avant-veille, nous avions beaucoup marché, pas mal combattu, peu mangé et pas du tout dormi. On alluma tant bien que mal des feux que l'on entretint avec peine à cause de la pluie, et autour desquels on tâcha de se délasser par les récits détaillés de tous les incidents de la journée.

A deux heures du matin, le général Couch eut l'obligeance de venir en personne m'adresser des compliments de circonstance. Je n'étais pas disposé à en accepter plus qu'il ne nous en revenait de droit.

— Général, lui dis-je, je vous remercie des éloges que vous voulez bien m'adresser pour les braves gens, officiers et soldats, qui m'entourent. Ils les méritent. Mais il n'y a ici que les deux tiers de mon régiment. Le reste a déguerpi au premier feu et je ne sais ce qu'ils sont devenus. Parmi ces derniers sont huit ou dix officiers qui se sont conduits comme des pleutres. Je désire me débarrasser d'eux au plus tôt et je me propose de demander aujourd'hui une cour martiale pour que justice soit faite.

Le général me tira à l'écart pour me répondre en souriant :

— Mon cher colonel, vous prenez la chose un peu trop à cœur. Elle n'a rien en soi de bien surprenant, et ce qui vous est arrivé est aussi arrivé à d'autres que je pourrais vous citer, mais qui n'en diront rien. Faites comme eux, croyez-moi. Une cour martiale n'est pas possible en ce moment, et le fût-elle que je vous détournerais encore d'y avoir recours. Le premier feu a sur les nerfs de beaucoup d'hommes un effet inattendu contre lequel leur inexpérience les empêche de se prémunir. Surpris à la première épreuve, ils se présentent préparés à la seconde et s'en tirent alors tout aussi bravement que d'autres. Il est donc juste de donner à ceux qui ont été faibles aujourd'hui la chance de réparer leur faute à la première occasion. Si alors il y a récidive, je serai le premier à vous engager à sévir. Jusque-là, gardons nos secrets de famille et faisons de notre mieux.

Le général Couch avait raison. Il jugeait sainement la chose, comme le prouva bientôt après la belle conduite de tout le régiment à la bataille de Fair-Oaks.

L'ennemi s'en alla tranquillement, sans être poursuivi. Les routes étaient dans une condition si horrible qu'il dut abandonner cinq pièces d'artillerie et plusieurs wagons dans les fondrières. Qu'eût-ce donc été si nous avions été sur ses talons? Mais le général Mac Clellan ne se montra pas plus pressé de prendre Richmond qu'il ne l'avait été de prendre Yorktown, et comme il avait laissé la division de Magruder se fortifier et recevoir des renforts sur le Warwich où il aurait pu la capturer tout entière, il laissa l'armée de Johnston aller préparer la défense de la capitale confédérée, sans même engager son arrière-garde. Ainsi, nous eûmes trois jours entiers de loisir à Williamsburg pour nous étendre au soleil et fourbir nos armes au son des musiques militaires qui célébraient notre gloire indolente en jouant du matin au soir le *Yankee doodle*, le *Hail Columbia* et autres airs patriotiques.

J'en profitai tout d'abord pour visiter le champ de bataille où divers détachements passèrent la journée du 6 à enterrer les morts. Spectacle peu réjouissant. Et pourtant, pour être sincère, je ne pus me défendre d'un certain désappointement en n'en comptant que quinze dans l'abattis derrière lequel s'était battu le régiment. Trois heures de fusillade et 16,000 cartouches brûlées pour tuer quinze hommes et en mettre peut-être cent cinquante hors de combat! Mais les rebelles avaient trouvé que nous en avions encore trop fait, ce qui devait nous consoler de n'en avoir pas fait davantage.

Là où la division Hooker s'était battue, nos pertes étaient beaucoup plus considérables que les leurs. Sur le terrain découvert et surtout aux bords de la route, gisaient beaucoup de morts de la brigade Siekles, de New-York. Au delà, dans le bois où l'attaque avait commencé, la brigade du New-Jersey avait laissé les taillis jonchés de cadavres.

Partout, ceux qui avaient été tués raide, avaient conservé, tombés, la position dans laquelle la mort les avait frappés debout.

Pendant le combat, le capitaine Titus, quartier-maître de la brigade, s'étant avancé jusqu'à la droite du 55°, aperçut un soldat confédéré qui se glissait dans les abattis. Il se hâta de ramasser une carabine tombée des mains d'un mort ou d'un blessé et abattit son homme au moment où celui-ci ajustait avec soin un des nôtres. Le lendemain, nous retrouvâmes le cadavre étendu sur le dos, les deux bras élevés dans l'attitude d'un tireur qui met en joue. La balle du capitaine lui avait traversé le cœur.

Les canons dont l'ennemi n'avait pu s'emparer étaient encore là, embourbés par dessus les essieux. Les deux chevaux du timon s'étaient noyés littéralement dans la fange liquide où leur tête disparaissait à moitié. Les autres, tués par les balles, mêlaient leur sang à celui de quelques artilleurs qui avaient tenté de les dégager en coupant les harnais.

Des restes humains affreusement mutilés attestaient çà et là que le canon avait aussi fait son brutal office. Un de ces débris gisait au pied d'une barrière, n'ayant plus de la tête qu'un masque de chair grimaçant. Le reste, écrasé par un boulet, adhérait aux barreaux en sanglantes éclaboussures. Étrange curiosité qui, par une impulsion naturelle, nous entraîne vers l'horrible ; — qui m'y conduisait sur le champ de bataille, et qui vous y attache aussi, vous qui lisez ceci, puisque votre imagination complète le tableau dont je ne fais que tracer l'esquisse.

Pas plus que moi, vous ne répugnez à vous arrêter au bord de ces larges tranchées creusées insoucieusement aujourd'hui par ceux pour qui d'autres en creuseront ailleurs, peut-être dans un an, peut-être dans un mois, peut-être demain. Les premiers partis pour le grand voyage sont là étendus côte à côte la figure marbrée, les yeux vitrés, dans leurs uniformes déchirés et sanglants. Les camarades qui les suivront, se hâtent d'en finir avec la corvée, sans philosopher sur le crâne du pauvre Yorick, ce garçon dont les saillies infinies faisaient, hier encore, la gaîté du bivouac. Une couche d'hommes, une couche de terre. La fosse pleine, on la recouvre d'un petit monticule pour parer au tassement. Et l'on s'en va laissant à quelques mains amies le soin pieux de tracer un nom et une date sur d'humbles planchettes alignées au chevet des morts où personne ne viendra les interroger.

Je trouvai mes blessés dans une ferme voisine transformée en hôpital où l'on avait transporté ceux de la brigade. Les bâtiments d'exploitation en étaient encombrés. Les patients étaient étendus à terre sur une couche de paille. Ceux qui pouvaient marcher allaient et venaient la tête entourée de bandages ou le bras en écharpe, aidant à soigner les autres. Tous montraient un courage remarquable, et supportaient la souffrance avec une tranquille résignation. Les plus crânes avaient même le mot pour rire, et ne parlaient que de reprendre bientôt leur place dans les rangs. Quelques-uns seulement se sentant atteints mortellement, poussaient des gémissements arrachés par la douleur ou versaient des pleurs silencieux en songeant à ceux qu'ils ne reverraient plus.

Parmi ces derniers était un jeune Allemand marié et ayant, je crois, un enfant. La balle qui l'avait frappé au second rang, avait traversé la tête de l'homme qui se trouvait devant lui, et l'atteignant au dessus de l'œil gauche, avait tracé un sillon autour du crâne pour aller sortir derrière l'oreille. Les chirurgiens déclaraient la blessure moins dangereuse en réalité qu'en apparence. Mais le pauvre garçon avait l'imagination frappée. Il se figurait avoir la balle dans la tête.

— Je la sens bien, me disait-il; elle est lourde, et me fait mal. Je suis un homme mort.

Rien ne put lui persuader le contraire. Il mourut au bout d'une quinzaine, non d'une balle, mais d'une idée dans la cervelle.

Tel n'était pas à beaucoup près un grand gaillard d'Irlandais que je trouvai fumant sa pipe à la porte de la salle.

— Eh bien, lui dis-je, comment allons-nous?

— Parfaitement, colonel. Jamais mieux de ma vie.

— Qu'est-ce donc alors que tous ces linges qui vous couvrent la moitié du visage?

— Oh! presque rien; une égratignure. Je vais vous montrer ça.

— Non, merci.

— Si, si; vous allez voir ce que c'est.

Et soulevant compresses et bandages, malgré toutes mes protestations, il me montra une plaie béante à la place du sourcil enlevé.

— Je vois, lui dis-je, que vous n'avez pas été pansé ce matin.

— Non; le docteur m'a seulement mis ça hier, pour le moment. Mais aujourd'hui, il a tant à faire avec d'autres qui ont bien plus besoin de lui, que je n'ai pas voulu le déranger.

— Et l'œil? repris-je.

— Éteint. Mais voyez, colonel, ce n'est que l'œil gauche. Ça m'évitera maintenant la peine de le fermer en mettant en joue, — ce qui me gênait toujours pour ajuster. Dans quinze jours je serai de retour au régiment, et que je sois damné, si je n'en descends encore, de ces gueux de *rebs* (1).

Il me fallut user de mon autorité pour le contraindre à se faire panser. Je le laissai entre les mains du chirurgien qui me fit comprendre par quelques signes que la blessure était mauvaise. Le pauvre diable ne revint pas en effet au régiment.

Comme je m'acheminais vers la porte, un soldat qui n'était pas des miens, se souleva péniblement sur son séant et m'appela avec quelque hésitation.

— Qu'y a-t-il? fis-je.

— Colonel, je voudrais vous donner une poignée de main.

— Volontiers, mon garçon. Où êtes-vous blessé?

— Peu importe ma blessure. J'ai voulu seulement vous serrer la main, parce que vous êtes *un homme*, vous. Après le combat, vous n'oubliez pas ceux qui se sont fait rompre les os sous vos ordres. J'aimerais à être du 55ᵉ.

La moindre attention de ce genre va loin dans le cœur du soldat blessé. Une visite et quelques mots d'encouragement d'un officier supérieur, — dont il ne ferait pas grand cas sous sa tente, suffisent à l'hôpital, pour lui inspirer une vive reconnaissance; simplement parce qu'ils lui prouvent qu'il n'est pas oublié. Aux heures de détresse, l'amertume la plus poignante est celle de l'oubli.

Derrière l'emplacement assigné au régiment auprès du fort Magruder, se trouvait une maison où les confédérés avaient abandonné quantité des leurs trop grièvement blessés pour pouvoir être transportés. Lorsque je m'y présentai, une petite rigole de sang figé rougissait les marches venant de la porte entre-bâillée. En la poussant pour entrer, je sentis une résistance dont j'eus bientôt

---

(1) Abréviation pour *rebels*, très usitée parmi les soldats.

reconnu la cause. C'était un monceau de jambes et de bras coupés, jetés dans un coin du corridor, en attendant qu'un nègre vînt les ramasser pour les enterrer dans le jardin où il creusait un trou à cet effet. Membres vigoureux ou frêles, tous fracassés au dessous de leur tronçon de chair sanguinolente. Je me rappelle que près du tas, gisait séparément une jambe blanche et mince, terminée par un pied presque d'enfant. Le genou était brisé par une balle.

— Vous voyez que nous avons eu de la besogne, me dit un chirurgien. Entrez donc, colonel.

Autour de la chambre où je pénétrai, les amputés étaient rangés sur le plancher, la tête du côté du mur. Tous ces corps mutilés tournèrent vers moi leurs yeux creusés par la souffrance, la plupart avec un regard inerte, quelques-uns d'un air assuré où se lisait encore une nuance de défi. Je cherchai d'abord à qui, parmi eux, avait dû appartenir la jambe au pied d'enfant. Je n'eus pas de peine à le reconnaître. C'était presque un enfant en effet, aux yeux bleus, aux longs cheveux blonds, au visage amaigri.

— Quel âge avez-vous? lui demandai-je.
— Dix-sept ans.
— Si jeune et déjà soldat?
— Je me suis engagé volontairement.
— Pourquoi faire?
— Pour défendre mon État contre ses ennemis.
— Dites pour rompre l'Union au profit de vos meneurs d'esclaves.
— Ce n'est pas mon opinion.
— Avez-vous une famille? un père, une mère?
— Oui, fit-il d'une voix évidemment émue.
— Que ne restiez-vous près d'elle? Vous voilà bien avancé maintenant.
— J'ai fait mon devoir. Cela suffit.
— Je passai dans la chambre voisine. Même spectacle.
— De l'eau! dirent plusieurs voix affaiblies.
— Attendez une minute, garçons, fit le docteur d'un ton

paterne. Que diable! Vous n'avez pas de patience. Sam est occupé pour le moment. Aussitôt libre, il vous en apportera.

Sam était le nègre chargé d'enterrer les membres amputés.

— Figurez-vous, colonel, reprit le docteur, que nous n'avons trouvé ici qu'un vieux noir pour nous aider à soigner ces pauvres diables. Un vieux rigolo (*Jolly old Fellow*) mais qui n'est pas plus alerte qu'il ne faut, et qui a grand'peine à suffire à tout...

Sur l'escalier, je rencontrai mon second chirurgien mangeant d'un bon appétit un morceau de biscuit et de fromage.

— Le chirurgien en chef m'a détaché ici, hier, — me dit-il, et je vous assure, colonel, que ce n'est pas une sinécure. Voilà le premier morceau que je trouve à me mettre sous la dent depuis que j'ai quitté l'hôpital de la brigade.

Et continuant son repas sous le pouce, il m'introduisit dans une pièce où une douzaine de patients *attendaient leur tour*. Un seul, amputé de la veille, avait été laissé là sur une paillasse, privilége que lui avait valu son grade de capitaine. C'était un Géorgien robuste, à la barbe et aux cheveux noirs, au teint basané, — un vrai *dur-à-cuire* dont la perte d'une jambe n'avait point affaibli le moral.

Nous entrâmes promptement en conversation, et ce qu'il me dit m'est resté gravé dans la mémoire. C'était une prédiction que les événements accomplis depuis ne m'ont pas laissé oublier.

« Ne vous pressez pas, me dit-il, de chanter victoire, et de regarder comme un succès ce qui n'est, en réalité, que l'exécution de nos propres plans. Ce que nous voulions, à Yorktown, c'était simplement retarder votre arrivée devant Richmond jusqu'aux chaleurs de l'été. Nous y avons réussi. Nous vous avons tenus là à remuer de la terre, à creuser des tranchées, à élever des batteries, pendant tout un mois, bien que nous fussions seulement un contre dix quand vous y êtes arrivés : Mac Clellan ayant élevé sa montagne pour écraser notre bicoque, nous avons filé (*we gave him the slip*), sans même qu'il s'en aperçût. Vous n'avez pas pris Yorktown ; nous vous en avons fait cadeau, quand il ne pouvait plus nous être bon à rien. — Vous nous avez rejoints ici, cela est vrai ; mais vous ne nous avez point battus, puisque votre perte est de beaucoup plus considérable que la nôtre, et vous savez vous-même où en était Hooker quand vos képis rouges sont arrivés en ligne. C'est un d'eux qui m'a mis dans l'état où vous me voyez, et je ne vous en remercie pas. Mais c'est la chance de la guerre. Tout ce que je regrette, c'est de n'être pas là pour voir fondre votre armée dans les marais du Chickahominy où Johnston et la fièvre vous attendent.

« Je puis vous le dire, maintenant. Si vous aviez pris Yorktown il y a un mois, Richmond serait peut-être à vous aujourd'hui. Désormais il est trop tard. Nous avons conduit la campagne où nous voulions. Allez maintenant assiéger Richmond. Vous y trouverez un nouvel adversaire qui pourra nous épargner la peine de vous combattre. La saison commence où les fièvres des marais feront plus pour démoraliser vos hommes et détruire votre armée, que tous les bataillons et toutes les redoutes que nous pourrions vous opposer. »

Ainsi parla le capitaine géorgien avec une animation quelque peu fébrile. Je considérai tout cela comme une exagération attribuable au ressentiment de la défaite et à l'irritation de la blessure. Je le quittai en l'assurant que, quoi qu'il pût arriver devant Richmond, la Confédération du Sud n'en était pas moins condamnée à périr.

— Adieu, lui dis-je. Un jour je vous reverrai encore citoyen des États-Unis.

— Jamais, répondit-il avec énergie. Je trouverai auparavant une jambe de bois pour m'aller faire tuer à la tête de ma compagnie.

Je me sentis impatienté de cette bravade.

— Prenez garde de culbuter en route, fis-je en haussant les épaules.

Et je passai dans la chambre voisine.

C'était la chambre aux opérations, — la boucherie. Partout du sang; sur le plancher, sur les murs, et dans des baquets.

Un bras désarticulé à l'épaule avait roulé à terre sous une table encore plus saturée de sang que tout le reste, la table de torture. Là était couché sans connaissance un jeune homme à qui l'on venait d'enlever le bras droit. Sous l'influence du chloroforme, il ne paraissait pas souffrir; mais il s'agitait doucement de temps à autre avec un triste sourire.

Je n'attendis pas son réveil. J'en avais assez. Le chirurgien m'avait appris qu'il était douteux que le patient survécût longtemps à l'opération. Il mourut la nuit suivante.

Quand je sortis de la maison, Sam y rentrait ayant achevé son travail de fossoyeur. Il me fit une série de profondes révérences.

— Sam, lui dis-je, si vous êtes un bon homme, allez tout de suite au puits, chercher de l'eau pour les blessés qui ont grand soif.

C'était tout ce que je pouvais faire pour eux.

CHAPITRE XI

JOURS DE MISÈRE

Marche en avant. — Engagement à West-Point. — Sujets de mécontentement. — Dîner au quartier général. — Combat d'un nouveau genre. — Le taureau et le terre-neuve. — La mort de Bianco. — Plantations virginiennes. — La fièvre de marais. — La maison Turner. — Délire. — La manne dans le désert. — Anxiétés. — La bataille de Fair-Oaks. — Premiers jours de convalescence. — Départ pour le Nord.

Le vendredi 9 mai, le 4ᵉ corps fut enfin mis en mouvement, suivi du 3ᵉ. Le 2ᵉ, resté à Yorktown, s'y embarqua pour Wespoint, à l'endroit où les deux rivières Pamunkey et Mattapony se réunissent pour former le York. On supposait généralement que les trois derniers jours avaient été employés activement à préparer quelque concentration avantageuse de l'armée, à réunir et compléter le matériel de transportation ; à assurer le service régulier des approvisionnements, — enfin à prendre toutes les mesures propres à réparer le temps perdu, par une avance rapide. Les jours étaient longs, le soleil était chaud ; les routes séchaient à vue d'œil : mais rien ne hâta la lenteur méthodique du général en chef, et nos étapes ne furent que des pas de tortue. Nous n'arrivâmes à New-Kent Court-House que le cinquième jour (mardi 13), pour n'en repartir que le 16—deux jours plus tard. La distance est de vingt-huit milles, deux étapes ordinaires.

L'ennemi n'était pour rien dans ces délais. Il ne songeait qu'à continuer sa retraite ; nous ne l'aperçûmes point, nous tenant à respectueuse distance de son arrière-garde. Seul, le général Franklin, étant arrivé le 7 à West-Point sur des transports, et menaçant ainsi avec sa division le flanc des confédérés qui défilaient à deux ou trois milles, eut avec eux un engagement dont la fantaisie du général Mac Clellan exagéra de beaucoup l'importance. Les régiments les plus avancés furent refoulés et maintenus près de la rivière, et Johnston continua sa marche, sans en être autrement troublé.

Quand on sut dans l'armée à quoi se bornait cette prétendue bataille de West-Point, on commença à comprendre à quelles partialités le général en chef était accessible pour ses amis personnels. Déjà il avait créé pour eux de nouveaux commandements en réduisant les corps d'armée à deux divisions. Il s'ensuivit de vifs mécontentements. Non que l'armée prît à cœur le transfert de telle ou telle division d'un commandement à un autre. C'était affaire entre généraux. Mais la division Hooker tout entière était profondément blessée du déni de justice dont elle était victime dans les bulletins télégraphiques sur le combat de Williamsburg. Le même sentiment régnait dans la division Kearny et dans la brigade Peck. Personnellement, Hooker était outré; Kearny protestait énergiquement; Peck réclamait avec insistance. Quant aux officiers subalternes et aux soldats, leur mécontentement s'exhalait en murmures et en épigrammes.

Un autre grief plus généralement ressenti, parce qu'il touchait directement le soldat, était le luxe de précautions et la sévérité des ordres pour préserver de toute atteinte jusqu'aux moindres objets appartenant aux rebelles. Pas une ferme, pas une maisonnette, pas une case à nègres où une garde ne fût fournie, à notre approche, par les troupes du général Andrew Porter, chargées spécialement, non pas de protéger les personnes et les mobiliers qui ne couraient aucun danger, mais de veiller sur les basses-cours, sur les écuries, sur les fourrages, sur les puits et jusque sur les *fences*.

J'ai vu nos hommes, couverts de poussière, accablés

par la chaleur, tenter en vain de s'approcher de puits abondants d'où les écartait une consigne inflexible, parce-qu'ils auraient diminué la provision d'eau d'une famille rebelle. Je les ai vus, de même, couverts de boue, frissonnant sous la pluie, et empêchés, par les ordres du général en chef, de se réchauffer avec les barres de bois secs qu'ils avaient sous la main, parce que le bétail d'un fermier rebelle aurait pu s'échapper pour venir brouter l'herbe de son champ, jusqu'à ce qu'il en eût relevé les barrières.

Dans le premier cas, le soldat devait aller au loin remplir son bidon à l'eau chaude et terreuse d'une mare ou d'un ruisseau. Dans le second, il lui fallait aller couper dans les bois des branches vertes difficiles à brûler, impropres à le sécher et suffisant à peine à faire bouillir son café.

Et que l'on ne s'imagine pas que les gens traités avec ces ménagements excessifs nous en sussent le moindre gré. Ils étaient animés contre nous d'une haine irréconciliable qu'ils ne se donnaient pas toujours la peine de dissimuler. Les femmes usaient même souvent de leur immunité pour en faire profession. C'était autant d'espions dont nous prenions soin. Tout ce qu'elles entendaient, tout ce qu'elles faisaient dire, était au plus vite rapporté à l'ennemi. Les chevaux, le bétail, les porcs, que nous étions astreints à respecter si scrupuleusement, tout cela allait, à la première occasion, aux confédérés, afin que les Yankees n'en pussent profiter.

Quand l'armée fut devant Richmond, on intercepta des lettres de ces ennemis que nous traitions en amis. Elles étaient pleines d'informations minutieuses sur la distribution de nos piquets et la disposition de nos forces. Elles désignaient aussi les fermes où, sous notre sauvegarde, des approvisionnements étaient réservés pour les confédérés aussitôt qu'ils pourraient venir en prendre possession. Il est vrai que les journaux de Richmond qui, chaque jour, se répandaient contre nous en invectives grossières, se montraient plus courtois pour notre général qu'ils appelaient volontiers « le seul *gentleman* de son armée. » On voit qu'ils avaient bien quelque raison pour cela.

Le soldat vivait donc pauvrement, n'ayant aucun moyen de suppléer à l'insuffisance des rations qui n'étaient distribuées qu'irrégulièrement. Deux fois même, le café vint à manquer, ce qui, de toutes les privations, est celle qui lui est le plus sensible. — Les moyens de transportation sont encore incomplets, disait-on. — Et les quartiers-maîtres incompétents, aurait-on pu ajouter sans injustice.

A l'état-major général on pouvait ignorer ces choses, car évidemment on n'en ressentait pas les effets. Près de New-Kent C.-H., mon bivouac se trouvant dans le voisinage du quartier général de l'armée, j'en profitai pour aller y visiter deux officiers de mes amis qui me retinrent à dîner. Un excellent dîner, en vérité — pour lequel les moyens de transportation n'avaient certainement pas fait défaut. La chère était des plus délicates, et nous avions à l'ordinaire certain mélange de bordeaux et de champagne à la glace dont j'ai gardé un souvenir reconnaissant.

Ma soirée s'acheva dans la tente des princes d'Orléans qui, sous l'influence du milieu où ils se trouvaient, me parurent voir les choses quelque peu différemment de ce qu'elles étaient en réalité. Au quartier général on ne sonnait qu'une cloche et par conséquent on n'entendait qu'un son — en l'honneur de Mac Clellan.

Ce fut aussi près de New-Kent C.-H. que la brigade eut à soutenir un combat d'un nouveau genre dont elle ne se tira pas sans désordre. Les gens d'une ferme voisine, qui avaient eu soin de rentrer leur bétail à notre approche, avaient cependant jugé à propos de laisser un taureau d'humeur irascible dans le champ où nous devions bivouaquer. L'animal sembla d'abord indifférent à nos mouvements; mais, lorsque les faisceaux formés, les hommes se répandirent de tous côtés pour aller à l'eau et au bois, ce remuement insolite commença à l'agacer. Il se mit à frapper du pied la terre et à pousser quelques beuglements où l'on sentait poindre la colère.

A cette provocation, les chiens du régiment dressèrent l'oreille et répondirent par des aboiements qui, dans leur langage, devaient avoir une signification explicite, car aussitôt chacun d'eux partit comme un trait dans la direction du taureau. Celui-ci les attendit d'abord de pied ferme et quand il en eut cinq ou six devant lui, il les chargea résolûment, irrité de plus en plus par une gamme ascendante d'aboiements et par son impuissance à atteindre ses adversaires.

Attirés par le tapage, les hommes accoururent à leur tour de tous côtés, pour jouir du spectacle. Aussitôt l'animal reconnaissant des ennemis plus dignes de ses coups, fond sur les plus avancés. Ceux-ci n'ayant d'autres armes qu'un bidon ou une coupe de fer blanc, tournent casaque au plus vite et détalent dans toutes les directions. Les autres comprennent que le jeu devient sérieux, gagnent les *fences* à grandes enjambées, au milieu des cris, des rires, des jurements dont la clameur se répand de proche en proche.

Aveuglé par la fureur, harcelé par les chiens, le taureau arrive en quelques bonds sur le front du régiment. Le lieutenant colonel s'y trouvait en ce moment, donnant quelques ordres, lorsque vingt voix à la fois lui crient de se garer. Il tourne la tête; la bête venait sur lui, l'écume à la bouche, le feu dans les yeux, les cornes basses. D'un bond, il s'élance de côté; son pied glisse, et il tombe dans un sillon. Heureusement pour lui, la brute avait un tel élan qu'elle ne put ni s'arrêter ni même se détourner avant d'avoir donné tête baissée dans nos faisceaux. Elle en culbute deux ou trois, se jette sur la ligne du 62e, renverse tout sur son passage et revient sur nous en bonds désordonnés, au milieu d'une déroute générale.

A notre droite se trouvait le 7e du Massachussetts appartenant à une autre brigade. Un de leurs wagons était arrêté près de la route, et à l'arrière de ce wagon était enchaîné un magnifique chien de Terre-Neuve, le favori du régiment. La courageuse bête faisait des efforts désespérés pour rompre sa chaîne, et demandait en hurlant à prendre prendre part au combat. D'un autre côté son maître ne semblait pas disposé à lui donner la liberté, craignant qu'elle ne se fît éventrer par le taureau. Cependant de tous côtés s'élevait le cri : » Lâchez le chien! Lâchez le chien! » — Le chien fût lâché. Il bondit à travers la route et s'élança vers l'ennemi qu'on ne savait comment combattre. Quelques hommes avaient bien saisi leurs fusils; mais il ne pouvaient en faire usage sans risquer de tuer ou blesser quelqu'un. Quant à jouer le rôle de *picador* avec la baïonnette, c'était une ressource si hasardeuse que personne ne s'y risquait. Quand le terre-neuve parut dans la lice, toute changea d'aspect.

Tels que deux héros d'Homère, se rencontrant dans la mêlée, s'arrêtent pour se mesurer de l'œil et se défier en combat singulier ; — autour d'eux les armes s'abaissent, et le commun des combattants suspendent leurs coups pour assister du parterre au spectacle que les dieux eux-mêmes contemplent des premières loges ; — ainsi le terre-neuve et le taureau s'arrêtèrent un moment en face l'un de l'autre, tandis qu'un large cercle de guerriers fédéraux se formait autour d'eux. Les quadrupèdes subalternes eux-mêmes cessèrent leurs aboiements.

La tactique de notre champion était évidemment de prendre position sur l'un ou l'autre flanc de l'ennemi ; mais celui-ci opérait des changements de front rapides correspondant aux bonds de son adversaire. La manœuvre durait depuis quelques instants, lorsque le chien fit une feinte, tourna brusquement sur lui-même, et s'élançant à la tête du taureau, resta suspendu à son oreille. Notez qu'il ne s'agit point ici d'un boule-dogue de peu de poids, mais d'un terre-neuve qui ne pouvait peser moins de soixante à quatre-vingt livres.

Le taureau ayant en vain tenté de s'en débarrasser en le balançant en l'air, chercha alors à l'écraser sous ses pieds de devant. Riposte dangereuse, mais dont le terreneuve se garait avec une adresse remarquable, en se servant seulement de ses jambes de derrière. Alors fou de douleur et de rage, le taureau se mit à marcher au hasard en poussant des beuglements lamentables, emportant le molosse comme vissé à son oreille.

En ce moment survint le sergent-commissaire du régiment qui était boucher de profession. Il s'arma d'une hache et d'un coup vigoureusement asséné sur l'échine du taureau, mit fin au combat. Le vainqueur lâcha prise alors, pour recevoir avec une dignité intelligente les caresses et les félicitations qui lui revenaient, tandis que le vaincu, promptement dépecé, fournit à l'ordinaire un supplément dont il ne fut pas demandé compte.

C'est ainsi que, dans ce pays inhospitalier, il n'était pas jusqu'aux animaux qui ne prissent part aux hostilités entre nous.

J'avais amené de Washington un boule-dogue à qui ses premiers maîtres avaient rogné les crocs pour en faire une bête d'habitudes plus pacifiques que ne sont généralement ses pareils. Bianco, — c'était son nom, — vivait en bonne intelligence avec tout le monde, bêtes et gens, dans les États loyaux. Mais à partir du moment où il eut débarqué dans la péninsule, ce ne fut plus qu'une série de rencontres engagées avec les chiens confédérés. Un fort griffon, chassé de la ferme de Harwood par l'incendie, avait consenti à suivre le régiment. Il se recommandait par une grande habileté à arrêter les cochons en état de vagabondage dans les bois. Entre le boule-dogue et lui, c'était une haine de Guelphe à Gibelin. Un jour, profitant d'un moment où le régiment en marche ne pouvait s'entremettre, ils allèrent vider leur différend en dehors de la route. Le griffon y resta. Bianco eut encore assez de force pour me rejoindre sur la plantation de l'ex-président Tyler où nous allions bivouaquer. Sa victoire dûment constatée, il se coucha dans un fossé pour y mourir sur ses lauriers. Les soldats qu'il avait accompagnés au feu à Williamsburg, déclarèrent qu'il était mort en brave, et mon groom jura sur ses restes, une guerre d'extermination à tous les chiens de la Confédération.

L'habitation de M. Tyler ressemblait à quantité d'autres en Virginie dont on peut dire comme des bâtons flottants de la fable :

De loin c'est quelque chose, et de près ce n'est rien.

Ces habitations sont généralement bâties dans un site agréable, au milieu de riches cultures. Ombragées de grands arbres, environnées de bâtiments d'exploitation et de cases à nègres, elles ont, à distance, un air d'importance qui attire. Voyez-les de près et dans l'ensemble, la maison perd de ses proportions. Pénétrez à l'intérieur, et vous êtes surpris de n'y trouver rien qui révèle des habitudes de confort élégant. Les murs seront blanchis à la chaux ; les planchers, couverts de nattes communes et souvent usées ; vous y trouverez des rideaux d'indienne, des lits et des armoires de bois blanc mal peint en acajou ; des siéges en paille ou en jonc tressé. Une carte de géographie jaunie par les ans pendra au mur du vestibule, quelques enluminures de femme, la bouche en cœur et la rose à la main, passeront pour un ornement dans le salon où deux perroquets de plâtre et une pendule yankee du prix d'un dollar, composeront probablement la garniture de cheminée.

Vous croyez être chez quelque pauvre diable de fermier vivant à la sueur de son front. Pas du tout. Comptez les chevaux dans les écuries, les esclaves dans les cases, les bestiaux dans les champs. Vous êtes chez un grand propriétaire, un éleveur de nègres, un homme politique influent qui, hors de chez lui, répandra l'argent à pleines mains dans les hôtels de Washington ou de New-York, ou aux bains de mer du Nord où il passe peut-être tous ses étés. Là son ostentation ne compte pas la dépense. Mais chez lui, où il ne vit qu'en famille, l'économie règle ses habitudes. Ce sont deux existences toutes différentes. Dans l'une, le superflu est considéré comme nécessaire; dans l'autre, le nécessaire devient presque du superflu.

Ce fut sur les terres de M. Tyler que je ressentis les premières atteintes d'un mal dont la gravité ne se révéla que quelques jours plus tard. Le régiment passa la nuit sur la lisière d'un taillis où croupissait par places une eau saumâtre. J'y dormis assez mal près d'un des feux de ma première compagnie, sur des barres de bois destinées à me préserver de l'humidité du sol. Le lendemain, je me réveillai la tête lourde et le corps agité de quelques frissons qui ne me laissèrent pas sans malaise durant la marche de la journée. Le surlendemain, 18 mai, fut un jour de halte. J'en profitai pour me mettre entre les mains du chirurgien. Les remèdes n'arrêtèrent point le mal qui continua à empirer.

Le 20, la division arriva à un bâtiment en briques portant le nom d'église de la Providence, non loin des marais parmi lesquels coule le Chickahominy. Le temps était pluvieux, le terrain détrempé. Depuis trois jours j'avais à peine pris quelque nourriture. En descendant de cheval, je sentis que mes forces faiblissaient, et que si je passais la nuit dans cette boue, je serais hors d'état de me relever le lendemain.

Il y avait près de là, une grange délabrée où quelques hommes affaiblis par la fièvre ou par la fatigue avaient obtenu un abri. Je m'estimai heureux de pouvoir m'y étendre sur un tas de paille de maïs, tantôt frissonnant, tantôt étouffant sous mes couvertures, et songeant aux prédictions sinistres du capitaine géorgien.

J'avais laissé pour la nuit le commandement du régiment au lieutenant-colonel. Lorsqu'au matin, j'appris que la brigade était envoyée en reconnaissance vers Bottombridge, dans la direction de Richmond, je fis un dernier effort et partis à cheval à la tête de mon régiment. Quelques heures plus tard, je revins seul sous la conduite du chirurgien-major, terrassé l'un des premiers, par l'implacable maladie qui allait bientôt faire tant de ravages dans nos rangs.

On parlait beaucoup à cette époque de la « belle organisation » de l'armée du Potomac. Il faut voir les choses de près. Nous savions déjà à quoi nous en tenir sur le service des vivres et des transports. Il me restait à éprouver par moi-même où en était le service des ambulances. Dans toute la division, on n'en put trouver une disponible pour transporter un colonel à quelque hôpital.

Je n'avais plus la force de me tenir en selle. Il fallut chercher quelque part un abri où me laisser. Cet abri fut une chétive maisonnette habitée par de pauvres gens du nom de Turner. Le mari et la femme composaient toute la famille. Le rez-de-chaussée était partagé en deux petites pièces : une cuisine dans laquelle ils couchaient, et un vestibule auquel un vieux sofa de cuir donnait la prétention d'un parloir. Du vestibule, un escalier en échelle montait directement à un grenier mansardé où se trouvait un lit. — Je devrais dire un grabat. Mais dans la circonstance, il me parut un don du ciel. Il y avait des draps !

Mon planton d'ordonnance me fut laissé comme garde malade. C'était un zouave nommé Shedel, — garçon soigneux, rangé et qui me fut d'un grand service. Il trouva dans ce réduit assez de place pour étendre ses couvertures près de mon lit. Mes deux domestiques plantèrent leur tente-abri près de la porte d'entrée ; mes chevaux furent attachés à une barrière, et mon installation se trouva complétée. — Triste installation. J'étais abandonné là comme une épave de ce vaste courant d'hommes avançant vers Richmond.

Ma première nuit fut sans repos. Une fièvre intense me consumait, et des douleurs de tête absolument intolérables me privaient de tout sommeil. Ces douleurs sans trêve me rendaient comme fou. J'avais une peine extrême à me défendre contre le délire. Ce n'était que par un effort constant de volonté, et en tenant mes yeux obstinément ouverts que je pouvais lutter contre les hallucinations de la fièvre. Du moment qu'ils se fermaient sous la main de plomb de la fatigue, les fantômes s'emparaient de mon cerveau et ajoutaient des tortures imaginaires à mes douleurs réelles. Ma tête enlevée comme par un boulet de canon, roulait devant moi. Je courais après pour la ramasser, et je traînais à ma suite mes entrailles déroulées sur le sol. Cette sensation de supplicié se renouvela obstinément, remplissant d'angoisses les longues heures de la nuit.

Dans la journée du lendemain, mon chirurgien-major réussit à me venir visiter une fois encore. Prévoyant que ce serait la dernière, il fit avec soin ses prescriptions, remit à Shedel quelques médicaments préparés d'avance, accompagnés d'instructions détaillées, et remontant à cheval, il me laissa à la garde de Dieu.

Les jours suivants n'ont laissé qu'une trace confuse dans ma mémoire. Je me souviens vaguement d'allées et venues dans la maison, d'officiers parlant à voix basse près de mon lit, et de lueurs rouges illuminant la fenêtre, au milieu d'un grand murmure remplissant l'air au dehors. Je sus depuis qu'une des dernières divisions de l'armée avait bivouaqué une nuit autour de la maison, et était repartie au point du jour.

La crise dura trois jours. Le quatrième, le mal commença à lâcher prise, et le cinquième, la fièvre me laissa dans un état de prostration dont il est difficile de se faire une idée. La vie se résumait en moi dans l'absence de souffrance. Hors de là, ni pouvoir, ni vouloir. Le ressort moral semblait brisé aussi bien que la vigueur physique. Si j'avais su que des guerillas venaient pour me couper le cou et que pour leur échapper il ne fallait que sortir de mon lit, j'aurais dit : Laissez-les venir. Et je n'aurais pas bougé. Dans cet épuisement de la nature, tout m'était devenu indifférent. La vie et la mort s'équilibraient dans la balance, et je n'aurais pas mis un grain de sable dans l'un ou l'autre plateau.

Le premier incident qui vint quelque peu secouer ma torpeur, fut la visite de deux chirurgiens qui, passant près de là, et entendant parler d'un colonel dangereusement malade chez les Turner, se firent indiquer la maison et s'y rendirent dans l'espoir de m'être utiles. Ils me déclarèrent l'un et l'autre hors de danger immédiat, m'expliquèrent que je l'avais échappé belle, ce dont je n'avais pas le moindre doute, me recommandèrent beaucoup de tranquillité et de patience, ce qui ne m'était pas difficile, et me mirent surtout en garde contre la moindre imprudence qui pût amener une rechute, — car, me dit l'un d'eux avec une précision concluante, une rechute dans l'état où vous êtes, c'est *la mort en huit heures*. Je trouvai mauvais d'être condamné à mort à si bref délai, même conditionnellement, et je décidai à part moi que je vivrais. Tel fut le point de départ de ma convalescence.

A son tour, mon second chirurgien ayant été détaché à un hôpital établi à quelques milles, put s'échapper et me venir voir. Il m'apporta quelques médicaments; mais sa prescription fut en somme la même que celle des autres docteurs : du repos, du calme, de la patience. Ce qui m'impatienta un peu. C'était d'un bon augure. Je commençai à me sentir revivre, par une vague disposition à me mettre en colère, si j'en avais eu la force. Mais comment la force pouvait-elle revenir? Je n'avais rien à manger. Et où trouver de quoi venir en aide à la nature?

Mes domestiques montèrent à cheval et se mirent en campagne. Ils battirent tous les environs, allant de ferme en ferme — elles étaient pauvres et clairsemées, — et demandant, l'argent d'une main, le revolver de l'autre, à acheter quelques vivres pour leur colonel malade. Le résultat de ces expéditions fut, en deux semaines : deux poulets étiques et une friture de menus poissons. En passant par là, les confédérés n'avaient rien laissé au général Porter à protéger.

Mes fourrageurs eux-mêmes n'échappaient à la famine que grâce à une provision de biscuits durs, ramassés dans les bivouacs abandonnés où l'on avait distribué les rations, et à quelques salaisons obtenues à grand'peine du sergent-commissaire. Quant à mes hôtes, — un quartier de lard, une sacoche de farine de maïs, c'était tout ce qu'il leur restait pour ne pas mourir de faim. Ils avaient eu une vache dont la carcasse pourrissait au fond du jardin ; une douzaine de moutons qu'ils espéraient toujours voir revenir des bois où ils s'étaient enfuis, mais d'où ils ne revinrent jamais ; de la volaille que les confédérés n'avaient pas voulu laisser aux Yankees. Il leur restait un petit négrillon à moitié nu qui ne songeait qu'à s'enfuir et que madame Turner n'encourageait pas à rester en le giflant à tout propos, — sans doute comme dérivatif à ses chagrins.

Un jour, mon groom qui était parti de grand matin en quête de provisions, ne reparut pas à l'heure habituelle. C'était un ancien soldat de cavalerie, trompette dans la milice de New-York dont il avait gardé l'uniforme, et particulièrement enclin à montrer son habileté dans le maniement du sabre. Avec cela, d'humeur batailleuse, et d'allures méprisantes à l'endroit du paysan. Son absence ne fut pas sans m'inspirer quelque inquiétude pour lui, et pour le cheval qu'il avait emmené. Dans les fermes isolées où il avait dû se rendre, et dans les bois déserts qu'il avait dû traverser, il ne manquait pas de gens pour qui c'était acte méritoire que d'assommer un Yankee, si l'occasion se présentait avec chance probable d'impunité.

L'après-midi s'écoula sans nouvelles et sans provisions. Mais la nuit venue, Shedel posté près de la fenêtre dit :

— Voilà Schmidt qui revient.

Et il descendit rapidement l'escalier.

Au bout de quelques minutes, tous deux firent une entrée triomphante dans mon réduit, — Shedel les mains pleines d'oranges et de citrons ; Schmidt tenant une bouteille de chaque main.

— Mon colonel, dit Schmidt en saluant militairement sans lâcher la bouteille, madame G. vous envoie ses compliments. Elle est bien fâchée d'apprendre que vous soyez malade, mais elle espère que vous serez bientôt rétabli, et en attendant (déposant les objets sur une chaise servant de table), voilà une bouteille de bon bouillon, et une bouteille de vieux vin de Sherry, sans compter les oranges et les citrons, qu'elle m'a chargé de vous rapporter.

Je me dressai sur mon séant pour m'assurer que le trompette n'avait pas trouvé tout cela au fond d'un flacon de whiskey. Mais non; Schmidt se tenait droit comme un I, et les objets mentionnés étaient bien sous mes yeux.

— Ah? ça, lui dis-je, je vois bien les bouteilles et les oranges; mais qu'est-ce que madame G. a à faire avec tout cela?

— Mais, mon colonel, puisque c'est elle-même qui me les a données pour vous. Une dame bien aimable, ma foi, blonde, avec des yeux bleus et une robe noire, comme dirait une belle veuve. Et qui m'a fait donner à manger avec un verre de fameux vin. Elle disait comme ça : « Ce pauvre colonel! Comme je suis donc fâchée! » Même il y avait là d'autres dames de New-York...

— Là — où? Interrompis-je, ne comprenant rien encore à cet étrange récit.

— Où? mais au débarcadère de White-House.

— Comment, vous êtes allé à White-House?

— Ma foi, oui. Voyant que je ne trouvais rien chez ces gredins de paysans, je me suis dit : — Schmidt, si tu allais à White-House? C'est là qu'est établi le nouveau dépôt de l'armée. Tu serais sûr d'en rapporter quelque chose. Alors, je me suis fait indiquer le chemin, et comme *Turco* est vigoureux, j'ai pu aller et revenir, comme vous voyez, sans le surmener.

— Et vous avez trouvé là madame G.?

— Oui, mon colonel. J'ai rencontré un pays (un Alsacien, bien entendu) qui est détaché aux subsistances. Il m'a dit comme ça : Tu vois bien ce grand steamer. C'est celui de la commission sanitaire. Vas-y pendant que je tiendrai ton cheval. Tu y trouveras des dames qui te donneront tout ce que tu voudras pour ton colonel. — Et ma foi, c'était vrai tout de même...

Voilà comment Schmidt, après une journée d'absence, était revenu les sacoches pleines.

Ces provisions délicates furent la manne dans le désert. Le sherry surtout qui provenait d'un *stock* renommé, le *Old Harmony*, me sembla plus que du vin. C'était la vie potable que m'avait envoyée madame G., — *consolatrix afflictorum*.

Le quartier-maître vint, le lendemain, me donner des nouvelles du régiment et m'apporter quelques lettres venues à mon adresse. Comme, en les écrivant, on était loin de prévoir où je les recevrais, et dans quelles conditions je les lirais ! on était gai à New-York. La guerre n'y avait point interrompu les plaisirs. On me félicitait sur notre marche en avant. On ignorait encore que la brigade Peck eût donné à Williamsburg, mais on se réjouissait de ma *bonne santé*. La vie est pleine de ces dérisions.

Bien que depuis plus d'une semaine, j'eusse bu largement à la coupe amère, — elle n'était pas encore épuisée. Le 30, un orage furieux secoua, pendant la nuit, la barraque des Turner et ne me laissa guère de repos dans mon galetas mal préservé de la pluie. Dans la journée du 31, ce fut bien pis. Le canon remplaça le tonnerre, et ne me permit pas de douter qu'une bataille sanglante ne se livrât devant Richmond. La maladie avait, sans doute, développé en moi une acuité de sens insolite ; car, de mon lit, et par ma fenêtre ouverte, je pouvais non seulement entendre les détonations incessantes de l'artillerie, mais encore distinguer les feux de mousqueterie, bien que je fusse à six milles en ligne droite du champ de bataille. Ce n'est pas tout. La direction des sons me révéla clairement que l'ennemi gagnait du terrain, et ramenait nos troupes en arrière.

Dans l'après-midi, Schmidt, qui était allé à la découverte, rencontra un wagonnier qui lui apprit qu'au moment où il avait quitté la brigade, le 55e se portait en avant sans sacs et au pas gymnastique pour charger l'ennemi. On devine quelle terrible journée je passai. Ma tête commença à travailler. Je ne pouvais me tenir en repos. Je me figurais la gauche en déroute, la droite taillée en pièces, le drapeau pris peut-être. Je voulais me lever, et je retombais sur mon oreiller accablé par le sentiment de mon impuissance et par les premiers symptômes de la fièvre qui commençait à me reprendre. Shedel s'efforçait de me calmer. — Soyez sans inquiétude, me disait-il, tout ira bien. — Et il me racontait ce qui lui venait à la mémoire ou à l'imagination, pour me démontrer que le régiment ne comptait que des héros, et que ceux qui avaient lâché pied à Williamsburg étaient plus résolus encore que les autres à réparer une heure de faiblesse par des exploits sans nombre.

— Attendez seulement jusqu'à demain, colonel, et vous verrez!

L'attente fut longue, — terriblement longue pendant cette nuit de fièvre et d'anxiété dont j'aurais pu entendre sonner toutes les heures, si dans cette solitude, les heures avaient eu une voix pour mesurer le silence.

Enfin les nouvelles arrivèrent d'abord hachées, incomplètes, à peine intelligibles excepté en un point sur lequel elles concordaient toutes : *Le régiment s'était conduit glorieusement*. Bientôt le lieutenant colonel, devinant à quelles incertitudes je devais être en proie, m'envoya, par un messager, une note au crayon qui dissipa toutes mes craintes, — et la fièvre avec elles.

Tout le monde sait aujourd'hui l'histoire de la bataille de Fair-Oaks, qui fut livrée moins à Fair-Oaks, qu'aux Sept-Pins (Seven Pines) où le 4e corps était campé. Notre armée était malheureusement établie à cheval sur le Chickahominy, les trois corps de Sumner, Fitz, John Porter et Franklin sur la rive gauche, formant ensemble un effectif de 60,000 hommes. Sur la rive droite, les deux corps de Heintzelman et de Keyes, réduits à quatre divisions, comptaient à peine 30,000 hommes imprudemment espacés.

La division Casey avait été jetée en avant, à trois quarts de mille des Sept-Pins où la division Couch était établie. Le 3ᵉ corps était de beaucoup en arrière sur la route de Williamsburg. Enfin cette aile gauche de l'armée était presque sans communications avec le centre et l'aile droite. Le pont désigné sous le nom de Bottom-Bridge et celui du chemin de fer étaient situés de façon à rendre tout renfort illusoire de ce côté, et des deux ponts volants jetés sur le Chickahominy par Sumner, l'un venait d'être emporté par la crue des eaux, et l'autre menaçait de se rompre, lorsque les confédérés commencèrent leur attaque.

Le général Keyes avait signalé à plusieurs reprises les dangers de sa position, mais sans succès. Le général Heintzelman, qui avait le commandement de la gauche, n'avait fait qu'obéir aux prescriptions du général en chef. Aux objections réitérées du général Keyes, il répondit, le 29 mai, — avant-veille de la bataille : —« La position de notre corps a été choisie par le général Barnard et le lieutenant Comstock du génie, et les instructions pour l'occuper sont venues du major général Mac Clellan. Le commandant en chef a aussi ordonné que le 3ᵉ corps ne soit pas porté en avant, sinon pour empêcher le vôtre d'être rejeté en arrière par l'ennemi. » Si le général Mac Clellan avait voulu livrer sa gauche à l'ennemi, en vérité, il n'eût pu mieux prendre ses mesures.

Invité ainsi à détruire le 4ᵉ corps, le général Johnston ne se fit pas prier. Le 31 mai, vers onze heures du matin, il tomba comme une avalanche sur la division Casey qui se défendit de son mieux, mais fut promptement culbutée. Huit de ses canons allaient être pris, lorsque le général Keyes accourut lui-même chercher le 55ᵉ pour les sauver. Le régiment partit en courant, conduit par le général Nagler qui le mit en position. Déployé rapidement entre l'ennemi et les pièces menacées, il soutint sans fléchir le choc d'une brigade qui fut contrainte de s'arrêter devant sa résistance opiniâtre. Pendant plus d'une heure, il resta là inébranlable à toutes les attaques, et ne se replia que, sa mission achevée, pour aller renouveler ses munitions épuisées et rendre encore de nouveaux services. Dans cette journée, il sauva les canons, mais il perdit plus du quart de son effectif, parmi lesquels un certain nombre d'officiers blessés.

La division Couch se battit avec une ténacité attestée par le chiffre de ses pertes, et surtout par celles de l'ennemi qui, bien qu'en forces écrasantes, n'en put venir à bout, avant que deux brigades de la division Kearny fussent arrivées pour la soutenir. Néanmoins, malgré ce renfort, après avoir reformé trois fois ses lignes rompues, il est probable qu'elle eût fini par être anéantie, si vers la fin du jour, l'apparition de Sumner sur sa droite n'était venu changer la face des choses. Profitant du seul pont qui lui restât pour traverser la rivière, il accourait au son du canon. La promptitude et la vigueur avec lesquelles il entra en ligne, à Fair-Oaks, décidèrent le sort de la journée. Les avantages de l'ennemi déjà chèrement achetés s'arrêtèrent là, et, le lendemain, se changèrent en défaite, lorsqu'il fut aisément rejeté dans ses lignes, hors du terrain qu'il avait d'abord gagné au prix d'une perte de 7,000 hommes.

La nôtre ne dépassa pas 5,000. Mais le 4ᵉ corps eut à en supporter seul les deux cinquièmes. De ses neuf généraux, huit furent blessés ou eurent leurs chevaux tués ; le général Peek fut de ces derniers.

Dans la brigade, quatre régiments furent engagés (le 98ᵉ de Pennsylvanie se trouvant en service détaché). Des quatre commandants, un fut tué, le colonel Riker du 62ᵉ de New-York, deux furent blessés, Mac Carter et Rawley du 93ᵉ et du 102ᵉ de Pennsylvanie. Le quatrième qui était mon lieutenant-colonel eut son cheval tué sous lui. Le reste à l'avenant. Ces chiffres ont une éloquence significative.

Le général Mac Clellan resta aussi inactif à la bataille de Fair-Oaks qu'il l'avait été à celle de Williamsburg. Au bruit de la mousqueterie, il se contenta d'envoyer au général Sumner un ordre que celui-ci avait déjà prévenu en mettant ses deux divisions en mouvement, et il resta sous sa tente, ne se sentant pas bien portant, — ainsi qu'il l'expliqua plus tard devant le comité du Congrès. Le lendemain, il se décida enfin à monter à cheval, et à traverser le Chickahominy, — quand tout était fini, — pour faire rentrer Hooker qui, avec sa division, s'était avancé sans obstacles jusqu'à quatre milles de Richmond. La plupart de nos généraux, Heintzelman, Keyes, Casey, Hooker et beaucoup d'autres avec eux ont pensé et pensent encore qu'après la bataille de Fair-Oaks, la capitale confédérée était à notre merci, si l'armée eût marché sur les talons de l'ennemi en retraite. Mais l'armée ne bougea pas.

Il va sans dire que j'ignorais alors tous ces détails, et que, de la bataille, je ne connaissais qu'une chose, — la belle conduite du régiment. Les journaux n'arrivaient point jusqu'à mon réduit ; — tout le bruit, tout le mouvement entre l'armée et sa base d'approvisionnements à White-House, étaient pour moi comme s'ils n'étaient pas.

Autour de la maison, s'étendait une large clairière de champs à l'abandon, bordés de grands bois. De tous côtés, le terrain était couvert de ces mille débris que les troupes laissent après elles dans les bivouacs abandonnés : bâtons fichés en terre, feuillages flétris, boîtes à biscuit brisées, barils à salaisons éventrés, feux éteints, cendres délayées par la pluie, lambeaux d'uniformes, chaussures effondrées, carnages sanglants des bœufs abattus, têtes à cornes coupées, peaux raidies, entrailles infectes... Quelle récréation pour les yeux d'un convalescent ! — Et c'était là le seul spectacle que j'eusse de ma fenêtre ; et c'était à travers ce dédale écœurant qu'il me fallait essayer peu à peu mes forces renaissantes.

Ces jours furent tristes et amers. Mes hôtes étaient d'une ignorance vierge. Ils ne savaient rien de rien. Leur existence était une végétation à deux pieds. Il n'y avait pas à en tirer l'ombre d'une conversation. La femme passait sa vie à habiller son homme dont elle cardait, filait, tissait, coupait et cousait les vêtements. Le vieux Turner, n'ayant plus à bêcher la terre, ne savait que faire de son grand corps. Il sortait, rentrait, s'étendait sur une chaise ou s'asseyait sur le seuil de sa porte, se demandant pourquoi ses moutons n'étaient pas encore revenus. Fidèle échantillon de cette classe intermédiaire entre le planteur et l'esclave que l'oligarchie du Sud maintenait dans la sujétion par l'ignorance et la pauvreté, et de laquelle elle tirait alors ses grandes provisions de chair à canon.

Turner n'était cependant pas sans quelque teinture d'histoire. Il avait entendu dire aux anciens, — comme il m'en fit part, — que l'Amérique avait été découverte par un grand homme, nommé Washington, qui en avait chassé les *Britishers* avec l'aide d'un fameux général français nommé Bonaparte. Quant à un empereur du nom de Napoléon, il n'en avait jamais entendu parler.

Cependant le quartier-maître et le second chirurgien du régiment étaient revenus me visiter, et trouvaient que, faute d'aliments convenables, mes forces ne revenaient point. Ils me pressèrent de demander un congé de deux ou trois semaines, ce à quoi je me refusai décidément, mon régiment étant toujours devant l'ennemi. Ils se consultèrent alors entre eux pour faire connaître ma condition au général Keyes qui s'en était informé à plusieurs reprises. Le docteur rédigea un certificat détaillant les motifs qui rendaient un congé absolument nécessaire à mon rétablissement. Le quartier-maître le porta lui-même au général en y ajoutant ses explications personnelles, et à quelques jours de là, il revint me remettre l'ordre spécial n° 64 du quartier général du 4ᵉ corps, qui m'accordait quinze jours de congé pour aller rétablir au nord ma santé délabrée.

Le 9 juin, je dis adieu aux Turner qui, bien que rebelles, n'hésitèrent pas à accepter en *greenbacks* le prix de leur hospitalité. Je grimpai non sans effort sur mon cheval, et, la tête un peu vide, le cœur un peu défaillant, je m'éloignai suivi de ma petite caravane.

CHAPITRE XII

LA COMMISSION SANITAIRE

Les victimes du Chickahominy. — Le chemin de fer à l'armée. — Le *Wilson Small*. — Pérégrination d'un ami à ma recherche. — Les tentes d'hôpital. — Surprise agréable. — Origine de la commission sanitaire. — Bâtons dans les roues. — Services rendus. — Les transports de la commission. — Labeurs herculéens. — Conflits. — Les cargaisons de misères humaines. — Horribles réalités. — Les miracles de la charité.

Le point le plus rapproché où je pusse prendre le chemin de fer était *Dispatch-Station*. Pour y arriver, la route n'était qu'une longue série de fondrières que nous évitions en suivant des sentiers à peine frayés. Nous avancions lentement; mais l'air était doux et l'heure ne nous pressait pas, de sorte qu'avant le passage du train, j'eus encore le temps de visiter la maison où le docteur Arthand soignait ses patients, — tous malades, les blessés ayant été expédiés directement à White-House.

En descendant de cheval, la première personne que je rencontrai fut le général Nagler qui, aux Sept-Pins, avait conduit lui-même le 55e au feu, par ordre du général Keyes. Il me félicita sur la conduite de mes hommes, ajoutant qu'ils avaient fait plus encore qu'on ne leur avait demandé, — car, me dit-il, une heure après les avoir quittés, quand les canons étaient depuis longtemps en sûreté, je les retrouvai à la même place, maintenant obstinément leur position d'où ils ne se replièrent qu'après en avoir reçu l'ordre.

Le chirurgien me conduisit à une chambre du rez-de-chaussée où il avait rassemblé ceux de ses malades qui appartenaient à mon commandement. C'était un triste spectacle. Ces hommes que j'avais quittés vingt jours auparavant pleins de force et de santé, gisaient là, hâves, émaciés, sur une poignée de paille où les clouait la maladie. Les uns atteints par la terrible fièvre des marais, les autres tordus par des rhumatismes articulaires, un certain nombre épuisés par la dyssenterie.

Lorsque je m'avançai dans la salle, ces braves gens, oubliant leurs propres souffrances, ne semblèrent songer qu'à celles dont je portais moi-même les traces évidentes. Et cependant, que n'avaient-ils pas eu à endurer! Le 31 mai, pendant qu'ils se battaient au poste qui leur avait été assigné, leur camp était tombé entre les mains de l'ennemi. Ils y avaient tout perdu : tentes, sacs, provisions, couvertures. Et depuis lors, sans abri contre les ardeurs brûlantes du jour, sans protection contre les fraîcheurs humides de la nuit, — respirant un air empesté par des exhalaisons fétides, buvant l'eau saumâtre des marécages empoisonnés de charognes, ils voyaient chaque jour leurs rangs éclaircis d'un nouveau contingent à l'encombrement des hôpitaux.

Voilà où le général Mac-Clellan avait conduit son armée. Non pas à Richmond où elle aurait pu et dû être à cette heure; mais dans les marais du Chickahominy où les coups de l'ennemi étaient encore moins à craindre que les ravages d'un climat destructeur.

Mon quartier-maître avait son installation près de *Dispatch-Station*. Je laissai mes gens et mes chevaux à ses soins, et me casai dans le convoi qui devait me transporter à White-House.

Le convoi se composait de wagons à marchandises. Il n'en existait pas d'autres sur la ligne desservie avant tout pour approvisionner l'armée. Au besoin, on pouvait s'en servir pour le transport des troupes, des blessés et des malades. Ceux qui en usaient isolément, officiers et soldats, se casaient comme ils pouvaient, sans distinction ni privilége, parmi les caisses et les barils, les sacs d'avoine et les buttes de fourrage. Comme de l'armée au dépôt, le train revenait à vide de provisions, nous étions plus favorisés sous le rapport de la place que sous celui de la propreté. Mais parmi nous, — tous blessés ou malades, — personne ne se troubla pour si peu. C'était déjà beaucoup que de pouvoir s'étendre sur un plancher poudreux ou s'asseoir sur une étroite valise.

La locomotive avançait avec une lenteur désespérante. Le train s'arrêtait à chaque instant, pour une cause ou pour une autre, là ou étaient portés les détachements qui gardaient la route. Vers midi, la machine laissa les wagons sur un rail d'évitement. Nous étions arrivés. Arrivés où? — Au bord d'une plaine fangeuse qui s'étendait au loin et à l'extrémité de laquelle on apercevait dans la distance, un amas de tentes entremêlées d'arbres et de mâts de navire. Là était le débarcadère de White-House. Le difficile était d'y arriver. Pas un véhicule n'était en vue; pas un n'était attendu. Chacun s'en alla donc comme il put, du côté de la rivière.

J'aurais fait comme les autres; mes jambes auraient pu me porter jusque-là. Mais que faire de ma valise? Toute légère qu'elle fût, elle était encore d'un poids trop lourd pour mes membres amaigris, sur lesquels mon uniforme flottait comme une souquenille sur les échalas d'un épouvantail à corbeaux. Survint un sergent, le bras en écharpe. Il cherchait son capitaine blessé que le train aurait dû amener, mais qui n'était pas parmi les passagers. Je lui demandai quand partait le vapeur pour la forteresse Monroë?—Le lendemain, à huit heures du matin.— S'il y avait quelque endroit public où, d'ici là, on pût manger et dormir?—Aucun à sa connaissance.—Si le bateau qui devait partir le lendemain était au débarcadère? — Il n'y arriverait qu'entre huit et dix heures du soir. — Si l'on pourrait coucher à bord?—Non, à moins que ce ne fût par faveur spéciale. — Enfin où je trouverais le vapeur de la commission sanitaire? — Il en était venu plusieurs ; mais ils étaient tous repartis pour le Nord chargés de blessés, après la bataille de Fair-Oaks.

Pendant ce colloque peu encourageant, un négrillon s'était montré en quête de quelque légère aubaine. Il se chargea de ma valise et me suivit vers la rivière. C'était tout ce que je savais pour le moment du but de ma course. Après m'être arrêté à deux ou trois reprises pour reprendre haleine, je finis par y arriver, traînant péniblement mes bottes alourdies par la boue.

Là se trouvait une flottille de transports de toute grandeur et de tout genre, bâtiments à vapeur, bâtiments à voiles, chalands sans voile ni vapeur; et sur la rive ombragée de grands arbres, un long village de tentes de toute dimension, peuplé de quartiers-maîtres, de commissaires, de cantiniers, de soldats et d'ouvriers, de blancs et de noirs. Les fourgons attelés de six mules et conduits par des nègres, se croisaient en tout sens; les maîtres-wagonniers à cheval allaient et venaient dans toutes les directions; des bandes de manouvriers déchargeaient les navires; les sifflets de la vapeur se répondaient du fleuve à la rive. Tout était en mouvement dans cette fourmilière humaine.

Appuyé sur une barrière à attacher les chevaux, j'assistais passivement à ce spectacle, humilié de sentir ce que la fatigue d'une courte marche, les tiraillements d'un estomac vide et l'affaiblissement de ma force physique pouvaient produire de confusion dans mes idées et de perturbation dans l'exercice de mes facultés mentales. En ce moment, un visage ami se présenta à mes regards, et presque aussitôt, Frédéric L. Olmsted me serrait chaleureusement la main. — Enfin vous voilà! me dit-il. Nous avons eu assez de mal à vous trouver! Savez-vous que nous étions fort loin d'être rassurés sur votre compte. Mais arrivez vite. Il y a là des amis qui seront heureux de vous revoir en vie.

Et passant son bras sous le mien, il m'entraîna vers un

petit bateau à vapeur de la commission sanitaire dont il était le secrétaire général. Je me laissai faire avec la joie intérieure de sentir que j'étais arrivé au terme de mes épreuves, et la satisfaction d'apprendre que je n'avais pas été oublié pendant mes jours de détresse, quoique, à vrai dire, je ne comprisse pas qui avait pu se mettre à ma recherche, ni comment j'étais attendu.

L'énigme me fut bientôt expliquée. Les journaux de New-York n'avaient fait l'honneur de s'occuper de moi. Ils avaient annoncé que j'avais été laissé mourant dans une petite ferme de la péninsule dont ils ne précisaient point la localité. L'apparition de mon domestique à bord du vapeur de la commission faisait supposer que je ne devais pas être loin; mais comme il n'était pas revenu, le manque de nouvelles pouvait être interprété dans un sens sinistre. Sur quoi un élève chirurgien, qui m'était attaché d'assez près par une alliance de famille, était monté à cheval et s'était mis à battre le pays pour me ramener mort ou vif. Une première excursion infructueuse ne l'avait pas découragé, et quand j'arrivai à White-House, il était rentré en campagne depuis deux jours. Il n'obtint de mes nouvelles qu'en me revoyant le soir à son retour, entouré de soins à donner envie d'être malade pour pouvoir en être l'objet.

Je ne livrerai point à la publicité les noms des dames américaines qui, dans l'accomplissement d'une grande œuvre de patriotisme, me recueillirent à bord du *Wilson Small*. Je respecte trop la modestie, cette vertu dont le charme mêle une grâce particulière aux mérites du dévoûment féminin. Mais, pour n'être point imprimés ici, ces noms n'en sont pas moins gravés dans autant et plus de cœurs reconnaissants que ce livre ne pourra trouver de lecteurs.

De Haight, le jeune chirurgien, n'était pas le seul qui se fût mis à ma recherche. Il y avait à New-York une famille tourangelle dont deux membres, deux jeunes femmes, avaient accompagné ma famille en Amérique, en 1847, lorsque je m'étais arrêté en France, à mon retour d'Italie. Leurs affaires avaient grandement prospéré dans le nouveau monde où elles avaient, en quelques années, appelé à leur foyer un père âgé et les enfants orphelins d'une sœur morte jeune encore. L'une d'elles avait épousé cet officier du 55ᵉ de milice qui avait proposé et fait réussir ma candidature au commandement du régiment. En entrant dans la famille, il en avait adopté les sentiments de dévoûment pour moi et les miens. Lors donc qu'arriva la nouvelle de la position dans laquelle je me trouvais, Ferran prit son sac de nuit, et laissant ses affaires personnelles aux soins d'un commis, partit pour Baltimore. Il avait servi sept ans en Afrique, et savait par conséquent ce qu'il entreprenait. Mais il n'était pas homme à se laisser rebuter par les difficultés.

A Baltimore, il lui fallut courir les bureaux de la place, afin d'obtenir un permis de passage pour la forteresse Monroë. Le but de son voyage bien constaté, la passe lui fut accordée, et le lendemain matin, débarqué sur le dock encombré, il gagnait, son sac à la main, l'hôtel de l'endroit, dont les deux tiers avaient été pris par le gouvernement pour les besoins du service médical, et dont le dernier tiers ne contenait que quelques chambres plus que pleines, et toujours retenues d'avance. Mais on y pouvait coucher sur le plancher de la salle à manger, et y confier un sac de nuit à la garde de « l'homme aux bagages. » Ferran n'en demandait pas davantage.

Il alla aux informations à l'état-major. J'y étais connu de plusieurs officiers; mais on n'y savait rien de moi, et on l'engagea à s'adresser au chirurgien en chef, directeur des hôpitaux qui s'étendaient au loin vers Hampton. Ferran se mit en route pour les hôpitaux.

Le docteur Cuyler le reçut fort bien, se montra d'une extrême obligeance, fit consulter les registres et les rapports, n'y trouva pas trace de ma présence, et lui conseilla de visiter lui-même les différentes sections où il rencontrerait probablement quelques blessés du 55ᵉ et apprendrait peut être par eux où me trouver. Ferran commença sa tournée.

Pendant deux jours entiers, il alla de tente en tente, et de lit en lit, passant en revue malades et blessés, interrogeant les chirurgiens, causant avec les hommes, et n'apprenant rien de plus que ce qu'il savait déjà, à savoir que j'avais été laissé *quelque part* dans un état qui faisait craindre que je ne fusse *flambé*. Le troisième jour, à bout de recherches, il revint trouver le docteur Cuyler, pour lui demander avis. — A votre place, lui dit le docteur, j'irais à White-House. Il y a là bon nombre d'hôpitaux, et il se pourrait bien faire que le colonel s'y trouvât.

Ferran retourna à l'état-major, obtint une passe pour White-House, laissa son sac de nuit à l'auberge, et s'embarqua sur le vapeur de la malle, déterminé, s'il le fallait, à pousser jusqu'au régiment. A sa grande satisfaction, il rencontra à bord un négociant de New-York de sa connaissance. M. Meeks avait deux fils au service. L'un, mon quartier-maître, atteint d'une fièvre typhoïde sur le Warwick, était alors dans sa famille où il se rétablissait lentement. L'autre avait été blessé, — quelques-uns disaient tué — à Fair-Oaks. En l'absence de nouvelles positives, le père s'était mis en route pour l'armée, sans savoir s'il en ramènerait son fils vivant ou mort. M. Meeks et Ferran se sentirent naturellement rapprochés par la similarité du but de leur voyage. Ils avaient résolu d'unir leurs efforts et de procéder ensemble dans leurs recherches, lorsque, le soir, ils débarquèrent à White-House, se demandant où ils pourraient trouver soit un souper, soit du moins un gîte pour la nuit.

Cette journée n'avait pas été pour moi consacrée au repos. Le moral remonté par l'hospitalité de la commission sanitaire, et le physique raffermi par le premier repas substantiel que j'eusse pris depuis plus d'un mois, j'étais sorti du steamer, attiré par un képi rouge que j'apercevais près d'une tente de cantinier. C'était en effet un de mes hommes qui, blessé à la tête, était venu là de l'hôpital en flânant. Quand il eut répondu à mes questions :

— Mon colonel, dit-il, les camarades qui sont à l'hôpital seraient bien contents de vous voir. Est-ce que vous ne leur ferez pas ce plaisir?

C'était mon plus grand désir, mais je me méfiais de mes forces.

— Y a-t-il bien loin? demandai-je?

— Pas bien loin. Nous suivons la route jusqu'à ces arbres que vous voyez là-bas. Là nous tournons à droite, nous prenons à travers champs et nous sommes rendus.

Si j'avais été seul, je doute que j'eusse hasardé l'entreprise. Mais le brave garçon insistait avec tant de conviction sur le plaisir que ma visite ferait aux blessés que je me mis en marche avec lui.

A mi-chemin, nous nous assîmes sur un tronc d'arbre renversé, avant de traverser un vaste champ au bout duquel les blanches tentes de l'hôpital miroitaient au soleil. Mon guide était plus ingambe que moi; il riait de temps à autre sous les bandages dont sa tête était enveloppée, songeant à l'agréable surprise qu'il ménageait à ses camarades en leur amenant le colonel. De mon côté, j'oubliai la fatigue lorsque je me trouvai parmi eux. L'hôpital était en bonnes conditions. Ils y étaient bien soignés. J'écoutai leurs récits de la bataille des Sept-Pins, je les encourageai dans leur espoir de rejoindre bientôt le régiment, et je les quittai enfin, méditant sur la différence que présentaient les blessures et les maladies dans leur effet sur le moral des hommes. Les blessures ne semblaient atteindre que la constitution physique; la constitution morale restait intacte et conservait toute sa vigueur. Ils s'exaltaient encore aux souvenirs du combat.—En avaient-ils roulé de ces gueux de rebelles! Ils avaient fait sur eux un feu, *que le bon Dieu en aurait pris les armes!* Plus il en venait et plus ils en couchaient par terre.....

— Ah! colonel! quel dommage que vous n'ayez pas été là! Voilà ce qui s'appelle une bataille. Williamsburg, voyez-vous, c'était bien pour commencer. Mais après les Sept-Pins, ce n'est plus que de la *petite bière*. Et dire qu'après tout cela, l'on ne soit pas entré encore à Richmond! Enfin, il faut prendre patience ; mais ça ne tardera pas. Pourvu que nous ayons encore le temps d'arriver pour le grand tableau final!

Ainsi parlaient les blessés. Quel contraste avec les malades que j'avais visités à *Dispatch-Station*. Ceux-ci avaient perdu, avec leurs forces physiques, toute énergie morale. Dégoûtés de tout, découragés de tout, insensibles à l'espérance comme aux souvenirs, ils ne demandaient à la vie qu'une chose : l'affranchissement de leurs souffrances. L'activité des facultés de l'âme était donc dépendante du fonctionnement des organes du corps. Que celui-ci vînt à souffrir de certains désordres matériels, et elle devenait paralysée dans son immatérialité. Condition peu flatteuse pour la vanité humaine, mais dont moins que personne je pouvais révoquer en doute la triste réalité.

Je revins au steamer, si fatigué de corps et d'esprit que je ne pus qu'accepter avec l'humilité d'une conscience coupable, les reproches adressés à mon imprudence. On me dressa un lit de camp dans le carré où je dus rester en surveillance, et où je ne tardai pas à m'endormir profondément.

Lorsque je me réveillai, la nuit était venue. Les lampes étaient allumées dans les cabines ; mais celle qui se trouvait sur la table du carré, avait été disposée de façon à me laisser dans l'ombre d'un écran interposé pour protéger mon sommeil. Un bruit de voix dans la chambre m'avait rappelé du pays des songes. J'ouvris les yeux, et j'aperçus un inconnu arrêté sur la dernière marche de l'escalier qui, le chapeau à la main, posait au docteur une série de questions auxquelles je ne prêtais qu'une oreille inattentive. Tout ce que j'en saisis fut qu'il s'informait avec sollicitude de quelque ami, ou parent blessé. Derrière lui dans la pénombre, se tenait immobile et comme attendant son tour, une seconde figure qui absorba tout d'abord mon attention. Voilà, pensai-je, un homme qui ressemble singulièrement à Ferran. Et je me tournai sur ma couchette pour me rendormir.

Le colloque continuait. Je pensais aux traits de l'étranger. Je voulus les examiner encore, et je me dressai doucement sur mon coude. Jamais je n'avais vu une ressemblance si extraordinaire. Mais que ce fût Ferran, la supposition était absurde. Quelle raison au monde eût pu l'amener de New-York à White-House? Je commençai à craindre que ce ne fût une illusion de mon cerveau affaibli par la fatigue, et me reposant sur l'oreiller, j'essayai de n'y plus penser. Alors il me sembla que la conversation s'arrêtait et que les deux questionneurs se disposaient à s'éloigner. Je voulus en avoir le cœur net. Si c'est lui, dis-je, il reconnaîtra bien son nom. Et j'appelai à demi-voix :
— Ferran !

A ce nom, Ferran bondit au milieu du carré, comme lancé par un ressort. — Mon colonel! mon brave colonel, où donc êtes-vous? — Par ici, mon ami, par ici. Il suivit la voix, m'aperçut et saisissant la main que je lui tendais :
— Le bon Dieu soit béni! s'écria-t-il. Je vous ramènerai en vie.....

La commission sanitaire qui me donnait asile, était une admirable institution née de la guerre. Par les immenses services qu'elle rendit, elle illustra ce vieux proverbe qui aurait pu lui servir de devise : « Aux grands maux les grands remèdes. » Comme Minerve sortit tout armée du cerveau de Jupiter, la commission était sortie tout organisée du cerveau du révérend docteur Bellows, ministre de l'église unitairienne à New-York. Animé d'une philanthropie réelle, doué d'une haute intelligence pratique, servi par une activité infatigable, le docteur Bellows conçut le premier l'idée de concentrer, dans une vaste unité d'administration et d'action, les associations éparses qui s'étaient spontanément organisées pour venir en aide au service médical des armées, mais dont les efforts isolés se traduisaient plus en bonnes intentions qu'en grands résultats. Réunir sous une direction commune tous ces bons vouloirs patriotiques, coordonner systématiquement leur sphère d'activité avec la disposition générale des vastes contributions volontaires à tirer de la libéralité du peuple des États fidèles, — enfin, placer le fonctionnement de cette grande œuvre sous le patronage et le contrôle du gouvernement fédéral, sans lui demander l'assistance d'un homme ou d'un dollar : tel fut le plan conçu et réalisé.

Pour faire apprécier et la générosité du peuple et le zèle de la commission, il suffit d'un seul chiffre. Pendant la guerre, la commission sanitaire recueillit et distribua pour CENT MILLIONS de francs de secours aux armées, ayant reçu cinq millions de dollars en argent et quinze millions de dollars de contributions en nature.

Mais avant d'arriver même aux premiers résultats, il fallut se heurter à bien des difficultés et surmonter bien des obstacles. Il y eut à ménager les susceptibilités officielles, promptes à s'alarmer de l'ombre d'une concurrence ; — il y eut à combattre l'esprit étroit et routinier des bureaux, toujours opposé aux innovations ; il y eut encore à rallier à la praticabilité de l'entreprise, les esprits sceptiques qui, (ainsi que l'expliquait un associé de la commission) ne voyaient guère dans le plan proposé qu'une théorie sentimentale manquant de sens pratique, couvée par des femmes sensibles, des cléricaux charitables et des médecins philanthropes, et ne méritant que juste la somme d'intérêt commandée par l'insistance et le caractère respectable de ses avocats. Le président Lincoln lui-même avoua franchement au docteur Bellows qu'il craignait que la commission ne fût *une cinquième roue au carosse*, plus embarrassante qu'utile.

Et cependant, le comité d'organisation avait modestement formulé ses vues de façon à ne porter ombrage à personne. « L'objet de cette association, — avait-il déclaré publiquement, — sera de recueillir et distribuer les informations obtenues de source officielle, concernant les besoins présents et éventuels de l'armée ; de s'établir en union reconnue avec le corps médical des troupes fédérales et d'États, et d'aider *comme auxiliaires* à leurs efforts ; de se joindre à l'association médicale de New-York pour les approvisionnements de charpie, bandages, etc., etc. ; d'entretenir un dépôt d'approvisionnements ; de solliciter l'aide de toutes les associations locales, ici et ailleurs, qui choisiraient l'intermédiaire de cette société ; et spécialement d'ouvrir un bureau pour l'examen et l'enregistrement des candidats à l'instruction médicale des gardes-malades ; enfin de prendre des mesures pour fournir une quantité de bons gardes-malades suffisante pour tous les besoins possibles de la guerre. »

Ce programme n'était, comme on le voit, que le gland du chêne ; mais il fallut encore plus de six semaines de démarches, d'explications, de luttes même, pour qu'il pût être planté en bonne terre. Enfin, le 13 juin 1861, le président, sur la proposition du ministre de la guerre, approuva l'établissement d'une « commission d'enquête et d'avis par rapport aux intérêts sanitaires des forces des États-Unis, » et sans rémunération de la part du gouvernement. La commission composée alors de neuf membres, sous la présidence du docteur Bellows, et en coopération avec un chirurgien militaire désigné à cet effet, se mit aussitôt à l'œuvre.

Elle compléta d'abord son organisation, par l'adjonction de nouveaux membres, la nomination d'un trésorier, d'un secrétaire général, la création de sous-comités dans l'Est et dans l'Ouest, l'envoi d'inspecteurs sanitaires aux armées et d'agents dans les différents États. Enfin, telle fut son activité et la rapidité de ses progrès, que même avant le premier choc des armées, elle était prête à secourir nos malades et nos blessés, après avoir pris l'initiative dans beaucoup de mesures salutaires adoptées pour la santé et le bien-être de nos soldats. Depuis lors et jusqu'à la fin de la guerre, sans autres ressources que les libéralités du peuple, sans autre assistance que les services de ses employés, la commission poursuivit son œuvre de charité patriotique, sur une échelle correspondante aux proportions grandioses de la lutte engagée. Partout où combattirent nos armées, partout où il y eut des souffrances à alléger, ou des misères à soulager, sur les champs de bataille, et dans les hôpitaux, — parmi les camps et dans les garnisons, pour les hommes assemblés sous le drapeau et pour ceux que les maladies ou les blessures renvoyaient isolément dans leurs foyers, la commission sanitaire fut toujours là, aussi infatigable dans son dévoûment qu'inépuisable dans ses soulagements.

Le service médical des armées était si mal organisé, si absolument insuffisant pour faire face aux nécessités les plus pressantes, que pendant la première année de la guerre, une large part de ses fonctions incomba forcément à la commission sanitaire. Ce fut elle, par exemple, qui dut se charger de transporter au nord la plus grande partie des malades et des blessés de l'armée du Potomac, pendant la campagne de la péninsule. Sans elle, nombre de ces malheureux qu'elle nourrit et soigna avant leur embarquement et pendant la traversée, n'auraient ni revu leurs familles, ni reparu dans les rangs. Et ce n'était là que la portion de services d'une branche du *département des secours*, à une époque où la moyenne des maladies dans les armées fédérales avait atteint un septième du chiffre total, et où les hôpitaux permanents ou autres avaient à pourvoir à cent mille malades et blessés.

Dans le service des transports-hôpitaux si nécessaires à l'armée du Potomac, le gouvernement ne fournit que les bâtiments. C'étaient de grands steamers nolisés pour le transport des troupes, et qui, l'armée débarquée dans la péninsule, se trouvaient sans emploi immédiat, bien que l'usage en coûtât trois, quatre et jusqu'à cinq mille francs par jour. Huit ou dix furent transférés successivement à la commission dans l'état où ils se trouvaient. Celle-ci eut d'abord à les nettoyer de fond en comble. Puis elle les aménagea intérieurement suivant les besoins de leur nouvelle destination. Elle mit à bord les employés nécessaires, et pourvut à tous les approvisionnements à l'usage des malades et des blessés, comestibles et boissons, matelas, couvertures, lingerie de rechange, etc.

Le premier bâtiment confié à la commission, le *Daniel Webster*, arriva à la fin d'avril au dépôt de l'armée alors devant Yorktown, avec un service parfaitement organisé de six élèves en médecine, vingt gardes-malades (tous volontaires à titre gratuit), quatre chirurgiens, quatre dames associées, douze affranchis, trois charpentiers et une demi-douzaine de garçons de service subalternes. Je précise pour donner un aperçu du personnel mis à bord par la commission dans les circonstances ordinaires. Dans les moments d'urgence, des renforts y furent adjoints en proportion des nécessités du service.

Le 1er mai, deux navires chargés de provisions étaient rendus au dépôt où la commission disposait en outre d'un petit vapeur, le *Wilson Small*, destiné à remonter les cours d'eau peu profonds à la recherche des malades et des blessés, et où le comité établit son quartier général.

Dès le lendemain, tout le monde était à l'œuvre. Le *Small* (le Petit) ramenait de sa première excursion trente-cinq malades. Les dames parcouraient les tentes d'hôpital, armées de lampes à esprit-de-vin, et munies de gruau, de citrons, d'eau-de-vie et de linge neuf; tandis qu'à bord du *Webster* déjà à demi rempli de patients, d'autres provisions étaient distribuées sur la réquisition des chirurgiens dont quelques-uns vinrent eux-mêmes les chercher, d'une distance de plusieurs milles, à travers marais et fondrières.

Mais qu'était cela? Un insignifiant prélude aux labeurs dont l'heure était proche.

Le 4 mai, lorsque l'armée s'ébranla subitement à la suite de l'ennemi qui venait d'évacuer Yorktown, tous les malades furent nécessairement laissés derrière. Les chirurgiens, peu soucieux de prolonger leur séjour dans les lignes abandonnées et pressés de réjoindre leurs régiments, se hâtèrent de se débarrasser de leurs patients en les expédiant soit à Yorktown, soit à Cheesman-Creek où, après avoir été empilés dans les ambulances et cahotés par les chemins, les malheureux furent abandonnés à la commission sanitaire qui, disait-on, se chargerait d'en prendre soin. Or, en ce moment, la commission n'avait pas un transport à sa disposition. Le *Daniel Webster* était parti pour le nord avec son plein chargement de malades, et l'*Ocean Queen* destiné à le remplacer arrivait, il est vrai, mais à vide, sans aménagement ni approvisionnement d'aucune espèce, sans un employé de la commission, qui n'en avait pas encore pris possession. N'importe; aussitôt qu'il parut, deux barges surchargées de malades l'accostèrent, et en dépit de toute remontrance, sans une heure de délai pour les préparatifs les plus indispensables, elles versaient à bord leur cargaison de souffreteux. D'autres barques suivirent à la file. Ceux qui avaient la force de se tenir debout se poussaient sur le pont; les autres, enlevés, hissés à force de bras, y etaient déposés épuisés, mourants. Parmi eux beaucoup étaient atteints de fièvre typhoïde; quelques-uns en proie à un délire furieux, tous étendus pêle-mêle sur le premier espace vide qui s'était offert.

Heureusement, il était venu de Baltimore un renfort de chirurgiens, d'élèves, de gardes-malades, et de dames associées. Les nègres n'étaient pas difficiles à trouver. Bientôt les provisions arrivèrent du dépôt avec des paillasses et des couvertures. Peu à peu l'ordre fut établi, et vers le milieu de la nuit, les vivants étaient pourvus; il ne restait plus qu'à enterrer, au matin, une demi-douzaine de morts. Mais le lendemain, survinrent de nouveaux arrivages, jusqu'à ce que le bâtiment fût absolument encombré. Et cependant, lorsqu'il leva l'ancre, les patients y étaient distribués par catégories, dans de nouveaux aménagements, et le service s'y faisait, complétement organisé. Tout cela, en deux jours.

Restaient encore des centaines de malades charretés à

Yorktown des différents camps abandonnés de la ligne du Warwick. Ces malheureux étaient empilés dans la boue, en attendant qu'on leur eût dressé des tentes. Le comité les réconforta avec des provisions tirées de ses magasins, et se hâta de se rendre à West-Point où le combat de Williamsburg venait de lui tailler un surcroît de besogne.

Il en revint ramenant autant de blessés que le *Wilson Small* en pouvait porter, — tous choisis parmi les cas les plus graves, le reste devant être transporté à la forteresse Monroë par des vapeurs du gouvernement dépourvus de tout approvisionnement médical. Trois hommes moururent pendant la nuit. Ce ne fut certes pas faute de soins dévoués. — « Notre petit bateau, — écrivait une des dames associées, — est tellement encombré que les bien portants dorment sur le pont supérieur, tout ce qui est à couvert étant occupé par les blessés; et comme notre humble assortiment de porcelaines, etc., etc. est requis pour les souffrants, nous mangeons notre viande et nos pommes de terre sur des tranches de pain en guise d'assiettes, le haut du poêle nous servant de table. »

Pendant les jours suivants, d'importants renforts de personnel et de matériel arrivèrent. Le *Daniel Webster*, revenu de New-York, repartit complètement chargé et approvisionné en dix-huit heures. Ce fut alors que le gouvernement, convaincu par l'expérience des importants services de la commission, mit à sa disposition quatre ou cinq autres grands vapeurs avec lesquels elle continua à transporter nos malades et nos blessés, soit aux hôpitaux de Hampton-Roads, soit à New-York, Boston, Philadelphie, Baltimore ou Washington.

Mais que de travaux poursuivis sans relâche ; de fatigues endurées nuit et jour ; — que de peines prises pour ne laisser personne à l'écart, dans cette grande œuvre d'assistance pour tous, de salut pour beaucoup! Ce qui fait défaut, il faut se le procurer à tout prix ; ce qu'on n'a pas, il faut le créer. Si la viande fraîche vient à manquer après le mouvement de l'armée en avant, on se mettra en chasse de quelque tête de bétail égarée ou oubliée dans les bois. Si quelque nouveau steamer n'est pas muni d'un fourneau suffisant pour une cargaison de blessés, on ira courir les barraques de Yorktown, les camps abandonnés, les établissements de *sutlers* déménagés, pour y ramasser tout ce qui peut servir d'appareil culinaire.

Une nuit, le steamer *Knickerbocker* est paré pour prendre les malades et les blessés. Survient un ordre du quartier-maître général qui, dans un moment de distraction, a oublié que le steamer venait d'être transféré à la commission. N'importe; c'est un ordre; il faut obéir; et voilà le *Knickerbocker* en route, emportant à une destination toute militaire les employés sanitaires et les dames associées. Au matin, le comité s'aperçoit de la disparition. On se met en campagne; on va aux informations. Longues courses; démarches multipliées. Enfin l'erreur est reconnue. Le vapeur reviendra; mais c'est un jour de perdu.

Le lendemain, un télégramme du directeur médical de l'armée à Williamsburg requiert un steamer pour prendre, dans un délai de deux heures, deux cents blessés sur le bord du *Queen's Creek*. Cas d'urgence absolue. On avait pris d'autres arrangements; mais on les modifie à l'instant, et l'on arrive à l'endroit désigné. Point de blessés. Le directeur médical, ne comptant pas sur une ponctualité si diligente, n'avait pas encore expédié son convoi. Nouveaux retards. L'embarquement n'aura lieu que le jour suivant de bonne heure. Alors, c'est un chirurgien de brigade qui, chargé d'amener le convoi et comprenant mal les limites de sa mission, prétend exercer à bord la même autorité que sous les tentes de son hôpital. Protestation du secrétaire général qui, pour assurer les pouvoirs de la commission et maintenir ses arrangements, se voit forcé de se rendre à Williamsburg sur un fourgon chargé de fourrages. Le zèle trop ambitieux du chirurgien militaire est enfin ramené à sa propre sphère d'action par un ordre en bonne forme, que des centaines de blessés, dévorés par les mouches et les maringoins, attendaient au bord de l'eau avec une impatience facile à comprendre.

Le soir, pendant qu'on achève de les installer à bord, M. Olmsted remonte le cours d'eau dans la yole, pour s'assurer que personne n'est laissé derrière, et à quatre milles de tout secours, sans aide et sans nourriture, il découvre huit malheureux au bord d'un bois où, la nuit précédente, deux wagonniers avaient été assassinés par les gens du pays. Ces pauvres diables, accablés par la fièvre et incapables de suivre la colonne en marche, avaient erré au hasard, refusés aux hôpitaux, parce qu'ils n'avaient point de papier en règle de leurs capitaines ou du chirurgien de leurs régiments. L'un d'eux mourut comme on le transbordait sur le steamer.

En ce moment survient un officier demandant qu'on expédie sur-le-champ un vapeur au *Bigelow's Landing*, où, suivant le rapport du maître wagonnier d'ambulances, « cent pauvres malades ont été laissés à terre, sous la pluie, sans secours et sans nourriture, pour y mourir. » En route donc pour *Bigelow's Landing*.

Mais au moment où on lève l'ancre, un petit steamboat accoste, et le chirurgien qui en a charge se présente et demande instamment que la commission prenne à bord cent cinquante patients recueillis le matin à West-Point, et qui sont restés tout le jour sans la moindre nourriture. « Le temps était pluvieux et froid, — raconte M. Olmsted. J'hésitai d'abord, à cause de l'urgence plus grande qui nous appelait à *Bigelow's Landing*. Mais le chirurgien m'ayant entraîné à jeter un coup d'œil dans l'intérieur de la cabine, je changeai d'avis. L'étroite chambre était aussi pleine, aussi encombrée que possible de soldats malades, assis sur le plancher. Il n'y avait pas assez de place pour s'y coucher. Seulement deux ou trois étaient étendus de leur long. Un d'eux était mourant, — était mort, lorsque pour la seconde fois mes yeux s'arrêtèrent sur lui. Le tout horriblement sale et l'air suffocant. — Nous commençâmes immédiatement à les prendre à bord du *Knickerbocker.* »

Il était minuit lorsque le transbordement s'acheva. Dès neuf heures deux autres bateaux étaient partis pour *Bigelow's Landing*. Il va sans dire que plusieurs dames associées faisaient partie de l'expédition. Elles en étaient toujours. Rien ne les rebutait, rien ne les décourageait, rien ne les effrayait. Leur dévoûment infatigable se pliait sans hésiter à tous les soins minutieux qui pouvaient soulager nos malades et nos blessés, dans leur installation sur les transports, et durant les traversées en mer. Elles suppléaient à tout avec une merveilleuse intelligence, et ne reculaient ni devant la privation de sommeil, ni devant les fatigues, ni même devant les dangers.

Pour atteindre le *Bigelow's Landing*, il fallut avoir recours aux embarcations et remorquer un chaland sur lequel les malades durent rester exposés à une pluie battante, jusqu'à ce qu'on fût allé recueillir huit ou dix mourants incapables de bouger de la place où ils étaient couchés çà et là sur la rive. Vingt-quatre heures plus tard, combien d'entre eux n'auraient été que des cadavres !

Tels furent, en aperçu, les premiers labeurs de la commission sanitaire dans la péninsule, après l'évacuation de Yorktown et le combat de Williamsburg. Chacun de ses bâtiments ayant transporté au nord de 300 à 500 blessés et malades par voyage, on eût pu espérer que les hôpitaux de l'armée, soulagés d'autant, étaient en mesure de parer à de nouvelles éventualités. Mais il n'en était rien. Du moment que les troupes furent établies sur les bords marécageux du Chickahominy, leur condition sanitaire empira de jour en jour, à ce point que bientôt toutes les ressources du département médical devinrent insuffisantes pour le terrible contingent que les maladies enlevaient chaque matin à nos régiments décimés. Le supplément de tentes envoyées de Washington ne pouvait même abriter tous les patients que les convois de chemin de fer apportaient à Wite-House. Les chirurgiens se hâtaient d'expédier par les transports de la commission tous ceux dont elle pouvait se charger. Mais ces transports, bien que voyageant sans relâche, étaient loin d'emporter autant de malades qu'il en arrivait. Il en restait toujours, sans abri, sans soins, exposés à toutes les intempéries d'un climat meurtrier, et qu'il fallait aller chercher là où ils avaient été déposés. Et il en mourait toujours quelques-uns, avant qu'il fût possible de les embarquer.

Telle était la condition des choses, lorsque la bataille de Fair-Oak vint mettre à une épreuve suprême le dévoûment et les ressources de la commission.

Le premier convoi de blessés arriva à White-House dans la nuit du 31 mai, après la bataille des Sept-Pins. D'autres le suivirent sans interruption, aussi vite que le service du chemin de fer pouvait les amener. Il s'ensuivit, pendant deux ou trois jours, une effroyable confusion, un entassement de misères et de souffrances plus hideux dans sa réalité que l'enfer du Dante dans ses cercles imaginaires. Tous les hôpitaux regorgeant déjà de malades, il fallut se borner à évacuer par tous les moyens possibles les malheureux blessés sur Yorktown et sur la forteresse Monroe, en attendant que l'on eût le temps de les expédier au nord. Les vapeurs de la commission étant loin d'y suffire, le département des quartiers-maîtres fournit ce qu'il put de bâtiments disponibles ; mais ces bâtiments étaient sans approvisionnements d'aucune sorte et sans personnel pour soigner et nourrir les malheureux qu'on y empilait en hâte, sans ordre, sans système, pour s'en débarrasser au plus vite. Heureux ceux que leur bonne étoile conduisait à bord des transports de la commission. Dix-huit cents d'entre eux y reçurent tout d'abord les soulagements les plus efficaces. Pour faire apprécier l'importance et l'étendue de ses services dans ces terribles circonstances, je ne saurais mieux faire que d'emprunter quelques extraits à ses correspondances.

« Les transports de la commission, — écrivait une des dames associées, — furent d'abord chargés et partirent avec leur promptitude et leur bon ordre accoutumés. Ensuite se présentèrent d'autres bâtiments assignés par le gouvernement au service des hôpitaux. Ces bâtiments n'étaient point sous le contrôle de la commission. Personne n'était là pour en prendre charge; personne pour recevoir les blessés au débarcadère; personne pour les embarquer convenablement; personne pour veiller aux approvisionnements nécessaires. Il va sans dire que la commission fit tout ce qu'elle put pour eux sur-le-champ; mais elle était là sans pouvoir, et n'avait d'autres droits que ceux de la charité. Elle ne pouvait ni contrôler ni arrêter l'effrayante confusion résultant de l'arrivée des convois coup sur coup, et de l'encombrement des blessés à bord des différents navires. Mais elle fit noblement ce qu'elle put. Nuit et jour ses membres travaillèrent à tirer le meilleur parti possible d'un mauvais cas. Trois au moins des bâtiments du gouvernement étaient sans la moindre parcelle de nourriture pour les passagers blessés, — et s'il y en eût eu, il n'y avait pas un seau, pas un ustensile pour les distribuer.....

« Notre bateau d'approvisionnement, l'*Elizabeth* arriva, et nous nous rendîmes à bord du *Vanderbilt*. Puissé-je ne revoir jamais une scène pareille à celle dont je fus témoin et au milieu de laquelle j'ai vécu pendant deux jours. Des hommes dans une condition horrible, mutilés, fracassés, criant, étaient apportés sur des litières, par des nègres qui les déchargeaient n'importe où, se cognant aux portes, aux piliers, et piétinant sans merci sur ceux qui étaient étendus sur leur passage..... Imaginez un vaste steamer, dont chaque pont, chaque lit, chaque pouce carré est couvert de blessés, où tout jusqu'aux escaliers, aux échelles et aux bordages est chargé d'hommes moins grièvement atteints que les autres, — et les civières arrivant encore à la file dans l'espoir de découvrir quelque coin vacant!...

« Il pleuvait à torrents. Deux transports étaient déjà pleins. Nous retournâmes à terre où la même scène se répéta, pour embarquer cent cinquante blessés à bord du *Kámebec*, sauf un certain nombre si horriblement mutilés qu'on ne pouvait les toucher dans l'obscurité de la nuit et sous la pluie, et qui furent pour le moment laissés dans les wagons. Nous distribuâmes des rafraîchissements à tous..... Au point du jour, nous prîmes quelque repos, déjeunant par cœur, — et à 6 heures et demie du matin, nous étions à bord du *Webster* n° 2. A midi, nous avions servi leur déjeuner à six cents blessés, avant d'avoir pris le nôtre... »

Laissons parler maintenant M. Olmsted, le secrétaire général de la commission :

« Dans l'après-midi du 2 juin, les blessés continuèrent à arriver par tous les trains, sans aucune assistance. Ils étaient empaquetés, aussi serrés qu'il est possible de l'être dans des wagons à marchandises, sans aménagements, sans lits, sans paille, quelques-uns ayant au plus une poignée de foin sous leurs têtes. Beaucoup des plus légèrement atteints, s'étaient casés sur le sommet des wagons. Ils vinrent ainsi, morts et vivants pêle-mêle dans la même caisse étroite, nombre d'entre eux avec d'horribles blessures purulentes où grouillaient les vers. Rappelez-vous que c'était un jour d'été en Virginie, clair et calme. La puanteur était si forte qu'elle produisit des vomissements même parmi nos vigoureux employés habitués à soigner les malades.

« Ai-je besoin de vous dire que nos dames sont toujours prêtes à accourir dans ces lieux d'horreur, sous une pluie torrentielle, à la lueur d'une pâle lanterne, à toute heure de la nuit, apportant des spiritueux et de l'eau glacée; rappelant à la vie ceux dont l'épuisement seul faisait désespérer, ou recueillant pour une mère ou une épouse les derniers mots murmurés par les mourants....

« Les trains de blessés et de malades arrivent à toute heure de la nuit. Aussitôt que le sifflet retentit, le docteur Ware accourt, et les dames sont à leur poste dans leur tente. Les feux flambent sous un rang de marmites, les lumières sont allumées près des provisions savoureuses, piles de pains frais et pots de café... Alors se présentent d'abord à la file ceux qui sont légèrement blessés. En se rendant au bateau, ils s'arrêtent devant la tente, et reçoivent une tasse de café chaud avec autant de lait condensé qu'ils le désirent. Puis vient le lent défilé des civières sur lesquelles les pauvres diables sont reconfortés avec de l'eau-de-vie, du vin ou de la limonade glacée. Une minute suffit pour leur verser quelque chose dans la gorge, pour leur mettre des oranges dans les mains, et pour les sauver d'abord de l'épuisement et de la soif, jusqu'à ce qu'une nourriture plus régulière puisse leur être servie à bord. Ceux qui doivent rester à terre sont placés sous les vingt tentes-Sibley montées pour la commission, le long du railroad. C'est là que chacune de nos escouades de cinq hommes va nourrir de cent à cent cinquante blessés, toutes les nuits... »

Un fait à noter, c'est que parmi ces convois se trouvaient des blessés confédérés soignés comme les nôtres, avec cette seule différence qu'ils étaient prisonniers. Ils s'en montraient non moins surpris que reconnaissants, les coutumes de leur barbarie ne les ayant pas préparés à ces générosités de notre civilisation.

Ainsi, grâce à la commission sanitaire, en quelques jours l'ordre était sorti du chaos, les secours s'étaient élevés au niveau des besoins, et le fonctionnement régulier du service avait succédé au bouleversement résultant d'une avalanche de détresses à soulager à la fois.

Cette expérience douloureuse ne fut pas, du reste, sans produire d'heureux résultats. D'importantes améliorations furent introduites dans l'organisation du département médical; des mesures plus efficaces furent prises pour réparer les omissions, combler les lacunes, parer aux insuffisances, et prévenir enfin le retour de pareille catastrophe. Dans cette branche, comme dans les autres, l'administration générale des armées s'éclaira des dures leçons de l'expérience, pour diriger ses pas dans la voie du progrès. Rappelons-nous que les États-Unis n'étaient point une nation militaire; que tout était nouveau pour eux dans l'organisation, l'entretien et le maniement des grandes armées en campagne, et nous serons moins surpris des effets de leur inexpérience que de la promptitude avec laquelle ils les firent disparaître.

Je fus recueilli à bord du *Wilson Small*, le huitième jour après la bataille de Fair-Oak, et déjà toute trace d'encombrement avait disparu des hôpitaux. Les transports de la commission emportaient à tour de rôle les patients commis aux soins d'un personnel plus nombreux. Les vapeurs supplémentaires reprenaient leur service dans le département des quartiers-maîtres, et les dames associées pouvaient se reposer, dans l'exercice de leurs fonctions habituelles, de fatigues harassantes supportées avec l'héroïsme des dévoûments charitables. Ces détails que j'ai racontés à leur honneur, pas une d'elles ne songea à m'en entretenir pendant la soirée de repos et de confort que je dus à leurs soins. Pas plus qu'elles, les autres membres de la commission ne semblaient croire qu'ils eussent fait autre chose qu'accomplir le plus simple des devoirs.

Cette guerre fut féconde en grands dévoûments. Les uns offrirent leur sang, les autres leurs richesses. Et ceux-là ne méritèrent pas moins de la République, qui consacrèrent leurs efforts au soulagement et au bien-être de ses défenseurs.

CHAPITRE XIII

LA DÉBACLE DES SEPT-JOURS

Contrastes. — New-York. — Le steamer de Newport. — Boston. — Succès de Stonewall Jackson. — Razzia de Stuart. — Retour à la forteresse Monröe. — Entrevue avec le général Dix. — Évacuation de West-Point. — Arrivée à Harrison-Landing. — L'œuvre de Mac Clellan. — Une dépêche caractéristique. — Combats de Mechanicsville, — de Gaine's Mill, — de Savage-Station, — de White-Oak, — de Glendale. — Bataille de Malvern-Hill. — Le port de refuge.

Le 10 juin au matin, je m'embarquai avec mon compagnon de voyage sur le vapeur de la malle qui ne portait guère que des malades et des blessés. Le salon réservé aux officiers avait le morne aspect d'une infirmerie. Nulle gaîté, nulle animation. Les passagers, étendus dans leurs couvertures ou leurs manteaux, sur les banquettes, et sur le plancher, échangeaient à peine quelques paroles. Les moins souffrants assis sur des chaises à bras, semblaient plongés dans une somnolente méditation. Chacun songeait à part soi à ces dures réalités de la guerre, scories souillées de sang et de boue du volcan dont on ne voit de loin que le panache de flammes ; — aux misères endurées, aux amis morts, aux accablements présents, aux incertitudes futures. Tout cela se pouvait lire sur ces visages pâles, dans ces regards alanguis où les joyeux reflets de la vie avaient fait place aux ombres douloureuses. Mais je me disais : — Que la santé revienne, et tout sera oublié. Dans un mois, nous serons presque tous retournés à notre poste, allègres comme des gens réveillés d'un mauvais rêve.

Dans l'après-midi, nous étions au fort Monroë à temps pour prendre le vapeur de Baltimore où nous arrivâmes le lendemain de bonne heure. Un déjeuner pour reprendre des forces, et en route pour New-York par le chemin de fer.

Comme tout ce pays est beau! Comme il est riche et bien cultivé! J'y voyais partout des choses auxquelles je n'avais fait en d'autres temps aucune attention. De grandes fermes où respirait la vie dans son abondance, des champs où les récoltes mûrissent au soleil en pleine sécurité, des troupeaux de bétail paissant tranquillement dans les herbages, et partout des *fences* debout et intactes. Point de feux de piquet fumant au bord des bois; point de camps blanchissant la pente des collines; point de lourds wagons cahotant le long des chemins; point de canons, point de faisceaux d'armes, point de soldats.

Bonnes gens groupés gaîment sur le seuil de vos portes, vous qui regardez de loin passer le convoi du chemin de fer, et vous demandez peut-être quelles nouvelles il apporte du siége de la guerre, gardez-vous de vous plaindre du surcroît de taxes qui rogne quelque peu vos revenus. Rendez plutôt grâce au ciel de ce que le flot des armées n'a pas pris son cours à travers vos campagnes. S'il y avait passé, de tout ce qui fait votre bonheur et votre richesse, il ne resterait aujourd'hui que décombres.

New-York présentait son aspect habituel, modifié seulement par un redoublement d'activité mercantile et de luxe tapageur. La guerre avait ouvert de nouvelles sources de spéculation sur lesquelles on s'était précipité avec plus d'activité que de conscience, et les nouveaux enrichis n'avaient rien de plus pressé que d'étaler aux regards les preuves matérielles de leur bonne fortune. On n'eût point semblé s'y ressentir de la guerre, si l'on n'y eût rencontré par les rues nombre d'écloppés et d'invalides en uniforme.

Je ne m'arrêtai qu'un jour à New-York, assez pour convaincre mes amis que je n'étais ni mort de maladie, ni égorgé par les guerillas, ni empoisonné par les fermiers, comme le bruit en avait couru. Je n'étais pas encore en état de faire face à un assaut de mères, de femmes, de sœurs et d'amantes éplorées qui, — sans compter les parents masculins, ni les amis des deux sexes, — allaient probablement accourir pour me demander des informations sur les tués et blessés du 55ᵉ auxquels leurs cœurs portaient un intérêt particulier, — voire même sur les bien portants qui auraient négligé de donner de leurs nouvelles après Fair-Oak. Réconforté déjà par un régime bien différent de celui de l'armée, je poussai jusqu'à Boston, par la voie de Fall-River.

On connaît la belle installation des steamers de cette ligne, ne fût-ce que par les récits des voyageurs. La saison des eaux allait bientôt s'ouvrir, et promettait d'être brillante.

Le vapeur était tout rempli d'une émigration fashionable quittant la ville pour aller respirer les brises de l'Atlantique dans leurs somptueuses villas qui ont fait du joli port du Rhode-Island, l'élysée mondain des jours d'été. Il y avait à bord des chevaux, des équipages, des domestiques, et de grandes malles sans nombre qui me faisaient songer à la modeste valise de trente livres que les règlements m'allouaient à l'armée.

Tout ce beau monde allait, venait, jasait, riait, et s'intéressait à la guerre comme à un roman attachant qu'on lit en feuilletons. J'étais quelque peu étourdi du contraste violent de ce superbe steamer tout plein de toilettes féminines, d'élégances raffinées, de causeries mondaines où la vie heureuse se traduisait en mille propos joyeux, avec ce pauvre vapeur où je m'étais trouvé, deux jours auparavant, entouré d'uniformes râpés, de délabrements pitoyables, et où la souffrance et les privations gardaient un morne silence. Avais-je rêvé alors, ou rêvais-je maintenant? ni l'un ni l'autre. Tous les contrastes se heurtent dans la réalité autant et plus que dans la fiction. L'opulence coudoie la misère, la vertu le vice, le bonheur l'adversité, et toutes les fleurs de la vie s'épanouissent au soleil sur quelque limon.

J'ai toujours aimé Boston ; — peut-être parce que je ne l'ai jamais habité, comme me l'assurent des Bostoniens sans préjugés. S'il est vrai que cette grande ville ait conservé beaucoup des traditions mesquines et des habitudes étroites des petites villes, je ne saurais dire que j'aie eu le temps de m'en apercevoir. Dans les courts séjours que j'y ai faits à diverses époques, j'y ai toujours reçu un accueil hospitalier, et des politesses élégantes, ce qui est le cas pour la plupart des étrangers de passage. J'y ai rencontré de hautes intelligences, des célébrités savantes et littéraires, de grandes personnalités politiques, au milieu d'une société véritablement distinguée et d'un peuple profondément patriotique. Cette fois, j'allais y trouver en outre, ce que j'y venais chercher avant tout : la santé.

Comme le monde est injuste pour le climat de Boston ! Il n'est sorte de mal qu'on ne dise de ce bon vent d'est qui souffle de l'Atlantique, sous prétexte qu'il rend les hommes grognons et les femmes nerveuses. Mais pour un malade accablé par l'atmosphère lourde et empestée de la péninsule virginienne, c'était comme une brise du paradis. Jamais je n'oublierai avec quelles délices j'y puisais à pleins poumons la vigueur physique et morale, lorsque, chaque jour, les amis qui m'avaient accueilli, promenaient ma convalescence dans les faubourgs les plus charmants et les plus élégamment peuplés que possède ville du monde.

La fibre patriotique vibrait énergiquement dans la nouvelle Athènes. Elle n'y était pas soumise, comme en d'autres villes du Nord, aux exagérations de l'enthousiasme et aux réactions du découragement. Elle se manifestait plutôt par une détermination vigoureuse et persistante à travers les succès et les revers. C'était logique. Aucun État du Nord n'a, je crois, mieux compris et plus énergiquement accepté la nécessité de la guerre, que le Massachussetts. On lui a reproché de l'avoir fomentée par la propagande agressive de son abolitionisme; mais la lutte de la liberté contre l'esclavage devait-elle donc rester éternellement dans le domaine des théories platoniques? Et ne fallait-il pas qu'elle en vînt forcément à l'épreuve décisive des batailles! Pour avoir activé le mouvement des esprits et précipité la marche des événements vers la solution pratique du problème, le Massachussetts a simplement ajouté un titre de gloire à tous ceux qu'il a partagés en commun avec les autres États libres de l'Union.

Au mois de juin 1862, on y suivait d'un œil inquiet les développements de la campagne de la péninsule, et l'on pressentait déjà quel en pourrait être le malheureux dénoûment. L'opinion commençait à s'y méfier du général Mac Clellan; le peuple s'y préparait aux nouveaux sacrifices dont il prévoyait la prochaine nécessité, sans toutefois s'en montrer alarmé.

Les nouvelles de l'armée étaient, en effet, des moins encourageantes. Jackson avait fait des siennes du côté de la Shenandoah où nos forces étaient maladroitement éparpillées. Il avait vivement ramené au nord du Potomac Banks battu à Winchester;—il avait repoussé avec avantage une attaque de Fremont à Cross-Keys; — il avait malmené Shields à Port-Republic;—enfin il avait échappé intact à Mac Dowell, et ramené un butin considérable, quantité de prisonniers, des armes et quelques pièces d'artillerie.

D'autre part, on venait d'apprendre que le général Stuart, à la tête d'une force de 1,500 hommes de cavalerie, avait, avec autant de succès que de hardiesse, tourné la position de l'armée du Potomac, coupé le chemin de fer du Pamunkey, détruit une grande quantité d'approvisionnements, ramassé un nombre considérable de prisonniers, et qu'il était rentré à Richmond sans que personne lui barrât le passage. S'il n'avait pas détruit le dépôt de White-House, c'est qu'il ne l'avait pas tenté, dans la crainte d'y trouver des forces qui n'y étaient point. Outre le dommage matériel, par cette reconnaissance il avait appris tout ce qu'il désirait savoir sur la disposition de nos forces et la vulnérabilité de notre ligne d'approvisionnements.

Ce fut pour moi une chance heureuse que de n'être plus chez les Turner. J'y aurais eu le sort de mon quartier-maître qui fut enlevé près de là avec une vingtaine de wagons vides.

Le bon air et le bon régime de Boston m'eurent bientôt rendu assez de force pour que je me crusse en état de retourner à l'armée. Tel n'était pas cependant l'avis des médecins. Mais plus qu'eux, j'avais confiance dans la nature pour achever mon rétablissement. Et d'ailleurs, — faut-il le dire? — j'étais talonné par la crainte de ne pas arriver à temps pour la prise de Richmond. Hélas! combien nous en étions plus loin que je ne supposais, lorsque le 29 au matin, le steamer de Baltimore me ramena à la forteresse Monroë!

Depuis deux jours, on était sans nouvelles de l'armée. La dernière information reçue se rapportait à un combat sanglant sur la droite de nos lignes, à Mechanicsville où l'ennemi avait été repoussé avec de grandes pertes, le 26. Depuis lors, ce n'était plus que rumeurs et conjectures, en l'absence de tout rapport officiel. Le gouvernement se taisait et pour cause, il ne savait rien. La presse, pas davantage. Ce silence était interprété d'une façon sinistre, chacun n'y soupçonnant que l'indice de quelque désastre.

Le premier fait positif que j'appris en débarquant sur le dock, fut l'interruption du service de communication quotidienne avec Wite-House, et l'arrivée depuis la veille de transports indiquant l'évacuation précipitée des dépôts et des hôpitaux sur le Pamunkey. Je courus au fort où je fus reçu par le |général Dix que je connaissais personnellement de longue date. Je lui présentai ma permission qui expirait le lendemain, et lui demandai quelque moyen de transport pour rejoindre immédiatement mon régiment. Le général Dix secoua la tête et se contenta de me répondre : — C'est impossible.

Néanmoins, je crus pouvoir me permettre d'insister.

— Mais, général, repris-je, je n'ai déjà été que trop longtemps absent. Si l'on se bat à cette heure, c'est une raison de plus pour que je rejoigne sans délai...

— C'est impossible, — répéta laconiquement le général, sans répondre à mon insinuation. Tout ce que je puis faire, c'est de vous promettre un ordre d'embarquement à bord du premier bâtiment expédié à l'armée. Dans aucun cas, ce ne peut être avant demain.

Le général termina cette courte entrevue par une invitation à déjeuner avec sa famille et les principaux officiers de son état-major. A table, il me parut que chacun était sous le coup d'une préoccupation intérieure. La conversation peu animée, fut maintenue dans la limite des sujets poliment insignifiants. Pas un mot n'y fut dit qui eût trait à ce qui se passait sur le Chickahominy.

En quittant les appartements du général, je m'arrêtai au bureau du télégraphe, pour envoyer à New-York un simple message de quelques mots : « Arrivé bien portant ; retenu ici aujourd'hui ; demain à l'armée, » et ma signature. L'employé me rendit poliment le papier. Il y avait ordre formel de n'expédier aucun message, quel qu'il fût, venant de source privée. Décidément, il devait se passer quelque chose de grave ; mais encore, quoi ? Personne ne put me le dire.

C'était un dimanche. Les heures s'écoulaient lentes et inoccupées, lorsque dans l'après-midi, retournant à l'embarcadère, j'aperçus le *Wilson Small* à l'ancre dans la baie. Voilà mon gîte pour la nuit, pensai-je. Je me rendis aussitôt à bord où j'appris enfin quelque chose de positif. L'ennemi avait tourné et battu notre aile droite au nord du Chickahominy, coupé nos communications avec notre base d'approvisionnements, et rejeté le gros de notre armée en retraite vers le James. Dès le 26, ordre avait été reçu à Wite-House d'évacuer les hôpitaux sans perdre un instant, d'embarquer tout ce qui pourrait trouver place sur les transports, et de livrer aux flammes tout ce qui devrait être forcément laissé derrière. Ce qui fut ponctuellement exécuté. En deux jours, quinze cents malades, tous employés du gouvernement, la garnison et la plus grande partie des provisions purent être enlevés. Il se trouva même assez de place sur les berges à fourrages pour un exode de noirs, hommes, femmes et enfants, abandonnant la terre de l'esclavage. Le *Wilson Small* avait quitté la place des derniers, aux lueurs de l'incendie qui dévorait tout ce qu'on n'avait pu emporter.

Le lendemain 30, je me rendis de bonne heure à l'état-major. Pas une dépêche n'y était arrivée de l'armée dont évidemment on ignorait le sort depuis trois jours. La discrétion officielle à ce sujet n'avait rien de volontaire; elle était forcée. On ne disait rien, parce qu'on ne savait rien. Le hasard m'en fournit ce jour-là une preuve aussi curieuse qu'irréfragable.

M. B...., de Philadelphie qui aimait à consacrer son temps et une partie de ses revenus à divers services philanthropiques, venait d'arriver aussi à la forteresse Monroë, en quête d'informations et d'occasions de se rendre utile. Dans le cours d'une conversation intime que justifiaient nos relations amicales de plusieurs années, il me montra le télégramme suivant, qu'il venait de recevoir, et que je transcris littéralement : *Is the enemy at White-House? And if not, where are they?* « L'ennemi est-il à White-House? Et s'il n'y est pas, où est-il? » Signé : *Stanton*. Le ministre de la guerre lui-même n'en savait pas plus qu'un autre.

Deux grands vapeurs vinrent bientôt accoster la jetée réservée au service du fort, pour y faire du charbon. L'un d'eux était le *Vanderbilt*, qui, ayant amené de White-House un chargement de malades, se préparait à remonter le James, au devant de l'armée où qu'elle fût. Je reçus l'ordre de m'y embarquer ; mais le départ fut remis au lendemain matin 1er janvier, pour mettre à bord dans l'après-midi le 18ᵉ du Massachussetts et les officiers et soldats en route pour rejoindre leur corps. Au lever du soleil, nous partîmes pour notre destination incertaine.

Le silence et la solitude régnaient sur les deux rives du fleuve. La présence de l'homme ne s'y trahissait que par des ruines. A Newport-News, la mâture éplorée du *Cumberland* coulé par le *Merrimac*, se dressait encore hors de l'eau, en face des camps abandonnés. Plus loin les Docks étaient partout brûlés, et quelques murs de briques encore debout au milieu des décombres indiquaient seuls de distance en distance l'emplacement de fermes autrefois couvertes de moissons, aujourd'hui abandonnées aux ivraies. Enfin, vers le milieu du jour, se montrèrent près de Harrison's Bar, les premiers indices de l'armée du Potomac.

C'étaient des feux allumés sur le bord de l'eau, des fourgons dont les toiles blanches apparaissaient à travers un rideau d'arbres, des wagonniers, avec leurs attelages efflanqués et couverts de boue; des fantassins d'escorte, des cavaliers d'avant-garde, des artilleurs sans canons, des soldats sans fusils, et ces traînards qui, toujours en arrière dans les avances, marchent au contraire en avant dans les retraites. Par eux, nous apprîmes que le gros de l'armée allait arriver, après sept jours de combats et sept nuits de marche, devant l'ennemi acharné à sa poursuite. Une chaloupe canonnière sous vapeur près de là, nous empêcha de remonter plus haut. En ce moment même se livrait à six ou sept milles, sur les hauteurs de Malvern, une bataille qui, selon toute probabilité, déciderait du salut ou de la destruction de l'armée.

Cependant, d'heure en heure, le nombre des survenants angmentait, autour de l'habitation de Harrisson. La plaine, à demi moissonnée, fut bientôt encombrée d'attelages, et envahie par des troupeaux d'hommes marchant pêle-mêle avec les trains. Les uns étaient blessés ou malades, les autres séparés involontairement de leurs régiments. Beaucoup avaient quitté les rangs, dégoûtés de combattre sans espoir de vaincre, — démoralisés par la défaite, la fatigue et la faim.

Dans la soirée, la nouvelle se répandit que la bataille était gagnée à Malvern-Hill; que l'ennemi avait été partout repoussé et si durement maltraité qu'il se repliait en désordre sur sa capitale. Mais il ne parut pas que la victoire nous eût transformés de poursuivis en poursuivants, car toute la nuit, le mouvement de retraite se continua de Malvern-Hill sur Harrison's Bar. Et quelle retraite! La pluie tombant à torrents rendait les routes impraticables, et multipliait les obstacles à la marche des convois et de l'artillerie. L'infanterie, disloquée par cette dernière nuit de retraite succédant à une journée de combat, se mouvant sans ordre, les hommes éparpillés loin du drapeau, les régiments confondus, les brigades entremêlées, les divisions disséminées partout et rassemblées nulle part. Et cela, après une victoire! qu'eût-ce donc été après une défaite?

Dans l'enceinte nouvelle où l'armée allait se retrancher, des officiers d'état-major ou des cavaliers d'ordonnance étaient postés de distance en distance, criant dans l'obscurité : — Telle division à droite! — Telle division à gauche! Et les hommes appartenant aux divisions nommées se détournaient dans la direction indiquée, pour trouver plus loin d'autres officiers et d'autres cavaliers criant également : — Telle brigade par ici! — Telle brigade par là!...

Ce fut ainsi que peu à peu, les différents corps se reformèrent, et qu'après une nuit d'effroyable pêle-mêle, chacun finit, le jour suivant, par se retrouver parmi les siens, dans un certain ordre de défense contre une attaque qui, heureusement, n'eut pas lieu. Les deux armées étaient également éreintées, également impuissantes à rien entreprendre; toutes deux à bout de provisions, et à court de munitions. Arrivés près de Harrison's Landing, les confédérés ne s'y arrêtèrent que pour reprendre haleine, et s'en retournèrent bientôt à Richmond.

Et la grande armée du Potomac resta échouée sur la rive du James, haletante, épuisée d'efforts, réduite par les maladies plus encore que par le fer et le feu; — masse inerte d'hommes entassés dans un étroit espace où il ne leur restait plus désormais qu'à ruminer leurs espérances trompées et leur dévoûment sacrifié, en attendant l'abandon définitif de la péninsule.

La débâcle des Sept Jours fut le couronnement logique de cette triste campagne qui portera éternellement témoignage contre l'impéritie militaire, l'aveuglement politique et les défaillances de toute sorte du général Mac Clellan. Dans cette série d'adversités, rien ne saurait être attribué au hasard, rien à aucune de ces circonstances fortuites qui peuvent déjouer les calculs les mieux combinés, — rien à aucune de ces disproportions de forces qui doivent nécessairement écraser la résistance. Seul, le général en chef est et restera à jamais responsable de revers qui furent son ouvrage.

Nous aurions dû vaincre alors. Tout général de capacité ordinaire, dans le commandement d'une armée, nous eût conduits à Richmond, et l'anniversaire de l'indépendance nationale eût été célébré dans la capitale rebelle subjuguée par nos armes. Pour cela, que fallait-il? Profiter de nos avantages pour agir avec vigueur et promptitude; attaquer résolûment l'ennemi, l'accabler sous notre supériorité numérique, le poursuivre l'épée dans les reins; et nous n'aurions même pas eu à lui passer sur le ventre pour déloger son gouvernement qui, à la seule nouvelle de notre victoire de Williamsburg, avait déjà commencé à plier bagage. Mais Mac Clellan n'avait ni vigueur ni promptitude. Dans son cerveau timide hanté par des fantômes, nos avantages se transformaient en chances contraires. Son regard troublé ne voyait jamais l'ennemi qu'avec des grossissements fantastiques et sa propre armée qu'amoindrie outre mesure. Loin d'attaquer, il ne sut pas même se défendre.

Au lieu d'accabler l'ennemi, il ne fit que lui livrer ses corps isolés, et lorsque, malgré tout, à Fair-Oaks comme à Williamsburg, la ténacité de quelques généraux et la valeur opiniâtre de nos soldats eurent arraché le succès des mains des confédérés et retourné contre eux le sort des armes, on ne le vit paraître enfin sur un champ de bataille sans dangers, que pour stériliser la victoire en arrêtant la poursuite, et réemprisonner dans les marécages empestés l'armée dont il s'était fait le fossoyeur en chef.

Depuis l'ouverture de la campagne, cet esprit pusillanime était en proie à une hallucination persistante qui, toujours et partout, lui montrait l'ennemi comme grandement supérieur en forces, même au bord du Warwick où nous fûmes jusqu'à huit contre un. Sous cette impression imaginaire, il ne cessait de demander à cor et à cri des renforts sans lesquels, disait-il, il ne pourrait rien accomplir. Dès le mois d'avril, c'était le corps de Mac Dowell qui lui était indispensable pour prendre Yorktown. Puis, il se contenterait des deux divisions de Franklin et Mac Call. Bref, Yorktown fut occupé sans l'aide de Franklin, ni de Mac Call.

Le président n'aimait point à se dessaisir des troupes laissées pour la protection de Washington. A défaut de connaissances militaires, il s'efforçait de prendre le bon sens pour guide, en se refusant à laisser la capitale exposée sans défense au premier coup de main des confédérés pour satisfaire aux fantaisies timorées d'un général en qui il ne pouvait plus avoir qu'une confiance limitée. Là-dessus, Mac Clellan se répandait en jérémiades puériles, en insistances piteuses. Cependant, des renforts lui sont envoyés; mais à mesure qu'ils arrivent, il en demande d'autres. Après Franklin et sa division dans les derniers jours d'avril, ce sera, dans les premiers jours de juin, tout le corps de troupes compris dans le commandement du général Wool à la forteresse Monroë. Cela fait, il ne lui faut plus, — annonce-t-il, — que l'arrivée de Mac Call pour prendre Richmond. Mac Call arrive le 11 juin. Alors, c'est autre chose. Le Chickahominy a débordé. Quand il rentre dans son lit, les chemins sont encore trop mauvais pour l'artillerie; mais enfin, le général en chef ne demande plus « qu'un peu de beau temps pour avoir à rapporter des progrès par ici. » Le beau temps sèche les routes ; qu'inventera-t-il pour attermoyer encore ? La question de savoir si Mac Dowell viendra à son tour de Frederiksburg, par terre ou par eau, et dans quels rapports de subordination. — « En attendant, — ajoute-il, — je serais bien aise de recevoir toutes les troupes qui peuvent m'être envoyées. »

Enfin, le 18 juin, le voilà prêt : — « Un engagement général peut avoir lieu à tout moment, — écrit-il. Un mouvement en avant de notre part, c'est une bataille plus ou moins décisive. L'ennemi se montre partout prêt à nous recevoir. Il a certainement des forces très nombreuses et des ouvrages très étendus..... A partir de demain, nous combattrons l'armée rebelle, *aussitôt que la Providence le permettra*. Nous n'aurons plus à attendre qu'une condition favorable de la terre et du ciel, et l'achèvement de quelques préliminaires indispensables. »

Soit. La Providence le permet, la condition de la terre et du ciel est favorable; les préliminaires indispensables sont achevés. Il a reçu près de quarante mille hommes de renforts dont trente-trois mille présents dans les rangs portent le chiffre de ses forces effectives à cent quinze mille hommes, déduction faite des malades et des absents. Enfin, il a appris que la défense de Richmond a été affaiblie d'une dizaine de mille hommes au moins, envoyés pour renforcer Jackson. C'est le moment ou jamais de frapper ce grand coup tant promis qui doit décapiter la rébellion. Mais non ; Mac Clellan n'est point de ceux qui osent porter les coups. Les attendre, à la bonne heure. C'est donc à cela qu'il se résigne, lorsque, le 24, un déserteur lui apprend que Jackson renforcé s'avance de Gordonsville dans l'intention d'attaquer notre droite, et d'essayer de nous prendre à revers le 28.

Mac Clellan a quatre jours devant lui. Il sait d'où viendra l'attaque. Il peut prendre ses mesures en conséquence, et tromper tous les calculs de l'ennemi, en concentrant son armée entière sur l'une ou l'autre rive du Chickahominy. Au nord, il pourrait écraser d'abord Jackson, pour revenir ensuite achever Lee, s'il a suivi le mouvement. Au sud, il pourrait plus encore : culbuter Magruder et entrer sur ses talons à Richmond, avant que Lee et Jackson se fussent aperçus qu'ils avaient lâché la proie pour l'ombre. Mais Mac Clellan ne fera ni l'un ni l'autre. Indécis, irrésolu, aussi incapable de former un nouveau plan que de l'exécuter en face des dangers dont la menace le paralyse, — il ne sait que laisser les choses dans l'état où elles sont. Et comme aux Sept-Pins il avait livré sa gauche isolée, maintenant à Gaines-Mill, c'est sa droite qu'il livrera isolément.

Déjà il est vaincu avant d'avoir combattu. Il ne prévoit que la défaite ; il ne songe qu'à se préparer des excuses pour rejeter sur d'autres la responsabilité, — et, le 25, il adresse à M. Stanton, secrétaire de la guerre, cette dépêche inspirée par la peur et rédigée dans le trouble d'une conscience qui ne réussit ni à se tromper, ni à tromper les autres :

« J'arrive à l'instant de nos positions, et je trouve votre dépêche par rapport à Jackson. Plusieurs nègres de contrebande qui viennent d'arriver confirment, par leur information, la supposition que l'avance de Jackson a atteint Hanover Court-House ou le voisinage, et que Beauregard est arrivé à Richmond, hier, avec des renforts considérables. Je suis porté à penser que Jackson attaquera ma droite et mes derrières. Les forces rebelles sont estimées à deux cent mille hommes, y compris Jackson et Beauregard. J'aurai à lutter contre une vaste supériorité d'avantages, si ces rapports sont vrais ; mais cette armée fera tout ce qui est humainement possible pour maintenir sa position et repousser toute attaque. Je regrette ma grande infériorité en nombre ; mais je sens que je n'en suis en rien responsable, n'ayant point manqué de représenter à plusieurs reprises la nécessité des renforts ; que c'était ici le point décisif ; et que toutes les ressources dont le gouvernement pouvait disposer, devaient y être concentrées.

« Je ferai tout ce qu'un général peut faire avec la magnifique armée que j'ai l'honneur de commander, et si elle est détruite par une accablante supériorité de nombre, je pourrai du moins mourir avec elle et partager son sort. Mais si le résultat de l'action qui aura lieu probablement demain ou dans un court délai, est un désastre, la responsabilité ne peut pas en être jetée sur mes épaules. Elle doit rester à qui elle appartient. »

Et il termine en revenant une fois encore à son idée fixe : — « ..... Je sens qu'il est inutile de redemander encore des renforts. »

Ainsi, le général en chef vouait d'avance son armée à la destruction ou, tout au moins, à un désastre irrémédiable. N'ayant encore trouvé aucun plan pour l'y soustraire, mais la tête pleine de fantasmagories terrifiantes, il se tenait prêt à s'en aller, aux premiers coups de canon, précéder dans la retraite ceux qu'il abandonnait dans le danger.

Depuis la bataille de Fair-Oaks, le 2ᵉ corps (Sumner) était resté sur la rive droite du Chickahominy, où il avait été suivi, dans le courant du mois de juin, par le 6ᵉ (Franklin). Il ne restait donc sur la rive gauche que le 5ᵉ corps (Porter), renforcé récemment de la division Mac Call. Là se porta tout l'effort de l'ennemi, et par là commença la grande débâcle.

Le 26 juin, A. P. Hill, devançant Jackson de vingt-quatre heures, essaie de forcer le passage du Beaver-dam Creek, défendu par les Pennsylvaniens de Mac Call. Il est repoussé avec une perte considérable sur la route de Mechanicsville. Mais, dans la nuit, Porter est contraint de se replier sur un terrain plus favorable pour tenir tête à des forces devenues de beaucoup supérieures aux siennes,

Jackson et Longstreet étant entrés en ligne contre lui. Le 27, voilà donc le 5ᵉ corps, comptant 25,000 hommes environ, assailli par 70,000 confédérés sur les hauteurs de Gaine's Mills, et s'y défendant avec obstination jusqu'à ce que notre propre cavalerie vînt fatalement en aide à l'ennemi. Engagée maladroitement et ramenée rudement, elle revient en désordre sur nos lignes, où elle met tout en confusion, artillerie et infanterie. Les confédérés arrivant au pas de course, achèvent la déroute, et c'en était fait du 5ᵉ corps si la nuit n'était survenue à temps pour couvrir le transfert de ses troupes décimées sur la rive droite du Chickahominy, dont les ponts furent détruits derrière elles.

Comment ne pas remarquer ici que ces mêmes troupes, qui ralliaient le gros de l'armée, harassées et cruellement maltraitées par un combat disproportionné, auraient pu être retirées sans perte et sans fatigue de la position avancée où l'on savait d'avance qu'elles ne pourraient se maintenir? Dans ce cas, leur mouvement eût été l'appoint nécessaire pour une brillante opération en avant. Maintenant, ce n'était plus que le signal d'une retraite désastreuse. Il est déplorable pour le général Mac Clellan qu'il se trouve ainsi avoir joué constamment le jeu de l'ennemi, et accompli tout ce que ses adversaires auraient pu lui suggérer de plus efficace pour leur salut et notre ruine.

A peine Porter en sûreté, la retraite générale commence le 28. Keyes traverse le premier les marais de White-Oak, et prend position pour protéger le passage des immenses trains de l'armée et de ses vastes troupeaux de bétail. Puis, le 29, après avoir repoussé une attaque de cavalerie, il poursuit sa route vers le James, où il arrive le 30, en même temps que Porter, à Haxall's Landing. Moins bien partagés, les trois autres corps ne suspendent leur marche que pour combattre, et ne cessent de combattre que pour marcher. Mais tout cela, sans ensemble en l'absence de direction supérieure et d'ordres en rapport avec les circonstances.

Le 29, l'ennemi traversant à son tour le Chickahominy pour réunir toutes ses forces sur la rive droite, Franklin en donne avis à Sumner, et tous deux, après s'être concertés, se replient sur Savage-Station où ils prennent position dans le but de repousser avec Heintzelman la dangereuse attaque dont ils sont menacés. Mais Heintzelman, s'en tenant à ses instructions générales, se borne à détruire le matériel de chemin de fer, les approvisionnements, munitions, armes, bagages qu'on n'a pas le temps ou le moyen d'enlever; et, cela fait, il se hâte de traverser le marais de White-Oak, laissant à découvert la gauche de Sumner. Celui-ci n'apprend la retraite du 3ᵉ corps, que par une attaque furieuse des confédérés du côté même où il le croyait en position. Il n'en soutint pas moins le choc avec une solidité inébranlable, et se battit toute l'après-midi, avec quatre divisions, sans se laisser entamer sur aucun point. L'ennemi, à bout d'efforts infructueux, se retira à la tombée de la nuit. Alors seulement on reçut des nouvelles du général Mac Clellan, sous la forme d'un ordre à Sumner de se replier, ainsi que Franklin, de l'autre côté du marais de White-Oak, en abandonnent notre hôpital général de Savage-Station et les 2,500 blessés ou malades qui s'y trouvaient.

Dès le 30 au matin, Jackson se présente pour traverser le marais à la suite des nôtres. Il trouve le pont détruit, et tente de forcer le passage sur plusieurs points. Partout il est repoussé, et tenu toute la journée en échec par la résistance opiniâtre de Franklin, pendant que, plus loin, vers le James, Longstreet est arrêté par Heintzelman et Mac Call qui l'empêchent de couper notre armée en deux à Glendale.

Ce ne fut pas sans grande peine. Les confédérés arrivant par la route de New-Market, à angle droit avec celle du Quaker qui était notre ligne de marche, abordèrent en premier lieu les réserves pennsylvaniennes, rompirent leur ligne débordée par la droite et par la gauche, capturèrent une batterie d'artillerie, et poussèrent résolûment en avant par cette brèche dangereuse. Alors ils se heurtèrent à la division Hooker qui les rejeta obliquement sur le corps de Sumner. Bientôt après, Kearny combla le vide, et comme la veille, le soleil se coucha sur leur insuccès.

Mais, le soir même, Franklin laissé sans ordres, et se sentant dans une position de plus en plus périlleuse, abandonna le marais de White-Oak, et se replia vers le James. A cette nouvelle qui lui fut promptement transmise de divers côtés, Heintzelman envoya en vain demander des instructions au quartier général. Livré à ses seules inspirations, il conclut que le plus sage était de suivre le mouvement rétrograde, et il se mit en route de son côté, avec son corps d'armée.

Restait Sumner qui, se voyant laissé seul et sans soutien, se décida à son tour à faire comme les autres. Le 31 au matin, il arriva sur les hauteurs de Malvern, où les trois corps, le 2ᵉ le 3ᵉ et le 6ᵉ, se trouvèrent réunis, non pas, comme on l'a dit trop bénévolement, par une combinaison savante du général Mac Clellan, mais bien, par l'inspiration spontanée des commandants qui n'avaient reçu aucun ordre à cet effet. — « Au point du jour, dit le général Sumner dans sa déposition devant le comité du Congrès, je me présentai au général Mac Clellan sur le bord du James. *Il me dit qu'il avait eu l'intention que l'armée se maintînt là où elle était la veille, et qu'aucun ordre de retraite n'avait été envoyé;* mais que, puisque le reste de l'armée avait rétrogradé, il était bien aise que j'eusse fait de même. »

Il se trouva que le plateau de Malvern-Hill était admirablement disposé comme position défensive. Le général Humphreys, du corps des ingénieurs topographes, fut chargé d'en reconnaître les avantages, et il en tira le meilleur parti pour tracer une ligne formidable dont la gauche étendue jusqu'à Haxall's Landig sur le James, était protégée par nos gun-boats, tandis que la droite se repliait sur des terrains couverts de bois épais et coupés de cours d'eau marécageux. Les crêtes et les pentes du plateau étaient hérissées d'artillerie pouvant foudroyer la plaine, par dessus les lignes de l'infanterie déployées en avant. Dans cette position, l'armée attendit une dernière attaque.

L'ennemi y joua sa dernière carte, et perdit la partie. C'était peut-être une imprudence; mais il avait été victorieux à Gaine's Mill, et depuis lors, bien que repoussé avec perte à Savage-Station, à White-Oak Swamp et à Glendale, après chacun de ces engagements, il avait repris sa marche en avant, comme nous avions repris notre marche en retraite. Quelles que fussent les pertes matérielles de part et d'autre, l'effet moral restait tout en sa faveur, car dans cette funeste semaine, nos hommes, reculant toujours après chaque combat, se crurent invariablement vaincus, même quand ils étaient vainqueurs; et ils se sentirent démoralisés en proportion. Par la même raison, les confédérés, convaincus qu'ils nous avaient battus constamment depuis le 26, nous poursuivaient avec l'élan vigoureux et confiant que donne la victoire.

Et, en réalité, n'était-ce pas en effet pour eux une victoire? Qu'ils eussent été repoussés à Savage-Station et à Glendale, et arrêtés à White-Oak Swamp, qu'était-ce, sinon un délai de quelques heures? Et si leurs pertes avaient été plus considérables que les nôtres, la différence du chiffre des morts et des blessés n'était-elle pas largement compensée par la différence en sens inverse de la condition morale des survivants? Pour parler vrai, nos avantages, pendant les derniers jours, s'étaient bornés à sauver nos équipages en leur donnant le temps de prendre l'avance. Mais quand le général Lee amena toutes ses forces réunies devant les hauteurs de Malvern, c'était une armée victorieuse quoique affaiblie, qu'il lançait à l'attaque, pour donner le coup de grâce à l'armée de Mac Clellan, — de Mac Clellan qui, à ce moment même, s'était retiré à bord du gum-boat *Galena*.

Il lui fallait se hâter. Chaque pas en avant l'éloignait davantage de ses approvisionnements, et nous approchait des nôtres. Derrière nous, les routes défoncées devenaient de plus en plus impraticables, les difficultés se multipliaient d'heure en heure. En pareil cas, Lee n'avait guère le temps d'attendre que son adversaire eût évacué sa position présente, pour aller essayer de le forcer dans quelque autre qui n'offrirait peut-être pas de meilleures chances. Il tenta la fortune, et livra bataille le 1er juillet. Sur tous les points ses colonnes durent se replier en désordre, écrasées à chaque tentative par un double feu d'artillerie et d'infanterie à tout renverser. Il n'était pas d'élan qui pût en venir à bout. Cette fois, force fut à l'ennemi de se reconnaître vaincu et incapable de pousser la poursuite plus avant.

Mais les nôtres furent lents à ajouter foi au succès. En recevant, quelques heures seulement après que la nuit eût mis fin au combat, l'ordre de se retirer en masse à Harrison's Landing, ils en conclurent naturellement que nous n'étions pas de force à faire tête plus longtemps à l'ennemi, et que tandis que Couch et Porter avaient maintenu victorieusement leurs lignes intactes, un malheur avait dû arriver sur quelque autre point, compromettant notre position et nous forçant ainsi à une retraite précipitée. Harrassés de fatigues et de combats, épuisés de privations et de veilles, découragés, et soupçonnant que la fortune n'était pas seule à les trahir, ils se traînèrent en désordre vers le but assigné à cette dernière étape nocturne, qui eut tout le caractère d'une déroute.

Le lendemain, ils purent enfin se reposer et comprendre que le terme de leurs épreuves et de leurs dangers immédiats était arrivé, en voyant que leur général avait fait halte parmi eux. Son quartier général était établi à la plantation de Harisson, au bord du James et sous le canon des gun-boats.

Ce fut là que se rallia, comme un équipage naufragé, cette armée qui venait d'accomplir son salut par elle-même et en dépit de tout, — luttant avec une égale constance et contre les hommes et contre les choses, et ne se laissant détruire ni par Robert A. Lee, ni par Georges B. Mac Clellan.

CHAPITRE XIV

DE CHARYBDE EN SCYLLA

Misérable condition de l'armée. — Désertions. — Bravade militaire et manifeste politique de Mac Clellan. — Reconnaissances. — Ordre d'évacuer la Péninsule. — Retards sur retards. — Pope sur le Rappahanock. — Retour à Alexandrie. — Marche de nuit. — Fairfax Court-House. — Mort de Kearny. — Retraite sur Washington. — Pope et Mac Clellan.

Le *Vanderbilt*, qui m'avait amené le 1er juillet à Harrison-Landing, me ramena le surlendemain à la forteresse Monroë, en compagnie de 650 blessés. Le mauvais temps et la mauvaise nourriture avaient donné raison à la faculté et déterminé une rechute qui me mit hors d'état d'être débarqué. Ce ne fut que huit jours après, le 10 juillet, que je pus reprendre le commandement de mon régiment réduit désormais à moins de 400 hommes. Le reste, à part un certain nombre de déserteurs, était couché sur quatre champs de bataille, enfermé dans les prisons de Richmond ou gisant dans les hôpitaux.

Officiers et soldats étaient dans la plus triste condition. La plupart sans tentes, beaucoup sans couvertures, quelques-uns presque sans uniformes. Et cela, depuis Fair-Oak où, comme on se le rappelle, le camp du 55e et tout ce qu'il contenait avait été perdu. Pour une cause ou pour une autre, la perte n'avait point été réparée. Le peu que les hommes possédaient maintenant, ils l'avaient ramassé çà et là, dans les combats et dans les marches. C'était la dépouille des morts et des blessés. Les officiers n'étaient pas mieux partagés; leurs bagages avaient été brûlés à

Savage-Station, par suite de l'ordre trop hâtif d'un quartier-maître inexpérimenté.

Heureusement pour moi, le lieutenant-colonel s'était procuré une vieille tente délabrée que je pus partager avec lui, en attendant mieux, — abri problématique sous lequel j'entendis les récits des souffrances endurées, des périls bravés, des privations subies pendant les terribles sept jours.

Maintenant, il ne s'agissait plus que de *se refaire* physiquement et moralement. L'un était plus facile que l'autre. Dans le repos dont nous jouissions sous la protection de nos retranchements, le matériel nécessaire arriva bientôt, et le régiment put être remis à neuf au bout de quelques jours. Mais le moral des soldats ne se remonte pas avec un nouvel uniforme, et celui de l'armée était terriblement atteint; — si terriblement atteint qu'en arrivant à Harrison-Landing, à la faveur de la confusion universelle, les désertions avaient eu lieu par milliers parmi les hommes, et par centaines parmi les officiers subalternes. Les déserteurs avaient pu se jeter à bord des transports avec les malades et les blessés et abandonner ainsi l'armée, tant la désorganisation régnait dans les différentes branches du service.

Dans une lettre au général Mac Clellan en date du 13 juillet, le président établit, rapports en main, l'absence inexpliquée de quarante-cinq mille hommes de l'armée du Potomac. Or, les rapports officiels du 20 juillet portent à cent cinquante-huit mille trois cents quatorze (158,314) le chiffre total, et la perte pendant la fatale retraite était de quinze mille deux cent quarante-neuf (15,249). Et le 8 juillet, lorsque M. Lincoln était venu lui-même visiter l'armée, on n'avait pu lui présenter que quatre-vingt-six mille hommes (86,000) présents sous les armes.

Dans sa réponse, le général Mac Clellan allègue que trente-huit mille deux cent cinquante hommes (38,250) ont reçu des congés temporaires. Le chiffre laisse encore bien de la marge à la désertion, comme on voit. Mais il est une autre remarque qu'il semble impossible de ne pas faire : comment le général en chef pouvait-il autoriser une si énorme quantité de permissions, alors même qu'il ne cessait de se plaindre du manque de forces suffisantes. Car s'il avait, avant les derniers revers, demandé et redemandé à satiété des renforts, on peut croire qu'il fut loin de changer de gamme après avoir été rejeté à quelques vingt milles en arrière. Le lendemain de la bataille de Malvern-Hill, il avait demandé cinquante mille hommes, c'est à dire tout ce qui restait pour couvrir la capitale. Le surlendemain, on assure qu'il en avait demandé cent mille « plutôt plus que moins » pour prendre Richmond.

Prendre Richmond avec une armée commandée par le général Mac-Clellan? Il n'était personne qui ne sût à quoi s'en tenir désormais sur cette cruelle plaisanterie. Aussi, lorsque le général en chef crut devoir lancer de Harrison-Landing un ordre du jour où il signifiait à l'ennemi qu'avant peu il allait lui prendre sa capitale, on ne put que hausser les épaules à cette ridicule gasconnade. Le soldat américain est trop intelligent pour se payer de mots sonores, mais creux. Il juge pratiquement les choses d'après la réalité, non d'après les couleurs sous lesquelles on peut s'efforcer de la déguiser.

Mac Clellan le comprit probablement à l'effet produit dans l'armée par sa bravade, et à l'impression répandue dans le pays par sa déplorable campagne. Il faut croire qu'il voulut créer une diversion, et échapper au moins en partie à ses responsabilités militaires en évoquant les passions politiques.

Le 7 juillet, — cinq jours après son arrivée à Harrison-Landing, — il adressait au président de la République, une lettre dans laquelle il entreprenait, avec un égal mépris de l'à-propos et des convenances, de lui dicter la conduite à tenir dans le gouvernement général du pays. Il y déclarait qu'en aucun cas, la guerre ne devait être dirigée dans le sens de la subjugation du peuple d'aucun État ; — que ni confiscation de propriétés, ni exécutions politiques, ni organisation territoriale d'État, ni *abolition forcée de l'esclavage* ne pouvaient être envisagées un seul instant. — Qu'il ne devait pas être permis au pouvoir militaire d'intervenir dans les relations de servitude, soit pour, soit contre l'autorité du maître, sauf pour réprimer les désordres, comme en tout autre cas ; — qu'en appropriant d'une façon permanente à son service le travail esclave, le gouvernement devait reconnaître le droit du maître à une indemnité.....; — que, « la déclaration de vues radicales, spécialement à propos de l'esclavage, désorganiserait rapidement nos armées... » Enfin, pour donner force à cette politique, le général Mac Clellan recommandait au président de nommer un généralissime qui possédât sa confiance et pût exécuter ses ordres. C'est à dire que, sans demander positivement cette position pour lui-même, il s'offrait implicitement à conduire la guerre contre la rébellion, en ménageant de toute façon les rebelles, et par dessus tout en sauvegardant pour eux cette institution de l'esclavage, cause directe du conflit, source incontestable des maux présents, mais qui restait pour lui l'arche sainte à laquelle il n'était pas permis de toucher.

Ce manifeste donnait la clef des idées et de la conduite du général, de ses hésitations, de ses lenteurs, de ses tendres ménagements pour l'ennemi, et peut-être de certaines maladresses jusque-là inexpliquées. C'était, en tout cas, un appel direct à ce parti suspect de sympathie avec la rébellion, qu'encourageait son opposition de plus en plus tranchée à la marche du gouvernement. Dans cet appel, on sentait déjà poindre la candidature des compromis proclamée plus tard à la convention démocrate de Chicago.

En cette circonstance, le président manqua de décision. Le moment était opportun pour retirer le commandement de l'armée du Potomac à un général qui, comme militaire, avait fait avorter la campagne par son inhabileté, et comme politique, se séparait avec éclat de la ligne de conduite tracée par le Congrès et adoptée par le gouvernement. Mais soit que l'administration reculât devant une rupture ouverte avec le parti démocrate, soit qu'elle ne se sentît pas assez éclairée sur la valeur des généraux pour désigner le plus digne d'une succession si importante, les choses furent laissées dans l'état où elles étaient. Seulement, les corps isolés de Mac Dowell, Banks et Fremont, furent réunis et concentrés dans une seule main, celle du général Pope, afin de protéger plus efficacement Washington.

Notre position à Harrison-Landing n'était ni agréable ni encourageante. Nous nous y sentions dans une impasse dont il ne nous serait possible de sortir qu'à reculons. Par nous-mêmes, nous ne pouvions plus rien tenter d'efficace contre Richmond, et notre jonction avec l'armée de Pope, qui couvrait Washington du côté de Culpepper Court-House, était devenue impraticable depuis que nous avions été rejetés sur la rivière James. Nous attendîmes donc passivement la solution des questions qui s'agitaient entre le quartier général et le gouvernement.

Ce fut une pénible attente de plus d'un mois. Nous étions entassés derrière nos retranchements où le manque d'espace était aussi préjudiciable à la propreté qu'au bien-être du soldat. Nos campements étaient insalubres. L'eau était de mauvaise qualité. La chaleur accablante du mois de juillet était à peine tempérée par d'effroyables orages qui se renouvelaient assez fréquemment dans l'après-midi. Si le ciel restait pur, un soleil torride criblait la terre de gerçures d'où s'exhalaient des miasmes malsains. Malgré le soin que l'on prenait d'enterrer chaque jour les matières animales et les detritus de toute espèce, une odeur infecte se répandait autour des tentes trop agglomérées où la chaleur, la vermine et les mouches ne laissaient guère de repos au soldat. Ces mouches étaient un véritable fléau. Elles s'étaient multipliées à l'infini, et leurs piqûres aiguës tourmentaient les hommes et affolaient les chevaux impuissants à s'en défendre. La nuit seule apportait une trêve à leurs persécutions.

Telle était notre condition à Harrison-Landing. L'ennemi nous laissait tranquilles, sans s'inquiéter d'y troubler notre oisiveté inoffensive. Il se préparait à de plus importantes opérations. Une fois seulement, le 1er août, entre minuit et une heure du matin, il ouvrit à l'improviste une canonnade assez vive sur nos transports. Dans ce but, il avait envoyé quelques batteries sur la rive droite du James ; mais elles furent promptement réduites au silence, et se retirèrent au jour, sans nous avoir fait grand mal. Coggin's Point, où elles avaient été portées, fut occupé par nos troupes qui s'y retranchèrent, et l'ennemi ne s'y présenta plus.

Le 5 août, la division Hooker sortit en reconnaissance vers Malvern-Hill. Elle n'y rencontra personne, et s'en revint comme elle était allée.

Le 6, ce fut notre tour de pousser une pointe jusqu'à Haxall's-Landing. Depuis la bataille de Fair-Oak, le général Peck avait été promu au commandement d'une division, et avait été remplacé à la brigade par un capitaine d'artillerie pour brigadier général dans le service volontaire. Le général Albion P. Howe était donc plus familier avec le commandement d'une batterie qu'avec le service de l'infanterie. On s'en aperçut bien en cette circonstance. Partie au coucher du soleil, la brigade n'arriva à la ferme de Hoxall qu'à une heure du matin. La distance est de trois à quatre milles et aurait pu être aisément franchie en moins de deux heures. Mais égaré dans des détours multipliés, à la clarté brillante de la lune, le général ne sembla pas imaginer que les hommes pussent avoir besoin de temps à autre de quelques minutes de repos. Pour leur avoir trop peu ménagé la fatigue, il laissa derrière quantité de retardataires, et n'arriva au bivouac qu'avec un commandement réduit d'un tiers et tellement harassé que si nous avions rencontré l'ennemi, nous nous serions trouvés dans la condition la moins favorable pour l'attaquer ou même pour nous bien défendre. Heureusement, Haxall était abandonné comme Malvern, et après une journée de déploiements assez médiocrement conçus en cas d'attaque, la division rentra la nuit suivante, cette fois en droite ligne et sans avoir brûlé une amorce.

Le surlendemain, 10 août, le premier ordre de départ arriva. Les hôpitaux furent évacués et les bagages embarqués à bord des bâtiments de transport, même les sacs, ne laissant aux soldats que leurs armes, leurs couvertures et leur poche aux rations — en anglais : *havresack*. On embarqua également la grosse artillerie. Tout cela demandait quelques jours pendant lesquels l'armée sembla se transformer au milieu des manifestations du contentement universel. N'allait-on pas quitter enfin cette péninsule odieuse où nous n'avions trouvé que déceptions et revers? Nous laisserions sans doute les mauvaises chances contre lesquelles nous avions tant eu à lutter, et la fortune tournerait en notre faveur sur de nouveaux champs de bataille. On fit des feux de joie sans nombre de tout le combustible qu'on ne voulait pas laisser derrière. La gaîté reparut sur tous les visages; le moral se relevait dans tous les cœurs. Il n'eût pas fallu que l'ennemi tentât de nous barrer la retraite. Nous lui eussions passé sur le corps avec un élan irrésistible.

Mais l'ennemi ne songeait à rien de pareil. Ses yeux étaient fixés sur un autre point, et ses efforts allaient se porter dans un autre sens, pour écraser Pope avant que nous eussions le temps de lui venir en aide. C'était là précisément ce qu'avaient prévu et l'administration à Washington et le général Halleck appelé récemment au commandement en chef des armées, et la plupart des chefs de corps de l'armée du Potomac. Ces derniers s'étaient exprimés en ce sens lorsqu'en juillet, le président d'abord et le général Halleck ensuite avaient visité l'armée.

Le projet d'évacuer la péninsule datait de la visite du président le 8 juillet, et depuis lors le général Mac Clellan n'avait pas cessé d'y faire opposition par tous les moyens et sous tous les prétextes possibles. C'était pour se rendre bien compte de la valeur de cette opposition que, le 25 juillet, le général Halleck s'était rendu à son tour à Harrison-Landing. Là il avait pu apprécier par lui-même la condition réelle de l'armée, s'entourer d'informations directes et recueillir l'avis des généraux dont la majorité se prononçait pour l'évacuation immédiate de la péninsule. Il retourna à Washington pleinement satisfait de la nécessité de cette mesure, et le 30, adressa au général Mac Clellan l'ordre d'expédier promptement tous ses malades, pour pouvoir lever le camp. Le 2 août, point de réponse encore. Nouvel ordre confirmatif du premier. Le 3, Mac Clellan répond qu'il ne peut décider quels malades expédier, jusqu'à ce qu'il sache ce qu'on fera de l'armée. Sur l'heure il lui est signifié que l'armée va être transportée de la péninsule à Aquia-Creek. Le 4, au lieu d'obéir, il s'étend en protestations contre l'ordre donné et demande qu'il soit retiré. Le même jour, troisième ordre au général Mac Clellan de hâter le départ de ses malades, sans attendre communication de ce qu'étaient ou n'étaient pas les intentions du gouvernement relativement aux opérations futures.

Les motifs de cette détermination sont très clairement exprimés dans une dépêche du général Halleck, en date du 6 août.

« ... A notre dernière entrevue, écrit-il au général Mac Clellan, vous et vos officiers avez estimé à deux cent mille hommes, les forces de l'ennemi autour de Richmond. Depuis lors, vous et d'autres rapportez que ces forces ont et reçoivent encore des renforts considérables du Sud. L'armée du général Pope couvrant Washington n'est que de quarante mille hommes environ. Votre force effective ne dépasse pas quatre-vingt-dix mille hommes. Vous êtes à trente milles de Richmond et le général Pope à quatre-vingt ou quatre-vingt-dix, *avec l'ennemi directement entre nous, prêt à tomber avec sa supériorité numérique sur l'un ou l'autre à son choix.* En pareil cas, aucun de vous ne peut renforcer l'autre.

« Si l'armée du général Pope était diminuée pour vous renforcer, Washington, le Maryland et la Pennsylvanie seraient laissés découverts et exposés. Si vos forces étaient réduites pour renforcer Pope, vous deviendriez trop faible même pour maintenir la position que vous occupez maintenant, si l'ennemi se retournait contre vous et vous attaquait avec toutes ses forces.

« En d'autres termes, l'ancienne armée du Potomac est partagée en deux parties, avec toutes les forces de l'ennemi directement entre elles. Elles ne peuvent pas être réunies par terre, sans les exposer toutes deux à la destruction, et cependant, il faut qu'elles soient réunies. Envoyer les forces de Pope par eau dans la péninsule, est, dans la circonstance présente, une impossibilité militaire. La seule alternative laissée est d'envoyer les forces maintenant dans la péninsule à quelque point par eau, disons Frederiksburg où les deux armées peuvent être réunies... »

En opposition à ces raisons péremptoires, la théorie du général Mac Clellan se réduisait simplement à ceci : Que la meilleure protection de Washington était dans une menace contre Richmond; qu'il fallait donc lui envoyer toutes les troupes disponibles devant la capitale et ailleurs pour le mettre à même de reprendre l'offensive, et de recommencer sur nouveaux frais ses opérations avortées contre Richmond. Ce qui était insoutenable dans l'état actuel des choses. Car en prenant ses propres chiffres, s'il était vrai que les confédérés disposassent de plus de cent mille hommes, il leur suffisait d'en garder une moitié pour paralyser Mac Clellan et Pope réunis dans la péninsule, tandis qu'avec l'autre moitié, ils n'avaient qu'à marcher droit à Washington laissé sans protection, pour s'en emparer sans coup férir; — ce qu'ils n'eussent certes pas manqué de faire.

Enfin le général Mac Clellan, contraint d'obéir, ne s'y résigna qu'avec une mauvaise grâce et une lenteur excessives. Le 7 août, huit jours après la réception du premier ordre, il n'avait encore embarqué que moins de quatre mille malades, et il en restait encore près de six mille dans ses hôpitaux. En vain, dès le 9, le général Halleck lui télégraphiait-il que l'ennemi massait ses troupes en face de Pope pour l'écraser et marcher sur Washington. Mac Clellan répondait tranquillement qu'il mettrait son armée en mouvement aussitôt qu'il aurait expédié ses malades. En vain, le lendemain 10 août, le général Halleck annonçait-il que l'ennemi avait déjà traversé le Rapidan en forces considérables et attaqué Banks à *Cedar Mountain*; ce ne fut que le 14 que nos premières divisions furent mises en mouvement, et le 23 seulement, le général Mac Clellan s'embarqua pour Aquia-Creek où il arriva le 24.

Or, pendant ces funestes délais, dès le 18, Pope ayant sur les bras la masse des forces confédérées, avait été forcé de se replier derrière le Rappahanock où, tandis qu'il faisait tête à Lee, Jackson tournait sa droite par un grand mouvement de flanc et prenait position sur ses derrières à la station Bristoë sur le chemin de fer d'Orange et Alexandrie, interceptant ainsi ses communications avec Washington.

Dans ces conjonctures, les corps de Porter et de Heintzelman arrivés enfin de la péninsule, entrèrent en ligne. Leur coopération eût pu entraîner l'annihilation de Jackson dans la position dangereuse où il s'était risqué. Ce dernier parvint néanmoins à rejoindre Lee, et dès lors commença une série de combats acharnés dans lesquels Pope, accablé par le nombre, se vit, en dépit d'avantages partiels, rejeté sur Manassas, et vaincu finalement dans une dernière bataille, aux lieux mêmes où la fortune nous avait été déjà contraire une première fois.

Pendant que ces choses se passaient dans le nord de la Virginie, c'est à dire du 20 au 30 août, — le 4ᵉ corps était resté campé entre Yorktown et la forteresse Monroë, attendant son tour d'embarquement qui ne vint pas. Partis de Harrison-Landing le 16 au matin, nous étions arrivés à petites journées sur le bord de la rivière York où nous avions bivouaqué le 20. Ce ne fut qu'au bout de neuf jours d'attente, que la division Couch reçut seule l'ordre de se rendre à Alexandrie. La division Peck fut envoyée plus tard dans la Caroline du nord d'où le corps de Burnside avait été rappelé, et le général Keyes resta avec une seule division à Yorktown. Le 4e corps n'existait plus désormais.

Des transports étaient venus nous prendre. Le 55e et le 62e de New-York, placés temporairement sous mon commandement, furent entassés à bord de l'un d'eux. Le 30, on se mit en route, et le 31 au soir, nous jetions l'ancre devant Alexandrie. Triste retour, après la défaite, au point même d'où nous étions partis cinq mois auparavant, confiants dans la victoire.

Le bâtiment qui nous avait ramenés était un gros navire à voiles qu'il avait fallu remorquer, et sur lequel les autres avaient pris l'avance. Pendant la nuit, un steamer fut envoyé pour nous débarquer. L'obscurité était profonde; nous manquions de falots, et le transbordement des bagages et des hommes se fit à peu près à tâtons. Malgré tout, au point du jour, nous prîmes terre sur le quai d'Alexandrie.

Les nouvelles qui nous y attendaient étaient désastreuses. Mille rumeurs circulaient plus décourageantes les unes que les autres. Comme toujours dans les grands revers, le mot de trahison était prodigué. Le soldat vaincu aime toujours à se dire trahi par quelqu'un. Peut-être, dans ce cas-ci, l'avait-il été en effet jusqu'à un certain point; mais non pas certes par ceux que désignaient ses aveugles accusations. En ce moment, à Alexandrie, le héros du jour était Siegel, et le bouc émissaire, Mac Dowell. Pourquoi cette double absurdité? C'est ce qu'il est impossible d'expliquer, surtout depuis que la justice tardive a élucidé les faits et désigné ou frappé ceux qui avaient fait noblement leur devoir, et ceux qui l'avaient indignement trahi.

Quoi qu'il en fût, à travers toutes les exagérations sinistres se dégageait le grand fait indéniable de la défaite. Battue pour la seconde fois à Manassas, l'armée avait passé le Bull-Run en retraite, et pris position à Centreville, où les deux corps de Sumner et de Franklin lui fournirent trop tard un renfort d'environ 40,000 hommes de troupes fraîches.

A trois heures de l'après-midi, je reçus l'ordre de rallier, avec mes deux régiments, le reste de la brigade qui nous avait précédés à Fairfax Court-House. Nous partîmes aussitôt. D'autres régiments, mieux partagés que nous, étaient emportés par des convois de chemin de fer; mais le matériel ne pouvait suffire à toutes les exigences du moment, et il fallut nous rendre à pied à notre destination.

La chaleur était accablante. Vers le coucher du soleil, de lourdes masses de nuages plombés commencèrent à s'amonceler à l'horizon, et s'élevèrent bientôt dans le ciel avec de sourds roulements de tonnerre qui nous menaçaient d'un orage. En effet, une obscurité prématurée ne tarda pas à se répandre dans l'atmosphère alourdie. La nuit se fit avant l'heure, et presque aussitôt les nuées fondirent sur nous en cataractes.

L'abondance torrentielle de la pluie nous faisait espérer qu'elle serait de courte durée; mais il n'en fut rien, car elle ne cessa de tomber avec plus ou moins de violence jusqu'après minuit. En peu de temps, la route délayée se changea en bourbier où l'on pouvait à peine se guider aux courtes lueurs des éclairs. Le désordre commençait à se glisser dans les rangs. Les soldats marchaient péniblement dans cette terre gluante d'où ils avaient peine à dégager leurs chaussures. Le milieu de la chaussée fut bientôt accaparé par une interminable file de wagons dirigés en retraite sur Alexandrie. Il s'y mêlait des batteries d'artillerie qui, en cherchant à dépasser les fourgons, produisaient parfois des encombrements. Les ordres des officiers, les cris des wagonniers, les jurons des soldats se mêlaient aux éclats de la foudre. Tout cela produisait un tumulte assourdissant, au milieu duquel il était difficile de se reconnaître, et d'où nous ne pouvions nous tirer sans laisser derrière une certaine quantité de traînards. Plus nous avancions, et plus le nombre en augmentait. Dans les forêts que nous avions à traverser, les grands arbres invitaient partout les hommes fatigués à quelques instants de repos. Beaucoup cédaient à la tentation, comptant rejoindre leur bataillon à la première halte. Mais dans cette nuit noire, à travers ce courant de wagons et de canons, d'hommes et de bêtes, marchant en sens inverse, comment regagner le temps perdu et retrouver le régiment? Les officiers n'y pouvaient rien. Les compagnies étaient forcément mêlées et l'obscurité défiait la surveillance. Le 62ᵉ s'égrena ainsi, presque tout entier, le long de la route. Dans le 55ᵉ, pas un officier ne demeura en arrière (je n'en avais plus que seize); mais les deux tiers des hommes manquèrent à l'appel, lorsque, vers onze heures du soir, nous fîmes halte à l'entrée du village de Fairfax.

Tout y était dans une terrible confusion. A la lueur des feux allumés partout, dans les rues, dans les cours, dans les champs, on pouvait voir des encombrements sans fin de voitures, fourgons, ambulances, caissons, autour desquels des milliers d'hommes envahissaient les maisons, s'entassaient dans les granges, renversaient les clôtures, fouillaient les jardins, cuisaient leur souper, fumaient ou dormaient sous la pluie. Ces hommes appartenaient à différents corps. Ils n'étaient ni malades ni blessés; mais à la faveur du désordre inséparable d'une défaite, ils avaient laissé leurs régiments à Centreville pour se mêler à l'escorte des trains ou s'échapper isolément, talonnés par la crainte de nouveaux combats; — traînards et maraudeurs, méprisable engeance dont la seule préoccupation est de fuir le danger.

Aucun d'eux ne put nous fournir de renseignements sur la position de la division. Les officiers que j'avais envoyés aux informations revinrent sans avoir rien appris à ce sujet. Force nous fut de bivouaquer où nous étions, en attendant le jour.

C'était une sorte de petite place entourée de jardins et de basses-cours. Près d'une clôture en planches déjà détruite à moitié et qui nous servit à entretenir nos feux, nous nous assîmes sur quelques pierres pour sécher nos vêtements trempés et réchauffer nos membres engourdis. La pluie tombait encore, mais on en sentait venir la fin. Les hommes se roulèrent promptement dans leurs couvertures et s'endormirent autour des faisceaux sans se soucier autrement de la boue. Quelques officiers allèrent aux nouvelles. Elles étaient toutes du caractère le plus décourageant. Battue à Manassas, l'armée s'était à peine ralliée à Centreville et continuait sa retraite vers Washington.

Parmi tous les rapports vrais ou faux qui me furent répétés durant cette nuit sinistre, il en est un dont je n'ai pas oublié la douloureuse impression : Kearny avait été tué la veille. Ce n'était pas seulement un deuil pour ses amis ; c'était une grande perte pour l'armée et pour le pays.

Philippe Kearny appartenait à une famille des plus considérées, qui avait déjà fourni un général aux États-Unis. Nul ne possédait à un plus haut degré les goûts et les qualités de l'homme de guerre. A ces dons naturels et à l'éducation militaire qu'il avait reçue à West-Point, il joignait, en outre, une expérience que bien peu d'officiers possédaient dans nos armées. Ainsi, envoyé en mission en France, pour y étudier spécialement l'organisation de la cavalerie, au lieu de se contenter des renseignements puisés au département de la guerre et d'études sur les régiments en garnison à Paris, il s'était courageusement astreint à tous les exercices de l'école de Saumur où il avait passé deux ans. Il visita ensuite l'Algérie où il obtint d'accompagner le duc d'Orléans comme aide de camp honoraire, pendant la campagne des Portes-de-Fer. Là il obtint la seule distinction qui fût à sa portée, la croix de la Légion d'honneur. Il n'eût ensuite dépendu que de lui d'entrer au service de France, par un commandement qui lui fut offert dans la légion étrangère; mais il préféra retourner en Amérique où la guerre du Mexique lui fournit bientôt l'occasion de se distinguer. Après s'être signalé dans maints engagements, il perdit un bras et gagna le grade de major à l'attaque de Mexico.

Plus tard, il quitta le service, pour jouir librement de sa grande fortune. En 1861, il habitait Paris où ses amis et ses compatriotes trouvaient chez lui un accueil cordial et une élégante hospitalité. La politique l'intéressait peu, et il recevait avec une égale aménité ses anciens camarades de l'armée, qu'ils fussent du Nord ou du Sud. Mais lorsque la guerre éclata entre les deux sections du pays, il n'hésita pas dans l'accomplissement de son devoir. Au premier coup de canon, renonçant aux joies de la famille et aux conforts tranquilles de la richesse, il partit pour aller demander de l'emploi au gouvernement fédéral. Peu après son arrivée, il fut nommé brigadier général de volontaires.

Dans la péninsule, il commandait une division qui brilla entre toutes par sa tenue, sa discipline, son élan dans l'attaque et son opiniâtreté dans la défense. L'esprit de Kearny était en elle, et l'anima jusqu'au bout, après qu'elle eût perdu le chef dont la mémoire resta toujours vivante dans ses rangs.

Kearny fut nommé major général à Harrison-Landing. Cette promotion méritée plutôt deux fois qu'une, perdit beaucoup de son prix à ses yeux, pour être comprise dans une fournée faite sans discernement à l'occasion du 4 juillet anniversaire de l'indépendance nationale. Tous les brigadiers généraux qui, pendant la campagne, avaient bien ou mal commandé une division, furent promus comme lui, et tous les colonels qui s'étaient trouvés à la tête d'une brigade reçurent indistinctement l'étoile de brigadier général. Déplorable système qui ne contribua pas peu à prolonger la période de nos revers.

Kearny joua un rôle actif et brillant dans la série de combats que Pope eut à soutenir. A Manassas, il aborda si vigoureusement la gauche de l'ennemi qu'il la rejeta au delà du chemin de fer qu'elle couvrait. Ce succès partiel aurait pu nous valoir une victoire. En effet, l'attaque de Kearny devait coïncider avec une attaque du corps de Porter contre la gauche des confédérés. Mais Porter ne se présenta point en ligne, et laissa à l'ennemi toute liberté d'envoyer des renforts à son aile débordée. Kearny fut forcé d'abandonner le terrain qu'il avait gagné, et la chance tourna contre nous.

Le Ier septembre, Lee, poursuivant nos forces en retraite, rejoignit notre droite près de Chantilly. Le général Stevens ayant été tué, sa division à court de munitions se replia en désordre. Kearny se hâta d'envoyer la brigade Birney pour maintenir notre ligne, et l'appuya d'une batterie d'artillerie qu'il mit lui-même en position. Cependant, une brèche restait encore ouverte. Pour en reconnaître l'étendue et les dangers, il s'élance seul dans cette direction, laissant ses officiers d'état-major et ses cavaliers d'ordonnance, afin de ne point attirer l'attention... Ceux-ci l'attendirent en vain; il ne revint plus... Emporté par son ardeur, il avait donné, sans s'en apercevoir, dans la ligne des tirailleurs ennemis cachés sur la lisière d'un bois. Quand il ne fut plus qu'à quelques pas d'eux, les plus proches lui crièrent de se rendre. Pour toute réponse, il fit volte-face et se couchant sur le cou de son cheval, repartit au galop. Les balles allaient plus vite que lui. L'une d'elles l'atteignit au dessus de la hanche et lui traversa le corps. Il tomba et mourut au bout de quelques instants.

Les généraux confédérés, dont il avait été le camarade et l'ami avant de devenir un de leur plus redoutables adversaires, voulurent en cette occasion témoigner en quelle haute estime ils le tenaient. Par ordre du général Lee, le corps de Kearny, son cheval, son équipement et ses armes nous furent rendus, sans que rien en eût été distrait. Tête ardente et noble cœur, ainsi commandait-il la sympathie et l'admiration, même parmi les ennemis qu'il combattait les armes à la main.

Cette mort fatale me fit songer aux dernières paroles qu'il m'avait adressées sous ma tente où il venait parfois causer de la France, de Paris, de nos amis communs de New-York, et de ces mille choses qui intéressaient toujours en lui l'homme du monde, au milieu des devoirs de l'homme de guerre. Comme je lui faisais remarquer qu'il était désormais lancé dans une voie qui pouvait le conduire à tout :

« Bah! fit-il; il ne faut rien exagérer. Sans doute, je crois pouvoir commander un corps d'armée avec quelque distinction; mais une plus haute responsabilité dépasserait probablement mes forces, et je ne pense pas que je vise jamais à un commandement en chef. — Tel brille au second rang... vous savez. Aussi n'ai-je point moi-même l'ambition que mes amis peuvent concevoir pour moi. Que la guerre finisse de façon ou d'autre, et je retournerai aussitôt reprendre ma vie de famille à Paris, satisfait d'avoir fait mon devoir et de n'avoir rien à me reprocher. »

Ainsi sommes-nous. Il avait compté sans la mort qui l'attendait à vingt jours de là. Ce fut comme un deuil public, à New-York surtout où on lui fit des obsèques magnifiques. Mais nulle part sa perte ne fut aussi profondément sentie qu'à l'armée du Potomac dont il avait été une des premières gloires et où les mille récits du bivouac finirent par donner à sa mémoire les proportions d'un héros de légende.

Pendant la nuit que nous passâmes à Fairfax-Court-House, peu d'hommes rejoignirent le bataillon à travers mille difficultés résultant de la confusion générale. Le plus grand nombre de ceux que nous avions laissés derrière, s'étaient groupés par escouades, mais restaient sur le bord de la route à nous attendre. Au premier point du jour, la masse de rôdeurs agglomérés autour du village, s'était remise en route pour Alexandrie. A toutes les questions, ils répondaient invariablement que l'armée entière les suivait en retraite et que ceux qui voulaient rejoindre leurs régiments n'avaient rien de mieux à faire que les attendre passer. En effet, les trains défilaient sans relâche sur la route, bientôt suivis d'artillerie et d'infanterie.

Mieux informé par rapport à la position de la division, je la ralliai à l'extrême arrière-garde, en remontant ce vaste courant humain et en traversant deux lignes de bataille qui me prouvèrent au moins que la retraite ne s'opérait pas tout à fait sans ordre. Je n'amenais malheureusement qu'une poignée d'hommes avec moi, mais tout était précieux alors. Nous fûmes aussitôt détachés en piquet sur la route de Centreville où l'on s'attendait à voir paraître l'ennemi d'un instant à l'autre. Le 10ᵉ du Massachussetts et le 29ᵉ de New-York étaient avec nous. Là nous rejoignirent encore un certain nombre de ceux qui s'étaient séparés de nous involontairement la nuit précédente.

Dans l'après-midi, vint notre tour de nous replier, sans que les vedettes de cavalerie qui nous couvraient eussent signalé l'ennemi. Il avait, en effet, renoncé à nous poursuivre plus loin. Le mouvement rétrograde s'était donc continué pendant toute la journée sans obstacle et sans désordre. Mais quand la nuit fut venue, les choses prirent un autre aspect.

Ceux qui, depuis huit jours, n'avaient fait que marcher et combattre, étaient harassés de fatigue. Tous savaient que l'ennemi n'était plus à nos trousses. Aucune crainte salutaire ne les retenait dans les rangs, et beaucoup cédaient à la tentation d'un repos de quelques heures. Ils allumaient de grands feux dont le nombre augmentait sans cesse, si bien qu'à quelques lieues d'Alexandrie, la campagne finit par en être tout illuminée.

Sur la route, régnait partout la plus grande confusion.

Infanterie et cavalerie, artillerie et équipages, tout s'y pressait pêle-mêle, au milieu des cris de ralliement des officiers, des appels et des juremens des hommes.

Je me rappelle que notre brigade fut coupée par un convoi de chevaux appartenant au corps du général Banks. Ces animaux attachés deux à deux à une longue corde, se jetaient à droite et à gauche, et semaient partout le désordre sur leur passage, par leurs impatiences ou leurs frayeurs. Sans nouvelles et sans ordres du général Howe dont les officiers d'état-major restèrent invisibles durant toute la nuit, je m'appliquai avant tout à garder ensemble le bataillon, tâche rendue moins difficile par la réduction, depuis la veille, des hommes restés autour du drapeau.

Ce fut ainsi que chaque régiment arriva séparément dans la ligne des fortifications qui couvraient Alexandrie. Là, un officier de l'état-major de la division nous dirigea, par un chemin de traverse, sur une lande voisine du séminaire. Quelques brindilles ramassées à grand'peine servirent à allumer deux ou trois maigres feux autour desquels on s'endormit sans souper. Les havre-sacs étaient vides.

Le lendemain, tous les journaux annoncèrent, sur un ton d'exaltation, que l'armée était en sûreté derrière les lignes de Washington. Il y avait de quoi, en vérité !

La campagne malheureuse de Pope fut aussitôt l'objet des censures les plus violentes. Les amis de Mac Clellan poussèrent les hauts cris. A les entendre, on avait sacrifié l'armée du Potomac à l'outrecuidance d'un général inepte qui avait perdu la tête en présence de l'ennemi. Les journaux du parti auquel Mac Clellan s'était livré sans réserve par sa fameuse lettre du 7 juillet, se répandirent de leur côté en récriminations dont le but n'était pas difficile à pénétrer. — « Voilà donc à quoi avaient abouti les ridicules rodomontades de Pope ! C'était bien la peine de faire venir de l'ouest un général ignorant et incapable, uniquement parce qu'il était l'ami personnel du président! Tel était l'effet du favoritisme. Eût-on écouté Mac Clellan, Richmond serait peut-être, à cette heure, en notre pouvoir. Mais pour avoir voulu mettre bas le *seul* général capable d'en finir avec la rébellion, le *seul* qui comprît le vrai caractère de la guerre et la volonté manifeste du peuple, on avait perdu tout le fruit d'une année d'efforts et de sacrifices !.... etc., etc. »

Dans tout cela, il entrait beaucoup plus de passion que de raison. C'est qu'il s'agissait avant tout de replacer Mac Clellan sur le pavois. Pour y arriver, la défaite de Pope offrait un moyen que l'on exploitait sans mesure, et qui réussit en effet. Plus tard la vérité s'est fait jour là où, sous la pression des circonstances, on ne pouvait porter le flambeau de l'investigation. Aujourd'hui les pièces du procès sont sous les yeux de tous et permettent de formuler, en connaissance de cause, un jugement impartial.

Pour moi, je puis bien à ce sujet m'appliquer le mot de Tacite à propos d'Othon, de Galba, de Vitellius : *Mihi nec beneficio, nec injuriâ cogniti*. Mac Clellan et Pope ne me sont connus ni par un bienfait, ni par une injustice. A l'un je n'ai jamais adressé la parole que pour le remercier d'un compliment à l'adresse de mon régiment, et je n'ai ni approché ni vu l'autre de ma vie.

Que Pope ne se soit pas montré à la hauteur de sa tâche, qu'il n'ait pas réalisé ce qu'on attendait de lui ; — c'est là un fait que personne, je pense, ne songe à contester. Mais la justice réclame en sa faveur bien des circonstances atténuantes. D'abord, sa tâche était herculéenne, et pour l'accomplir, il eût fallu être un grand capitaine, ce qui n'est pas donné à tout le monde, il s'en faut de beaucoup. Ensuite, les renforts et les secours sur lesquels il était en droit de compter, lui firent défaut en grande partie, ce qui le maintint constamment dans une position désavantageuse vis-à-vis de l'ennemi. Enfin, le mauvais vouloir et la désobéissance d'au moins un de ses chefs de corps, contribua sensiblement à déjouer ses plans et à paralyser ses efforts.

Rappellons les faits :

Le 20 juillet, lorsque Pope, ayant sur les bras toute l'armée confédérée, prit position derrière le Rappahanock, il n'avait pas encore reçu un seul homme de ceux que, depuis plus de huit jours, Mac Clellan avait l'ordre formel de lui envoyer. Néanmoins, une première tentative de Jackson pour tourner sa droite à Sulphur-Springs, fut énergiquement repoussée le 22.

Cependant Jackson, parcourant un long circuit à marches forcées, arrive, le 26, à Brestoë-Station, sur les derrières de Pope dont il rompt les communications avec Washington, en détruisant les chemins de fer. Ce mouvement hardi devait nécessairement correspondre avec une attaque de front. Lee, avec le gros de son armée, délogerait Pope de sa position sur le Rappahanock, tandis que Jackson le prenant à revers, achèverait sa déroute et probablement la destruction de ses forces. Autrement, la marche de Jackson n'eût plus été qu'une faute grave qui l'exposait lui-même à être anéanti. Peu s'en fallut qu'il n'en fût ainsi, car Pope prévenant l'attaque de Lee, et se renforçant en chemin des deux corps de Porter et de Heintzelman arrivés enfin de la péninsule, se hâta de manœuvrer de façon à envelopper Jackson à Manassas où il s'était retiré.

Ce fut dans l'exécution de cette combinaison capitale, que commencèrent à se manifester les mauvais vouloirs dont le général Pope eut tant à souffrir. Le 27, Hooker avait rejoint et refoulé l'arrière-garde de Jackson à Bristoë. Porter, l'ami intime et le lieutenant favori de Mac Clellan, devait s'y trouver le 28 au point du jour, pour tirer un parti décisif de ce premier avantage. Il ne s'y montra que vers dix heures, et l'on sait ce que peut coûter, en pareil cas, un retard de six ou sept heures.

Jackson glissa, pour ainsi dire, entre les doigts de son adversaire et réussit à rejoindre Lee. Ce fut fort habile à lui ; mais on doit admettre qu'il n'y fût point parvenu, si Pope, même sans la coopération de Porter, avait mieux pris ses mesures.

Cependant, rien n'était encore perdu, pourvu que les corps de Sumner et de Franklin entrassent maintenant en ligne. Malheureusement, Mac Clellan était arrivé à Alexandrie, et, le 27, avait reçu l'ordre de prendre entièrement la direction des envois de troupes au rival dont le succès eût été sa propre condamnation. A partir de ce moment, des quarante mille hommes qu'il avait là sous la main, pas un ne rejoignit Pope. Pourquoi ? — C'est ce que nous explique clairement le général Mac Clellan lui-même dans une dépêche adressée à M. Lincoln, le 29 août à deux heures quarante-cinq minutes de l'après-midi.

« Il est clair pour moi, — écrit-il au président, — que l'une ou l'autre de ces deux propositions doit être adoptée : premièrement, concentrer toutes nos forces disponibles, pour *ouvrir une communication avec Pope...* » (Non pas, notez bien, pour *renforcer* Pope, comme il en avait reçu l'ordre formel et vingt fois répété de jour en jour et presque d'heure en heure, mais simplement pour lui faciliter un refuge derrière les lignes fortifiées.) « Secondement, laisser Pope *se tirer d'affaire comme il pourra* (*to get out of his scrape*) et employer toutes nos ressources à mettre la capitale parfaitement en sûreté... »

Laisser Pope se tirer d'affaire comme il pourra ! Voilà le mot lâché. Il n'a pas besoin de commentaires.

Franklin et Sumner furent donc gardés inactifs sous toutes sortes de vains prétextes dont on ne saurait imaginer la puérilité et les contradictions sans en lire le détail dans les documents officiels publiés à ce sujet par le Congrès, — notamment dans la série de télégrammes échangés entre le général Mac Clellan et le général Halleck, et servant d'appendice à la déposition de ce dernier devant le comité sur la conduite de la guerre.

En ce qui concerne la conduite du général Porter, la

justice militaire a prononcé. Il fut cassé de son grade, renvoyé de l'armée, et déclaré inhabile à occuper aucune fonction de confiance, d'honneur ou de profit sous le gouvernement des États-Unis.

Ainsi, l'absence de deux corps d'armée attendus en vain ; le manque de coopération opportune d'un troisième corps, par le fait de son chef ; les erreurs de quelques généraux de division ; certains ordres mal donnés ou mal exécutés ; — tout tournait contre Pope. Il s'ensuivit un manque d'ensemble fatal dans la concentration de ses forces et dans les différents combats dont la série aboutit à la défaite de Manassas.

Depuis lors, le pays a fait la part de chacun dans ces revers, et pesé dans la balance la responsabilité de Pope et celle de Mac Clellan. Mais alors, que savait-on ? Le soldat, d'autant plus irrité de ses défaites qu'il s'était plus bravement battu, était prêt à s'en prendre à quiconque serait désigné à ses ressentiments. En dehors de l'armée, l'opinion publique, indécise, fut bientôt entraînée dans la voie que lui ouvraient des apparences exagérées sans scrupule. Le gouvernement lui-même eut la main forcée.

Pope disparut de la scène pour aller garder au loin nos frontières du nord-ouest, tandis que Mac Clellan retrempé dans une popularité factice, réunissait sous son commandement l'armée du Potomac, celle de Virginie, et les troupes amenées par Burnside de la Caroline du nord.

Mac Dowell fut sacrifié. Sa mauvaise chance était toujours de payer pour les autres. Par contre, Hooker fut promu au commandement du premier corps. Voilà du moins un acte de justice à constater.

Au milieu des rumeurs insensées et des faux rapports qui, d'un jour à l'autre, portaient au Capitole ou traînaient aux gémonies tantôt un général et tantôt un corps d'armée, la glorieuse réputation du troisième corps (Heintzelman) était restée au dessus de tout soupçon. Dans la Virginie du nord comme dans la péninsule, ses deux généraux de division, Kearny et Hooker avaient rivalisé d'empressement à obéir et d'ardeur à combattre. L'un et l'autre avaient déployé, dans le commandement, des mérites supérieurs qu'il n'était pas possible de méconnaître. Kearny était mort; mais Hooker survivait, réservé par la fortune à des épreuves plus difficiles et à des services plus éclatants.

CHAPITRE XV

TEMPS MEILLEURS

(ANTIETAM)

Invasion des confédérés dans le Maryland. — Passage du 55ᵉ à Tenallytown. — Avant-postes sur le Monocacy. — Transfert dans le 3ᵉ corps. — Physionomie de Washington. — Un legs de Kearny. — Le général Birney. — Comment Harper's Ferry se rendit à l'ennemi. — Combats de South-Mountains. — Condition des deux armées. — Bataille d'Antietam. — Attaques partielles. — Résultat incomplet. — Hésitations de Mac Clellan. — Lee repasse en Virginie.

Lorsque le général Lee avait renoncé à poursuivre notre armée en retraite sur Washington, ce n'était pas pour s'endormir dans sa victoire ou se mettre simplement en mesure de protéger cette portion de la Virginie qu'il nous avait reprise. Il avait de plus hauts desseins, et encouragé par ses succès il avait résolu de « combattre les Romains dans Rome. » C'est pourquoi, nous laissant regagner Alexandrie dans la condition que l'on sait, il marcha droit sur Leesburg, traversa le haut Potomac et envahit le Maryland sans obstacle. Dès le 7 septembre, il était campé avec toute son armée autour de Frederick.

A ces nouvelles, le général Mac Clellan se mit à son tour en mouvement, au devant de son adversaire. Il emmenait avec lui le 1ᵉʳ et le 9ᵉ corps (Hooker et Reno) sous le commandement de Burnside, le 2ᵉ corps auquel était adjoint le 12ᵉ (Mansfield) tous deux sous le commandement de Sumner, le 6ᵉ corps (Franklin) renforcé de la division Couch, et le 5ᵉ corps encore commandé par

Porter. — Le tout formant un effectif d'environ quatre-vingt-dix mille (90,000) hommes, y compris l'artillerie de réserve et la cavalerie de Pleasonton.

Le chiffre de l'armée confédérée était à peu près le même, quoique ses généraux l'aient représenté comme sensiblement inférieur.

Notre halte devant Washington ne dura donc guère ; mais elle suffit à faire rentrer les traînards à leurs bataillons. Les chevaux et les bagages, laissés en arrière à Yorktown, ne nous rejoignirent que plus loin.

Le 4, le régiment campa sur les hauteurs du Chain-Brigde qui nous étaient si familières. Le 5, nous traversâmes le pont, et par un chemin bien connu, nous arrivâmes à Tenallytown, passant devant notre ancien camp maintenant occupé par d'autres, et près duquel nos amis de l'hiver précédent étaient accourus au bord de la route pour nous saluer du geste et de la voix.

Cette courte entrevue fut pleine de douloureuses impressions. Quel contraste entre le départ et le retour ! Nous étions partis au printemps gais, pimpants, bien fournis de tout. Les tambours battaient, les clairons sonnaient, le drapeau faisait miroiter au soleil ses plis de soie immaculés... Et nous revenions avant l'automne, tristes, harassés, couverts de boue, les uniformes en lambeaux. Les tambours portaient maintenant leurs caisses crevées sur leur dos ; les clairons étaient bossués et silencieux ; le drapeau troué par les balles, déchiré par la mitraille, décoloré par la pluie pendait tristement sur la hampe sans étui.

Où étaient les pantalons rouges ? Et où les jaquettes des zouaves ! Et surtout, ceux qui les portaient et qu'on cherchait vainement dans les rangs, qu'étaient-ils devenus ? Tués à Williamsburg, tués à Fair-Oak, tués à Glendale, tués à Malvern-Hill ; blessés ou malades dans les hôpitaux ; prisonniers à Richmond ; — déserteurs on ne savait où... Et en fin de compte, trois cents à peine revoyaient Tenallytown et le fort Gaynes en allant encore se battre dans le haut Maryland. Ça n'était pas gai, mais n'importe! Dussions-nous y rester tous jusqu'au dernier, jamais le drapeau rebelle ne flotterait sur Washington !

L'armée n'avança qu'avec lenteur et précaution. En cela, le général Mac Clellan ne sortait point de ses habitudes, mais ici, les circonstances lui commandaient la prudence. Les confédérés menaçaient aussi bien Baltimore que Washington. Tout en s'efforçant de pénétrer leurs desseins, il devait donc s'appliquer à couvrir ces deux villes et se garder de tout mouvement trop déterminé qui eût pu livrer passage à son adversaire d'un côté ou d'un autre. Aussi n'arrivâmes-nous à Poolesville que le 10 dans l'après-midi, ayant mis cinq jours à parcourir moins de deux étapes ordinaires. Poolesville n'est qu'un village insignifiant, mais sa position lui donne une véritable importance militaire. Il est en effet situé au centre d'une section de cercle formée par le Potomac, et à courte et égale distance de trois gués par lesquels on peut aisément traverser le fleuve.

A peine avions-nous formé les faisceaux que le général Couch me fit appeler. Je le trouvai dans sa tente, préoccupé sinon inquiet.

— Je vous ai fait venir, me dit-il, pour vous confier une mission qui n'est ni sans dangers ni sans importance. Certains rapports nous font craindre que l'ennemi ne médite la destruction de l'aqueduc sur lequel le canal du Chesapeake à l'Ohio traverse la rivière Monocacy à son embouchure dans le Potomac. C'est ce qu'il s'agit d'empêcher. L'aqueduc est à six milles d'ici. Vous allez vous y rendre sans délai avec votre régiment. Un guide vous conduira. Vous aurez à prendre les meilleures mesures de défense, suivant que la nature du terrain vous les suggérera. A cet égard, je m'en remets entièrement à votre jugement. Je n'ai malheureusement ni artillerie, ni réserve à vous donner, de sorte que vous n'avez à compter que sur vous-même en cas d'attaque. Néanmoins, je me tiendrai en communication avec vous au moyen de quelques cavaliers. Tant que vous pourrez tenir, tenez. Tant que vous pourrez combattre, combattez. Mais si vous êtes délogé par des forces trop supérieures, votre ligne de retraite est par la route qui va vous conduire à votre poste. C'est par là que vous avez la meilleure chance de rencontrer les quelques renforts que je pourrais vous envoyer en pareil cas, soit pour reprendre l'offensive, soit pour protéger votre rentrée dans nos lignes.

— Général, lui dis-je, je ferai de mon mieux.

Et, comme j'allais sortir, il ajouta avec une certaine solennité qui n'était pas dans ses habitudes :

— L'heure est venue où chacun doit faire son devoir, et plus que son devoir, car jamais la république n'a couru d'aussi grands dangers.....

Cette réflexion me frappa comme l'expression du sentiment qui animait l'armée en ce moment. La confiance en Mac Clellan s'était relevée, et les derniers revers avaient beaucoup moins abattu le courage du soldat qu'excité dans son cœur la résolution de prendre sa revanche. Chacun était donc prêt à faire son devoir, et plus que son devoir. On le vit bien à quelques jours de là.

Un quart d'heure après, nous étions en route.

Nous arrivâmes à l'aqueduc avant le coucher du soleil. La position était très bonne et toute favorable à la défense. La rive sur laquelle nous nous trouvions était boisée. Par son élévation, elle dominait complétement la rive opposée qui était plate et bordait de grands champs nus comme la main. Près du canal, s'élevait, en outre, une colline assez haute, d'où la vue s'étendait au loin sans obstacles, et enfin un régiment de cavalerie du Massachussetts se trouvait dans notre voisinage immédiat. Décidément, la mission n'était pas aussi périlleuse que le général se l'était figuré. Je n'en pris pas moins toutes les précautions requises, dans la disposition de ma petite force. J'établis un cordon de sentinelles avancées dans la plaine, pour prévenir toute surprise; je fis allumer des feux et planter des tentes sur le coteau, pour que l'aqueduc parût protégé par des forces plus considérables que celles dont je disposais en réalité ; — et, cela fait, je m'endormis sur le seuil en pierre d'une maisonnette abandonnée, mais fermée à clef. Dans le Maryland, nous n'étions plus en pays ennemi. Les propriétés particulières étaient respectées aussi scrupuleusement que possible.

La nuit s'écoula sans alerte, et le jour se leva sans nous révéler aucun symptôme menaçant. Dans la matinée, une centaine d'hommes traversèrent le Potomac à un mille de nous. C'étaient des traînards qui rejoignaient l'armée confédérée par petits groupes, et des maraudeurs que les cavaliers de Lee ramenaient à leurs régiments. Du reste, pas l'apparence d'une force ennemie en face de notre position.

Vers midi, le 23ᵉ de Pennsylvanie vint nous relever. Il était accompagné d'un régiment de cavalerie et de deux pièces de canon.

Nous rejoignîmes la division à Poolesville, pour apprendre que nous n'en faisions plus partie. Nous y étions remplacés par un régiment fraîchement levé en Pennsylvanie, et composé de recrues n'ayant jamais vu le feu. Mais aux yeux du général Howe, il avait un grand mérite : celui d'amener sept cents hommes de plus dans sa brigade.

En toute autre circonstance, cette mesure n'eût pu m'être que fort agréable. Le général Albion P. Howe, que son caractère insociable avait autrefois fait mettre en quarantaine parmi ses camarades de l'armée régulière, n'était pas un chef sous lequel on dût tenir beaucoup à servir. Nos rapports étaient purement officiels et empreints d'une grande froideur, depuis que, dans une reconnaissance à Hoxall-Landing, j'avais pris la liberté de lui faire observer qu'entre un soldat d'infanterie et un cheval d'artillerie, il y avait quelque différence. Que, depuis lors, il eût travaillé honnêtement à me faire remplacer dans sa brigade, je ne pouvais lui en avoir que de la reconnaissance. Mais, pour en venir à ses fins, depuis notre marche d'Alexandrie à Fairfax, par une nuit de tempête où tant d'hommes étaient restés en arrière, il s'était plu à représenter le régiment comme démoralisé par l'étendue de ses pertes, et incapable de rendre de bons services avant d'être remis sur un meilleur pied, moralement et matériellement. L'ordre de transfert était, en conséquence, motivé en ce sens.

Le soir, en prenant congé du général Couch, je protestai énergiquement contre le caractère du procédé qui me rappelait à Washington à la veille d'une bataille, et contre l'injustice de l'allégation que démentait du reste suffisamment le poste d'honneur confié la veille même au régiment. Mais il n'y avait rien à faire qu'à obéir. Je donnai l'ordre du départ pour le lendemain au lever du soleil. — J'ajouterai ici que la division Couch ne fut point engagée à Antietam, ce qui m'épargna le seul regret que j'aurais pu éprouver de l'avoir quittée avant la bataille.

En arrivant à Washington, j'allai, conformément aux ordres que j'avais reçus, me présenter à l'état-major du général Banks, qui commandait en ce moment les défenses de la capitale. J'avais installé provisoirement mon régiment à Tenallytown, de façon à pouvoir traverser directement le Chain-Bridge, si j'étais envoyé dans cette direction, ce qui eut lieu, en effet.

La physionomie de Washington me parut beaucoup changée. Le Congrès n'était pas en session; presque tous ses membres étaient absents. Avec eux avait disparu la légion des solliciteurs. D'autre part, les membres du corps diplomatique se livraient à leurs excursions d'été, que le passage d'une armée à travers la capitale n'était pas de nature à leur faire abréger. Partant, point d'étrangers. La population sédentaire, restée seule, semblait en proie à de vives anxiétés. Les nordistes craignaient pour leur sécurité; les sudistes redoutaient une défaite pour l'armée confédérée, par suite de l'attitude passive sinon hostile du haut Maryland, qui ne s'était pas levé comme ils y avaient compté. Les proclamations de Lee, appelant les habitants à se joindre à lui, étaient restées sans écho. Le sol menaçait de lui manquer sous les pieds au nord du Potomac, et le nouvel Antée perdait ses forces en quittant la terre de Virginie, sa mère. Enfin, la certitude d'une bataille imminente et qui pouvait être décisive, enfiévrait toutes les têtes, et ne laissait place à aucune autre préoccupation.

L'administration militaire elle-même s'en ressentait et n'était pas exempte de confusion. Par exemple, le 16, je fus assigné à la division Kearny dont le commandement venait d'être confié au général Stoneman. Mais où était le général Stoneman? On l'ignorait à l'état-major général; seulement sa division devait être quelque part au sud du fleuve. Je dus, en conséquence, m'adresser par le télégraphe au général Heintzelman, commandant supérieur de cette partie des défenses. Ce dernier ne savait rien de plus précis que le général Banks, de sorte que nous nous mîmes en route un peu au hasard.

Nous traversâmes le Chain-Bridge, et après avoir passé devant Arlington, le régiment s'arrêta pour bivouaquer près du fort Albany, en face du Long-Bridge. Ce soir-là, en allant aux informations, je finis par arriver jusqu'au général Robinson dont la brigade faisait partie du commandement auquel j'étais attaché. Il m'apprit que le général Stoneman était absent avec une des brigades; mais qu'en son absence, le reste de la division était commandé par le général Birney que je trouverais à trois milles plus loin, auprès du séminaire.

Le quartier général de la division était en effet à la maison de campagne de l'évêque qui n'avait eu garde d'y rester. Lorsque je m'y présentai, le lendemain matin, le premier officier que je rencontrai fut un de mes amis de New-York, le major Brevoort que je ne savais pas à l'armée. Il venait d'y arriver dans des circonstances assez curieuses et assez caractéristiques pour être rapportées.

Quelques jours avant de quitter la péninsule, Kearny

était en quête d'un assistant adjudant général. Certes, il ne manquait pas autour de lui d'officiers braves et capables pour bien remplir ces fonctions; mais il voulait plus. Ce qu'il cherchait, c'était un homme du monde parlant plusieurs langues, ayant voyagé et vécu dans la société en Amérique et à l'étranger. Le difficile était de trouver un officier qui combinât les deux parties du programme. Il vint me faire part de son embarras, et me demander si je ne pouvais pas l'aider à découvrir ce phénix.

— Cela me paraît bien difficile, lui dis-je. Il y a tout à parier que vous aurez ou un bon officier qui ne sera guère homme du monde, ou un brillant homme du monde qui qui ne sera qu'un pauvre officier.

C'est alors qu'il me parla de Brevoort sur lequel il avait jeté les yeux.

— Il est vrai, lui dis-je, que Brevoort remplit à merveille toutes les conditions proposées, mais je doute qu'il réunisse au même point les qualités militaires requises.

— Bah! reprit Kearny; quant à cela, je me charge de le former. Pour le travail de bureau auquel je le destine, que faut-il? Du bon vouloir et de l'intelligence. Brevoort en est surabondamment pourvu, et en quelques semaines, je l'aurai mis au courant. Ce sera d'abord un surcroît d'occupation pour moi; mais ensuite j'y gagnerai un agréable compagnon de tous les jours, et des heures de distraction comme je les aime, en dehors du service...

Henri Brevoort ne fut pas moins surpris que flatté, lorsqu'il reçut avis qu'il venait d'être nommé major de volontaires et assistant adjudant général près du général Kearny qui venait de rejoindre Pope. Le temps de s'équiper à la hâte, et il se mit en route; mais il arriva trop tard. Kearny venait d'être tué à Chantilly. Néanmoins, le général Birney accepta le legs de son prédécesseur, et Brevoort venait d'entrer en fonctions près de lui, lorsque je me présentai à la maison de l'évêque.

L'homme de guerre me reçut dans le cabinet de travail de l'homme d'église. C'était élégant et confortable, et je n'y vis rien qui respirât l'austère recueillement de la prière ou les pieuses méditations d'un pasteur d'âmes. Quoi qu'on dise, le sentier semé de ronces n'est pas le seul chemin du paradis. Il y a aussi pour s'y rendre, des grandes routes parfaitement macadamisées dont profitent volontiers les évêques, catholiques ou protestants.

Le général David Birney était un homme d'esprit et d'éducation, un gentleman de façons excellentes, non moins qu'un officier distingué. Sa famille avait d'abord habité l'Alabama, puis le Kentucky où son père James G. Birney avait été, en 1844, le premier candidat abolitioniste à la présidence, comme il avait été le premier planteur à sacrifier ses intérêts à ses principes, en émancipant ses esclaves. David Birney avait hérité du patriotisme de son père, mais non de son radicalisme politique. Ses opinions étaient modérées. Bien que condamnant l'institution de l'esclavage, il en eût demandé l'extinction plutôt à l'émancipation graduelle qu'à l'abolition immédiate. La guerre fut pour lui l'occasion de donner pleine carrière à ses goûts militaires mal satisfaits par les faciles honneurs de la milice. Laissant entre les mains de son associé, les intérêts d'une étude d'avocat très prospère à Philadelphie, il recruta et organisa le 23e régiment de Pennsylvanie à la tête duquel il rejoignit l'armée. Élevé au grade de brigadier général dans la péninsule, il commandait en ce moment par intérim la division dans laquelle il s'était fort distingué sous les ordres de Kearny.

Notre première entrevue me fut des plus satisfaisantes. La façon très nette dont je lui expliquai les motifs réels de mon transfert dans sa division, parut le convaincre beaucoup plus que les motifs indiqués dans l'ordre dont la forme me pesait sur le cœur. Il m'assura obligeamment qu'il connaissait trop mes services pour attacher aucune importance à ce détail, et qu'il éprouvait trop de plaisir à m'avoir sous ses ordres, pour se préoccuper de la formule de l'introduction. Il me parla avec beaucoup d'éloges du général Berry sous les ordres duquel j'allais être placé. Puis, après avoir causé de choses et d'autres, il leva la séance en m'invitant à le venir voir aussi souvent que mon service le permettrait.

Pauvre Birney! Entre nous venait de germer la première semence d'une amitié qui ne se démentit pas un seul jour jusqu'à sa mort. Mais combien étaient morts déjà, et combien devaient mourir encore avant lui! Et à l'heure même où nous nous rencontrions pour la première fois, douze de mes amis plus ou moins intimes, n'étaient-ils pas couchés sans vie sur le champ de bataille d'Antietam?

Lorsque les confédérés avaient envahi le Maryland, leur ligne de retraite et leur base d'approvisionnements se trouvaient forcément transférées dans la vallée de la Shenandoah. A l'endroit où cette rivière se jette dans le Potomac, nous avions, à Harper's Ferry, un corps de neuf mille hommes, commandés par le colonel D. H. Miles, de l'armée régulière, et une brigade de 2,000 hommes à Martinsburg et Winchester sous les ordres du général White, du service volontaire. Ces troupes barraient le débouché de la vallée. Si le général Lee avait négligé de les en déloger de vive force, c'est qu'il croyait suffisant de les isoler de Washington, pour arriver au même résultat. Le général Mac Clellan recommandait, en effet, l'évacuation, mais le général Halleck s'y opposait, en vue de l'importance de cette position pour contrecarrer ou tout au moins retarder les opérations de Lee dans le haut Maryland. Ce dernier se trouva donc, contre ses prévisions, forcé de détacher une portion considérable de ses forces pour aller réduire Harper's Ferry.

L'attaque était prévue, le colonel Miles avait ordre de tenir, mais on ne tient pas dans Harper's Ferry. C'est le fond d'une sorte d'entonnoir dominé par deux montagnes et une colline élevée, du haut desquelles on écraserait la ville, rien qu'en y lançant de grosses pierres. Évidemment l'ordre était de défendre la position, là où elle était défendable, c'est à dire en se retranchant sur ce qu'on appelle les *Maryland Heights*, position culminante protégée d'un côté par un précipice à pic, et offrant de l'autre tous les avantages d'une défense facile. Si le colonel Miles s'y était établi résolûment, jamais Lee n'aurait pu l'y forcer avant d'avoir à dos toute l'armée de Mac Clellan, et la position des confédérés aurait été fort embarrassée pour livrer bataille. Mais avec une ineptie inexplicable dans un officier de son rang, Miles s'enferma bêtement au fond de son entonnoir, où White, se repliant devant Jackson, vint bientôt le rejoindre. Un simple détachement avait été envoyé sur la cime marylandaise d'où il fut chassé sans peine par une division confédérée, tandis qu'une seconde prenait position sur les hauteurs de Loudon, et qu'une troisième interceptait toute retraite par la colline de Bolivar.

C'était le 13 septembre. Le lendemain, les préparatifs d'attaque furent complétés; le surlendemain, l'artillerie des trois divisions ouvrit son feu, et en deux heures Miles se rendit, avec près de douze mille hommes, livrant à l'ennemi soixante-treize pièces de canon! Il fut tué par un dernier boulet, au moment où il venait d'amener le pavillon qu'il n'avait pas su défendre. Prompte mais inutile expiation d'une faute dont les conséquences n'en étaient pas moins désastreuses.

Cependant Mac Clellan, en arrivant à Frederick, avait été mis au fait des mouvements de son adversaire, par suite d'un hasard heureux qui lui avait livré la copie de dépêches adressées aux généraux ennemis. Il savait donc que Lee s'était affaibli de trois divisions, et qu'il s'était retiré derrière la rivière d'Antietam pour y attendre le résultat de l'opération dirigée contre Harper's Ferry. L'occasion était belle pour frapper un grand coup.

Entre les deux armées s'élevait une chaîne de montagnes connues sous le nom de *South-Mountains* (Montagnes du Sud). Pour les traverser, deux défilés se présentaient à une distance de six milles l'un de l'autre. Tous deux furent forcés, malgré une résistance énergique, et grâce à la nature accessible des hauteurs environnantes. Turner's Gap fut enlevé par Hooker et Reno qui, malheureusement, y fut tué. Nous y perdîmes quinze cents hommes ; l'ennemi en perdit trois mille, dont quinze cents prisonniers laissés entre nos mains. — Crampton's Gap nous coûta moins cher. Franklin en vint à bout au prix de cinq cents hommes tués et blessés, infligeant à l'ennemi une perte beaucoup plus grande et en lui faisant quatre cents prisonniers.

De ce côté la route directe de Harper's Ferry était ouverte. Franklin n'était plus qu'à cinq milles des *Maryland-Heights*. Deux heures de plus et tout était sauvé... Mais à l'heure même où l'armée débouchait dans la vallée pour le délivrer, Miles s'était rendu !.. Le malheur qu'on n'avait pas prévenu, il s'agissait maintenant de le réparer. Le général Mac Clellan se lança avec toute son armée à la poursuite de forces qui se repliaient devant lui.

Elles s'arrêtèrent après avoir traversé l'Antietam, pour nous faire tête dans la position choisie par le général Lee. La nuit fut employée de part et d'autre à compléter les préparatifs d'une bataille imminente, et le soleil du lendemain (16 septembre) trouva les deux armées rangées dans l'ordre où elles devaient combattre.

La fortune ne s'était point lassée de fournir à Mac Clellan d'heureuses occasions, dont il n'avait su profiter ni à Yorktown, ni à Williamsburg, ni à Fair-Oak. Ici encore, elle lui mettait dans les mains toutes les bonnes cartes. Elle l'avait amené avec plus de quatre-vingt mille hommes en face d'un ennemi forcé d'accepter la bataille avec cinquante mille ; — les rapports des généraux confédérés disaient même quarante mille hommes, — car Jackson seul avait rallié le gros de leur armée dans la nuit, avec sa division harassée de fatigue. Mac Laws et A. P. Hill étaient encore à Harper's Ferry.

D'autre part, le moral de nos troupes s'était merveilleusement relevé depuis qu'elles étaient rentrées dans les

Etats loyaux. Sur le sol du Maryland, elles étaient *at home*; elles avaient à combattre désormais pour leurs foyers, à sauver la capitale menacée et avec elle peut-être la République. Une valeureuse énergie les animait. On l'avait bien vu à la vigueur avec laquelle l'ennemi venait d'être abordé et délogé de position en position dans les passes des South Mountains. Cette première victoire était d'un bon augure. Elle avait accru la confiance de tous, officiers et soldats.

Enfin, la popularité ressuscitée en faveur de Mac Clellan lui garantissait tout ce qui avait fait défaut à Pope : l'entière et cordiale coopération de ses chefs de corps, la fidèle exécution de ses ordres, et la prompte obéissance de tous. Il semblait qu'il n'eût qu'à dire : — Allez!

La condition des confédérés était toute autre. Ils étaient de beaucoup inférieurs en nombre, comme nous venons de le dire. En outre, leur énergie s'était, sinon épuisée, du moins fatiguée dans le coûteux effort qu'ils avaient fait pour nous rejeter des bords du Rappahanock à ceux du Potomac. Mal vêtus, mal chaussés, mal nourris, ils s'étaient aussitôt remis en marche pour entrer dans cette terre promise du Maryland qui, — leur disait-on, — les attendait comme des libérateurs, et dont la population se lèverait avec transport à leur approche. En arrivant à Frederick, ils chantaient le fameux appel à la *terre de Marie* :

> She is not dead, nor deaf, nor dumb!
> Hurrah! She spurns the Northern scum!
> She breathes, she burns, she'll come, she'll come!
> Maryland! my Maryland (1)!

Mais le Maryland ne répondait point à cet appel. Non seulement il n'avait pas passé aux confédérés; maintenant

---

(1) Il n'est pas mort, ni muet, ni sourd. Hurrah! il rejette avec dégoût l'écume du Nord. Il respire, il brûle, il viendra, il viendra! Maryland, mon Maryland!

qu'ils lui tendaient la main, il refusait de les suivre. Rien ne bougeait. C'était un cruel désappointement.

Pis encore : alors que Mac Clellan s'avançait contre eux, renforcé de trois corps d'armée qui n'avaient point pris part aux combats de Pope (le 2ᵉ, le 6ᵉ et le 9ᵉ), les rebelles voyaient leurs rangs s'éclaircir de plus en plus par l'absence d'une foule de traînards et de maraudeurs restés en arrière. Il faut entendre sur ce sujet les généraux confédérés. Le général J. R. Jones qui commandait une troupe d'élite, l'ancienne division de Stonewall Jackson, dit dans son rapport : — « Ma division était réduite à l'effectif d'une faible brigade, et ne dépassait pas le chiffre de seize cents hommes. »

Le général Hill s'écrie avec colère : « Des milliers de poltrons voleurs s'étaient absentés par pure lâcheté. Le traînard est généralement un voleur et toujours un lâche, insensible à tout sentiment de honte. Il ne peut être maintenu dans les rangs que par une discipline stricte et sanguinaire. » — Et le général Lee lui-même répète avec plus de modération, mais non sans amertume : « Nos rangs étaient grandement réduits par le service ardu auquel nos troupes avaient été soumises, par leurs grandes privations de repos et de nourriture, et par leurs longues marches sans souliers dans les montagnes. Des milliers de braves gens avaient été ainsi forcés de s'absenter, tandis que beaucoup d'autres avaient fait de même par d'indignes motifs. »

Telles furent, de part et d'autre, les conditions dans lesquelles s'engagea la bataille.

La droite des confédérés s'appuyait à l'Antietam dont le cours protégeait tout leur centre déployé en avant du village de Sharpsburg. Leur gauche repliée se reliait à une courbe du Potomac par le déploiement de leur cavalerie. Ce fut de ce côté que le général Mac Clellan dirigea son attaque. Dans l'après-midi (16 septembre) Hooker remontant l'Antietam, le traversa à gué, et au tomber du jour, prit position en face de l'aile gauche de l'ennemi.

L'heure avancée ne permit pas d'engager immédiatement le combat, ce qui donna à Lee toute la nuit pour s'y préparer. Néanmoins, au point du jour, Hooker aborde si vigoureusement les confédérés qu'il les rejette en désordre au delà de la route de Hagerstown. Mais le 4ᵉ corps avait seul donné. Affaibli par des pertes terribles, il est bientôt arrêté par de nouvelles troupes envoyées contre lui, et forcé de rétrograder en confusion, tandis que Hooker grièvement blessé est emporté du champ de bataille.

Mansfield qui avait traversé l'Antietam durant la nuit, s'avance à son tour à la tête du 12ᵉ corps. A peine engagé, il tombe frappé à mort. L'ennemi n'en est pas moins refoulé une seconde fois de l'autre côté de la route. Mais là, renforcé de nouveau, il revient à la charge, et il avait repris la position deux fois perdue, lorsqu'il se trouve en présence de Sumner. Celui-ci arrivait avec le 2ᵉ corps. Il se jette sur les divisions confédérées qui, fort affaiblies et non moins fatiguées, sont ramenées vivement et pour la troisième fois sur leur centre ébranlé.

A cette heure, une victoire décisive nous semblait assurée. La gauche de Lee était balayée, son centre affaibli, sa réserve harassée. Que sa droite fût seulement engagée, il ne lui restait plus rien pour arrêter Sumner, et après lui Franklin, sans compter Porter tenu en réserve. Malheureusement la droite de l'ennemi, formée du corps de Longstreet, restait en grande partie disponible. Pour l'aborder, Burnside avait d'abord à emporter un pont de pierre étroit, sous le feu d'un coteau abrupt couronné d'artillerie, garni d'infanterie en étages. Ses premières tentatives, commencées trop tard et conduites trop mollement, avaient été repoussées assez aisément pour que Longstreet pût continuer à le tenir en échec avec une seule division. Les deux autres (dont l'une était revenue la veille des Maryland Heights) furent envoyées à l'aile gauche en déroute.

En arrivant, elles firent irruption dans la ligne de Sumner, par un espace laissé vide entre la division de

French et celle de Sedgwick, isolèrent ainsi cette dernière placée à notre extrême droite, et concentrant contre elle leur commun effort, la ramenèrent rudement jusque vers le point où, le matin, Hooker avait commencé la première attaque.

A la faveur de ce vigoureux retour offensif, l'ennemi se ralliait, et son centre raffermi pesait à son tour sur les deux divisions de French et de Richardson. Elles tenaient bon. Cependant il est fort possible qu'elles eussent été forcées de reculer à leur tour, si Franklin ne leur était venu en aide. Son arrivée nous maintint en possession de l'avantage que nous avions chèrement acheté au prix de sept heures de combats meurtriers. Ce fut alors que Sumner, lassé d'attendre en vain une diversion sérieuse du côté de Burnside, prit sur lui d'arrêter Franklin au moment où celui-ci s'apprêtait à poursuivre le succès. L'ennemi épuisé n'en demandait pas davantage. Le feu cessa de part et d'autre, et l'après-midi s'écoula sans nouveaux engagements de ce côté.

Alors seulement, la lutte, épuisée à l'aile droite, prit un caractère décidé à l'aile gauche. Le pont fut franchi, le coteau enlevé, et la force qui le défendait, rejetée sur Sharpsburg. Mais il était écrit qu'en ce jour nous ne pourrions avancer de deux pas sans reculer au moins d'un. Au moment où la capture imminente du village allait déterminer la défaite définitive des confédérés, A. P. Hill survint, ramenant la dernière des trois divisions envoyées à Harper's Ferry. Ce renfort suffit pour changer la face des choses, et refouler le 9e corps jusqu'à la crête du coteau qui commandait le cours de la rivière. Là s'arrêtèrent les péripéties de cette sanglante journée.

Etait-ce une victoire? — Pas encore. L'avantage nous restait, il est vrai, puisque nous avions franchi l'Antietam, et enlevé à l'ennemi ses positions avancées. Mais loin de nous avoir abandonné le champ de bataille, il nous y tenait tête encore sur tous les points. Forcé de combattre non plus pour soulever le Maryland, non plus pour gagner Baltimore ou Washington, mais bien pour assurer son propre salut, il avait puisé dans ses dangers mêmes un redoublement d'énergie, et s'était battu avec une ténacité qui nous avait causé de grandes pertes. Malgré tout, sa position n'en était pas moins à peu près désespérée. La journée lui avait coûté dix mille hommes. Toutes ses troupes avaient donné. La plupart avaient été cruellement décimées. Elles étaient fatiguées par leurs efforts et découragées par leur insuccès. De notre côté, nous avions perdu environ treize mille hommes; mais, quoique plus forte, notre perte nous était moins sensible, par suite de notre supériorité numérique. Nous avions, en outre, une réserve de quatre divisions (le corps de Porter et la division Couch) qui n'avaient pas tiré un coup de fusil. Enfin notre position était de beaucoup plus favorable que la veille, aucun obstacle naturel ne s'élevant entre nous et l'ennemi qu'il s'agissait d'achever.

Chacun s'endormit donc ce soir-là, convaincu que le soleil du lendemain verrait la destruction de l'armée de Lee par une attaque en masse, et que ce qu'il en restait serait jeté dans le Potomac, pris ou dispersé. Les généraux prirent leurs mesures en conséquence. Burnside demanda cinq mille hommes de renfort pour culbuter tout ce qu'il avait devant lui. Franklin, qui n'avait vu qu'avec impatience sa besogne suspendue au milieu du jour, l'achèverait d'autant mieux le lendemain, qu'alors sa troisième division (Couch) l'aurait rejoint. Sumner était fort en état de prendre sa revanche de la mésaventure d'une de ses divisions. Enfin, il est à croire que Porter avait hâte de se dédommager de la complète inaction où il avait été tenu jusque-là.

Mac Clellan n'avait qu'un mot à dire... Ce mot, il ne le dit pas. C'était toujours le Mac Clellan de la péninsule, pusillanime et irrésolu, ne sachant rien oser pour achever un succès ou pour parer à un revers; incapable, en tout état de cause, de manier une armée en face de l'ennemi.

Le 17 septembre, il tenait pour ainsi dire Lee entre ses

mains. Le plan qu'il avait conçu était incontestablement bon ; l'exécution en avait été des plus maladroites. Au lieu d'opérer contre la gauche des confédérés avec trois corps d'armée réunis, il avait envoyé chaque corps isolément et à de trop longs intervalles pour que l'un pût profiter des avantages de l'autre. Ainsi le 1er et le 12e avaient-ils vu successivement leur premier succès se changer en déroute. Peu s'en était fallu que le 2e n'eût le même sort. — Au lieu d'attaquer simultanément la droite de l'ennemi, ce qui eût empêché tout envoi de renforts à Jackson contre Sumner, le général en chef s'était contenté d'expédier à Burnside des ordres tardifs, que celui-ci n'avait pu exécuter que plus tardivement encore. La bataille d'Antietam n'avait été livrée qu'à bâtons rompus, sans ensemble et sans coordonnance dans ses différentes parties. Le succès relatif qu'on y avait gagné était exclusivement dû au courage obstiné des soldats et des commandants subalternes. Rien de plus.

J'ai vainement cherché dans tous les documents, dans tous les récits que j'ai consultés, une indication de la présence du général en chef sur aucun point d'où il pût surveiller l'exécution de ses ordres ou se rendre compte par ses yeux de la tournure des choses, pendant la bataille. Mais dans l'après-midi, après que le combat eut cessé sur notre droite, il s'y rendit pour approuver l'ordre dont le général Sumner avait pris la responsabilité, et empêcher le général Franklin de renouveler l'attaque avec la division Smith, qui n'avait été que partiellement engagée, et la division Slocum, qui n'avait pas été engagée du tout.

Ainsi, la journée du 18 s'écoula tout entière, sans que Mac Clellan pût se résoudre à profiter de cette dernière occasion que lui offrait la fortune. Il avait demandé quinze mille hommes à Washington, et il les attendait ! Des renforts toujours ; des renforts quand même !...

On a dit qu'il se proposait de renouveler l'attaque le 19. Mais pourquoi le 19 et non pas le 18 ? Était-ce pour laisser à Lee le temps de s'échapper? En tout cas, celui-ci ne fut pas lent à en profiter. Le 19 au matin, sans être inquiété, il avait mis le Potomac entre ses restes d'armée et son obligeant adversaire qui, bien entendu, ne songea pas à le poursuivre en Virginie.

Ainsi finit la première invasion du Maryland par les confédérés.

CHAPITRE XVI

INTERMÈDE

Le général Berry. — Le recrutement volontaire. — Antipathie du peuple pour la conscription. — Nouveaux régiments. — Levée de trois cent mille hommes pour neuf mois. — Le 55ᵉ réorganisé en sept compagnies. — Pointe du général Stuart dans le Maryland. — Le 3ᵉ corps à Edward's Ferry. — Stoneman. — Le colonel Duffié. — Inaction de Mac Clellan. — Correspondance avec le Président. — L'armée rentre en Virginie. — Les différentes classes de fermiers. — Marche en avant. — Le général Mac Clellan relevé de son commandement.

Tandis que la retraite de l'ennemi en Virginie, tout en nous enlevant les fruits les plus importants de la bataille, nous laissait du moins l'honneur incontesté de la victoire, je m'étais présenté au général Berry, avec l'ordre qui assignait le 55ᵉ à son commandement. C'était un homme simple et bon, de haute taille et de large encolure. Il était vêtu d'une blouse en flanelle bleue d'apparence assez peu militaire, comme toute sa personne du reste. Mais on aurait eu tort de le juger sur l'apparence, car pour ressembler plutôt à un honnête fermier qu'à un général de brigade, il n'en était pas moins un bon officier, aussi fidèle à son devoir que dévoué à ses soldats. Il appartenait à cette belle race forestière de l'État du Maine, qui, malgré toutes les apparences d'une grande vigueur physique, ne put cependant résister aux fatigues et aux privations de la guerre, aussi obstinément que d'autres moins bien partagés sous le rapport de la taille et de la force musculaire. L'expérience a prouvé, en effet, que dans des conditions de bonne santé, les hommes plutôt maigres que gras, plutôt de petite taille que de haute stature, faisaient les soldats les mieux endurcis. Dans le cas des bûcherons du Maine, le fait semble d'autant plus surprenant, qu'ils étaient habitués depuis l'enfance aux travaux en plein air, et aux campements dans les forêts qu'exploitait leur industrie. Je signale le fait, et laisse à d'autres le soin de l'expliquer.

La campagne de la péninsule et celle du Nord de la Virginie avaient déjà altéré sensiblement la santé du général Berry. Mais en lui, l'énergie morale luttait contre les défaillances physiques, et ce ne fut qu'à la dernière extrémité qu'il consentit à prendre un congé pour rétablir ses forces épuisées.

Sa brigade était composée de six régiments : trois de New-York : le 1er, le 37e et le 55e ; et trois du Michigan : le 2e, le 3e et le 5e. Tous avaient perdu plus de la moitié de leur effectif, et ne comptaient en moyenne que quatre cents hommes environ dans leurs rangs. L'ancienne division Hooker était dans les mêmes conditions. C'est pourquoi le 3e corps avait été laissé près de Washington pour s'y reposer et s'y recruter à nouveau.

S'y reposer, — bien. Mais s'y recruter, c'était une autre affaire. Le temps était passé où les volontaires affluaient gratuitement dans les rangs. Les dures épreuves auxquelles l'armée était soumise, ses combats, ses revers, et la perspective d'une guerre longue et acharnée, avaient considérablement refroidi l'enthousiasme militaire. Il avait donc fallu avoir recours aux primes d'engagement. Faibles d'abord, ces primes s'élevèrent graduellement à mesure que les circonstances devenaient de moins en moins encourageantes, et elles finirent par atteindre un chiffre fort élevé. Le gouvernement fédéral en donnait une. Pour arriver à remplir son contingent, chaque État en donnait une autre. Par la même raison, les districts durent en fournir une troisième. C'est ainsi que le prix d'un soldat s'éleva plus tard jusqu'à huit cents dollars en papier, ce qui représenta, suivant les fluctuations monétaires, de quinze cents à deux mille francs en or.

Ainsi, le peuple s'imposait volontairement les plus lourds sacrifices pécuniaires, pour éviter la conscription contre laquelle il témoigne toujours la plus profonde antipathie.

Rien au monde de plus illogique que ce sentiment. Car, dans une république démocratique, par cela même que le gouvernement n'est que le mandataire du peuple, sorti de ses entrailles et ne faisant qu'un avec lui, c'est au peuple qu'incombe directement le devoir de le défendre, ce qui revient pour lui à se défendre soi-même. Il n'y a point là matière à distinctions. Une même cause, un même intérêt sont en jeu. Qui dit : gouvernement, dit : peuple. La corrélation des droits et des devoirs est absolue, et tout citoyen jouissant des premiers dans toute leur plénitude, est tenu d'accomplir les seconds dans toute leur étendue. Ainsi, aux États-Unis, la conscription n'était point le tribut du sang imposé au peuple; c'était simplement le corollaire des institutions qu'il s'était librement données, et qu'il voulait maintenir à tout prix.

Toutefois, son sentiment à cet égard, pour être illogique, n'était pas inexplicable. Il prenait sa source dans la méfiance des institutions militaires dont le trop grand développement fut toujours fatal à la liberté. Si la conscription s'établissait dans les mœurs, n'était-il pas à craindre qu'après la guerre, elle ne donnât naissance à un pouvoir militaire inutile pour la protection extérieure du pays, et dangereux peut-être pour sa sécurité intérieure? Beaucoup d'appréhensions individuelles venaient en aide à ces considérations générales, pour reculer à prix d'argent, le tirage au sort de ceux que la République appelait à sa défense. Seulement, ce n'était plus que par euphémisme qu'on les appelait volontaires. La plupart n'étaient en réalité que des mercenaires. Nos vétérans de la péninsule, qui n'avaient jamais rien demandé ni rien reçu en prenant le fusil, les appelaient *Bounty-men*, — hommes à primes.

Si, encore, on nous les eût envoyés par escouades, ou même par compagnies, pour remplir nos cadres à demi-vides, nous eussions promptement tiré d'eux le meilleur parti possible. Mêlés à des soldats éprouvés, placés sous les ordres d'officiers expérimentés, ils se seraient formés en peu de temps à la discipline et aux manœuvres ; ils auraient appris vite le métier et auraient marché au feu avec la confiance qu'inspire aux nouveaux venus, l'exemple et l'appui des anciens.

Généraux et colonels, demandaient avec une égale insistance qu'on remplît avant tout les vides de leurs régiments. Mais d'autres considérations entraînèrent les gouverneurs d'État dans une voie différente. Pour eux, la grande affaire était de fournir le nombre d'hommes voulu, et le moyen le plus efficace pour y arriver, c'était la formation de nouveaux régiments. Voici pourquoi :

Tous les officiers de volontaires au dessous du grade de brigadier général, étaient, comme je l'ai expliqué ailleurs, à la nomination des gouverneurs d'État. Or, la commission de capitaine étant d'avance assurée à qui lèverait une compagnie, beaucoup de jeunes gens s'y employaient de tous leurs efforts. Chacun d'eux s'en adjoignait deux autres auxquels devaient revenir les grades de premier et de second lieutenant, — et tous trois usaient de concert de leur influence, de leur bourse et de la bourse de leurs amis. Des contributions individuelles, s'élevant à un chiffre élevé, venaient ainsi s'ajouter aux primes offertes.

Le choix de l'état-major était généralement influencé par les mêmes raisons, et il n'était guère de colonels, de lieutenant-colonels, de majors ou de quartiers-maîtres qui ne dussent leurs promotions à la part plus ou moins importante qu'ils avaient prise au recrutement du nouveau régiment ; — à moins toutefois que leur influence politique ne fût considérée comme un équivalent ; — ou que par leurs tenants et aboutissants, ils ne fussent en position de commander un acte de faveur qui ne dût pas rester improductif pour le pouvoir dispensateur.

En outre, on pensait généralement que ces régiments, en raison de leur manque d'instruction et de leur inexpérience, seraient gardés autour de Washington et réservés au service des places et dépôts; — et cette idée, il faut bien l'avouer, militait en faveur des organisations nouvelles, et leur valait une préférence marquée dans les enrôlements.

Enfin, on avait adroitement stimulé l'amour-propre de chaque État dans le nombre des régiments par lui fournis au gouvernement fédéral. La rivalité s'en était mêlée à ce point que, pour atteindre un chiffre plus apparent que réel, on avait imposé un nouveau numéro aux régiments qui, engagés primitivement pour trois mois, s'étaient ensuite réengagés pour trois ans ou la guerre! C'est ainsi que le 13e de Pennsylvanie, par exemple, s'était vu transformé en 102e. En réalité, ce n'était qu'un seul et même régiment. Mais il comptait double sur l'état des forces fournies par la Pennsylvanie, et le patriotisme des Pennsylvaniens y gagnait un lustre supplémentaire.

A cette combinaison d'ambitions individuelles, de vanités collectives, et d'expédients politiques, nous autres de l'armée nous ne pouvions opposer que le bien public, ce qui n'était pas d'un poids suffisant. Si, en effet, on nous eût envoyé directement les recrues, on eût perdu par cela même la coopération de ceux qui voulaient obtenir d'emblée l'épaulette; le nombre des régiments ostensiblement fournis par chaque État eût été diminué; et les enrôlements eussent langui d'autant plus qu'il y eût eu moins de chance de rester à l'abri des coups de fusil.

A tout cela, il y avait un remède : la conscription. Mais le gouvernement ne voulait lui-même y avoir recours que dans le cas de nécessité absolue. Il redoutait évidemment l'impopularité de cette mesure, ce qui l'entraîna dans la mauvaise voie des expédients.

Un acte du Congrès en date du 17 juillet avait autorisé le président à accepter *pour neuf mois* les services de cent mille volontaires à ajouter aux cinq cent mille qui devaient être déjà sous les armes. Les volontaires ne se présentant pas assez vite, vu l'urgence des circonstances, on appela trois cent mille hommes de la milice, également pour un service de neuf mois. Un ordre du département de la guerre annonça, le 4 août, la répartition du contingent entre les différents États. Ceux d'entre eux qui ne l'auraient pas complété le 15 du même mois, devraient remplir les vides par un tirage au sort spécial.

Or, dans l'impossibilité de désigner au choix ceux des régiments de milice qui devaient partir, il fallait ou trouver dans leurs rangs un nombre suffisant de volontaires, ce qui était plus qu'improbable, — ou revenir au sort pour fournir le contingent, ce qui eut lieu forcément. C'était au fond la conscription, mais une conscription atténuée, déguisée, ne comportant qu'un service de neuf mois, et par cela même nécessitant l'organisation de nouveaux régiments.

Les États rivalisèrent aussitôt d'efforts et de largesses pour enrôler des volontaires, et quand on eut procédé au tirage, les remplacements absorbèrent les hommes disponibles qui s'étaient réservés pour cette spéculation.

Ainsi, l'on convoquait sous les drapeaux trois cent mille hommes qui n'étaient bons à rien qu'au service de garnison, et qu'il faudrait renvoyer dans leurs foyers, quand ils seraient en état d'être utilisés sur le champ de bataille, à l'heure même où l'on en aurait peut-être le plus besoin. Car, de finir la guerre en neuf mois, il n'en pouvait plus être question.

Dès lors, plus de recrutement possible pour nos vieux régiments dont les cadres restèrent à moitié vides. En définitive, il fallut, comme on le verra bientôt, supprimer les uns pour remplir les autres, et les fusionner ensemble, afin de rétablir le chiffre des effectifs.

La fin de septembre et le commencement d'octobre se passèrent donc pour nous à attendre des recrues qui ne vinrent pas. Heureusement, en dehors de la conscription des milices, il existait des régiments de volontaires déjà organisés depuis peu, et qu'on nous envoya. Notre brigade fut ainsi renforcée du 17ᵉ du Maine. Le bon esprit et le zèle de ce régiment suppléèrent bientôt à son inexpérience. Les exercices journaliers, de rigueur au camp, et le service de campagne qui se faisait comme si l'ennemi eût été en face de nous, furent pour lui la meilleure préparation aux rudes épreuves dont il se tira ensuite avec honneur.

Quelques changements eurent lieu dans la disposition des troupes. Notre brigade dut se porter à Upton-Hill pour y relever une division du corps du général Siegel, envoyée à Centreville. Là, mon régiment fut réorganisé en sept compagnies, pour faire place à trois nouvelles qui m'étaient promises de New-York, mais qui ne vinrent jamais. Cette *consolidation*, pour me servir de l'expression américaine, donna lieu à un certain nombre de promotions. Les vides, en effet, n'étaient pas moindres parmi les officiers que parmi les sous-officiers et soldats. Mon lieutenant-colonel avait donné sa démission à Harrison-Landing, par suite de son peu de connaissance de la langue anglaise, et de son manque absolu d'éducation, incompatibles avec un grade aussi élevé. Je ne crus pas devoir demander son remplacement. C'eût été pour le gouvernement une dépense inutile, dans un régiment réduit à un aussi maigre effectif. Deux capitaines avaient dû quitter le service par suite d'épuisement physique. Un troisième, après avoir déserté, s'était procuré une décharge, j'ignore par quels moyens. Parmi les lieutenants, un avait été condamné à mort pour lâcheté devant l'ennemi; trois avaient été renvoyés de l'armée par arrêt de cour martiale. D'autres encore avaient été réformés pour blessures ou maladies. En somme, sur trente-trois offi-officiers que j'avais emmenés dans la péninsule, il m'en restait quatorze à mon retour devant Washington.

Les fonctions de président de cour martiale, dont j'avais été déjà investi l'hiver précédent à Tenallytown, m'occupèrent presque exclusivement à Upton-Hill.

Ce fut le 11 octobre que la division quitta ses campements pour aller rejoindre l'armée, conformément aux ordres reçus la veille dans la soirée. Le général Stuart, des confédérés, venait de rentrer dans le Maryland, à la tête de quinze cents hommes de cavalerie et renouvelait son exploit de la péninsule, en faisant encore une fois le diable autour de nos campements. Il avait pénétré jusqu'à Chambersbury en Pennsylvanie, et poursuivi par le général Gleasonton, qui n'avait pourtant pas plus de huit cents hommes, il se rapprochait du Potomac pour rentrer en Virginie. Comme notre itinéraire longeait le fleuve dans la région vers laquelle Stuart se dirigeait avec son butin, nous avions tout espoir de lui barrer le passage; mais cette bonne fortune ne nous était pas réservée. Elle échut à la 2ᵉ brigade qui, malheureusement, ne put pas en profiter. Cette brigade avait pris l'avance depuis quelque temps sur les deux autres. Elle avait accompagné le général Stoneman à Poolesville, où elle se trouvait, lorsque le général ennemi se présenta dans le voisinage. Le colonel qui la commandait par intérim en l'absence du brigadier général H. Ward, tout récemment promu, s'était porté avec deux ou trois régiments d'infanterie et un escadron de cavalerie sur la route de l'aqueduc, près de la rivière Monocacy. Ce fut là qu'il se trouva en présence des cavaliers confédérés qui occupaient un bois parallèle à la route et séparé d'elle par quelques champs découverts. Survient en ce moment le général Ward. Le colonel Stoepel se hâte de lui remettre le commandement. Le général, qui ne savait trop où était le reste de sa brigade, et n'avait sans doute pas connaissance des mesures prises, se retranche derrière les termes de sa permission dont il avait devancé l'expiration de vingt-quatre heures. Il refuse d'accepter ex-abrupto une responsabilité à laquelle il n'était pas préparé. Insistance égale des deux côtés :
— C'est à vous que revient le commandement de droit.
— Excusez-moi; c'est à vous qu'il appartient de fait. — Vous présent, je n'ai plus de droit de le conserver. — Je

suis absent; voyez ma permission. Bref, le temps passait, et l'on ne décidait rien.

Le résultat fut, — il m'a été certifié par nombre de témoins oculaires, — que l'ennemi voyant cette indécision, donna l'avoine à ses chevaux à la barbe de nos soldats furieux, et s'en alla ensuite traverser tranquillement le Potomac à une courte distance. Il venait d'atteindre la rive virginienne, lorsque Pleasanton accourut, mais trop tard, ayant fait à la poursuite des *raiders* soixante dix-huit milles en vingt-quatre heures.

Ce malencontreux incident laissa dans la 2ᵉ brigade un long et cuisant souvenir. Le général Ward fut à quelque temps de là appelé à Washington. Il faut croire qu'il y donna des explications satisfaisantes, puisqu'il en revint maintenu dans son commandement, tandis que le colonel Stoepel quitta l'armée, sa démission ayant été acceptée.

Pendant ce temps, notre brigade, après avoir pris position sur le Seneca-Creek, dans la matinée du 12, s'était portée le même jour, par une marche rapide, à Edward's Ferry. Nous arrivâmes de nuit et par une pluie battante. Le lendemain, la tempête s'étant un peu calmée, et Stuart étant parvenu à s'échapper, nous allâmes camper à un demi-mille de là, sur un terrain moins fangeux et plus favorablement disposé.

C'était un beau pays; — de grands bois entremêlés de larges prairies et de champs cultivés, au centre desquels s'élevaient des fermes de bonne apparence. L'esprit des habitants était généralement en faveur du Sud, et dans les familles, plus d'un jeune homme absent avait rejoint l'armée confédérée. Néanmoins, nous y étions poliment reçus, parce que nous n'y prenions rien qui ne fût payé comptant, et que les réquisitions en bois et en fourrages étaient réglées par le département des quartiers-maîtres.

Les vieilles gens se renfermaient dans une réserve prudente à l'endroit de la politique. Seules, les jeunes filles donnaient carrière à leurs langues, excitées par nos officiers qui se montraient d'autant plus égayés de cette franchise, que l'expression en était plus animée et que les grands parents s'en montraient plus inquiets. Ce n'était pas nous, défenseurs de toutes les libertés, qui pouvions trouver à redire à la liberté de la parole, même dans la bouche de nos ennemis. Nous la voulions pour les autres aussi bien que pour nous-mêmes.

Le général Stoneman avait son quartier général à Poolesville où je le vis pour la première fois. Ses manières polies, mais réservées, étaient celles d'un gentleman. Rien en lui ne trahissait l'énergie active et un peu crâne qu'on eût pu s'attendre à trouver dans un général de cavalerie. Le mauvais état de sa santé, qui l'avait fait assigner depuis peu à un commandement d'infanterie, suffisait, du reste, à expliquer son apparence tant soit peu somnolente.

Près de son quartier général était campé un régiment de cavalerie de la Nouvelle-Angleterre, ainsi désigné parce qu'il était autorisé à se recruter dans les différents États qui composent cette partie de l'Union, bien que la plus grande partie de son effectif provînt du Rhode Island. Ce régiment était commandé par un officier français, le colonel Duffié, qui l'avait trouvé dans l'état le plus pitoyable. Quelques mois lui avaient suffi pour transformer sa troupe, et la mettre sur un tel pied, que le 1er de cavalerie de la Nouvelle-Angleterre était déjà regardé à bon droit comme un des régiments les mieux tenus, et un de ceux sur lesquels on pouvait le plus compter.

Lorsque je visitai le colonel Duffié, je le trouvai sous sa tente, entouré de ses officiers à qui il faisait lui-même un cours de tactique. Nous parcourûmes ensemble son camp où tout respirait l'ordre, la propreté, et une entente parfaite des moindres détails du service. Les chevaux étaient en belle condition, les hommes en excellente tenue, les équipements irréprochables.

C'est ainsi que se formait de plus en plus notre cavalerie. Les officiers ignorants ou incapables avaient déjà fait place à d'autres plus instruits et mieux entendus. Les cavaliers, novices au début de la guerre, apprenaient mieux le métier, et s'aguerrissaient davantage sous le frein d'une discipline plus sévère. Le temps approchait où la supériorité de l'ennemi en fait de cavalerie allait être paralysée comme qualité et comme nombre, en attendant qu'elle se changeât en infériorité.

Rien ne signala notre séjour près d'Edward's Ferry, que l'émotion fort vive causée par un ordre du ministre de la guerre autorisant le transfert dans les régiments de réguliers, des volontaires qui en feraient la demande, — et cela, avec ou sans l'approbation de leurs officiers.

Cette mesure déplorable avait été inspirée par le seul désir de remplir les cadres de l'armée régulière. Mais évidemment, on n'en avait point calculé les conséquences. On n'avait point songé qu'il y allait, non seulement du démembrement des régiments de volontaires déjà si terriblement réduits, mais encore de la subversion de toute discipline dans leurs rangs. Le soldat pouvait désormais narguer son supérieur. Il était libre de passer dans les réguliers. Qu'on lui infligeât une punition si méritée qu'elle fût : — C'est bon, disait-il, je vais passer dans les réguliers. Trouvait-il que les galons de caporal se faisaient trop attendre? — Je vais les chercher dans les réguliers. Le désir de changement seul suffisait même à lui faire écrire sa demande pour entrer dans les réguliers.

Ainsi, comme si ce n'était point assez de ne pas remplacer les hommes que nous avions perdus, on allait encore nous enlever une partie de ceux qui restaient et démoraliser le reste. Et pourquoi? pour recruter un corps de troupes qui n'était ni meilleur ni pire que d'autres, et qui ne formait qu'un appoint insignifiant dans la composition de nos armées. Je n'ai jamais ouï dire qu'il y eût des réguliers dans l'Ouest; dans l'armée du Potomac on en comptait une division. Était-ce donc la peine de tant s'y attacher?

De tous côtés s'élevèrent les plus vives réclamations.

Alors on réduisit le nombre des transferts autorisés à dix hommes par compagnie. On oubliait encore qu'une foule de compagnies ne comptaient guère plus qu'une trentaine d'hommes dans leurs rangs et même moins. Alors on établit un prorata d'après l'effectif par régiment, comparé au nombre de demandes présentées sur une liste préparatoire. Bref, la mesure ne fut point exécutée. Elle finit par être révoquée définitivement, et ne coûta au service volontaire que quelques hommes dont on avait absolument besoin pour le maniement de l'artillerie.

Cependant le temps passait. Les beaux jours d'octobre, — les plus beaux de la plus belle saison aux États-Unis, — s'écoulaient sans que rien indiquât de la part du général Mac Clellan l'intention d'en profiter. Plus d'un mois s'était écoulé depuis la bataille d'Antietam, sans que l'armée sortît de son immobilité. Elle s'impatientait de cette inaction prolongée. Le pays s'en étonnait. Partout on se demandait ce que faisait Mac Clellan.

Ce qu'il faisait? — Rien. Ce qu'il voulait? Nous garder dans le Maryland; peut-être nous y faire hiverner; qui sait? Toujours est-il que dès le 23 septembre, il avait recommencé son éternel refrain en demandant des renforts, et quatre jours plus tard, encore des renforts! En les attendant, il annonçait sa résolution de rester là où il était, *pour attaquer l'ennemi, s'il repassait encore le Potomac.* On pourrait croire à une plaisanterie, mais rien n'est plus vrai ni plus sérieux.

Le 1er octobre, le président visita l'armée. Sans doute il en revint convaincu de la nécesité de faire acte d'autorité pour triompher de l'inertie persistante du général, car le 6, il lui envoya l'ordre formel « de traverser le Potomac et de livrer bataille à l'ennemi ou de le chasser vers le sud. » Sans lui prescrire une ligne d'opération, il constatait seulement que Mac Clellan pourrait recevoir trente mille hommes de renfort, en avançant de façon à se placer entre l'ennemi et Washington, tandis que douze mille seulement pourraient le rejoindre, s'il s'engageait dans la vallée de Shenandoah, beaucoup plus éloignée de la capitale.

La réponse fut que l'armée ne pouvait se mettre en mouvement, dans la condition où elle se trouvait. Il lui fallait tant de tentes, tant de souliers, tant d'uniformes, tant d'approvisionnements, tant de munitions, etc., etc. Et vingt autres prétextes.

Le président répondait aux objections du général avec un rare bon sens. Il lui écrivait le 13 octobre :

« ... J'entends que vous avez télégraphié au général Halleck que vous ne pourrez pas faire subsister votre armée à Winchester (Virginie), à moins que le chemin de fer de Harper's Ferry à ce point ne soit mis en état de service. Mais l'ennemi fait maintenant subsister son armée à Winchester, à une distance de sa transportation par voie ferrée, presque double de celle que vous auriez à franchir sans le railroad en question. En ce moment, il s'approvisionne par wagons à Culpepper Court-House, qui est environ deux fois aussi éloigné que vous le seriez de Harper's Ferry. Et certes, il n'est pas à moitié aussi bien pourvu de wagons que vous l'êtes. Sans doute, il me plairait beaucoup que vous eussiez l'avantage du chemin de fer de Harper's Ferry à Winchester ; mais vous le fournir prendrait tout le reste de l'automne, et laisserait de côté la question de *temps* qui ne peut ni doit être laissée de côté.

« Maintenant, une des principales maximes de la guerre est, comme vous savez, d'opérer contre les communications de l'ennemi, autant que possible, sans exposer les siennes. Or, vous semblez agir comme si cela s'appliquait *contre* vous, sans pouvoir s'appliquer *en votre faveur*. Changez de position avec l'ennemi ; croyez-vous qu'il ne romprait pas vos communications avec Richmond dans les vingt-quatre heures ?

« Vous redoutez qu'il aille en Pennsylvanie. Mais s'il y va avec toutes ses forces, il vous abandonne absolument ses communications, et vous n'avez rien à faire qu'à le suivre et le détruire. S'il emmène moins que tout son monde, tombez sur tout ce qu'il aura laissé derrière, et vous ne l'en battrez que plus aisément. »

Rien n'y faisait. Un prétexte écarté, Mac Clellan en trouvait un autre. Et les jours s'écoulaient, et l'armée ne bougeait pas.

Parfois l'impatience du président se traduisait en mordante ironie. Voici une de ses dépêches en date du 25 octobre :

« Je viens de lire votre dépêche à propos de langues écorchées et de chevaux fatigués. Voulez-vous me pardonner, si je vous demande ce que les chevaux de votre armée ont fait depuis la bataille d'Antietam, qui puisse fatiguer quoi que ce soit? »

Et Mac Clellan de se plaindre que les services de sa cavalerie fussent méconnus. Ensuite, il demande à savoir ce qu'on fera pour protéger le Maryland quand il sera en Virginie, Il conseille ceci, il objecte cela, et une fois lancé, il arrive (sur le papier) jusqu'à l'armée de Bragg. Sur quoi, le général Halleck lui fait observer fort sensément que l'armée de Bragg est à quatre cents milles de lui, Mac Clellan, tandis que l'armée de Lee n'en est qu'à vingt milles. En dernier ressort, Mac Clellan découvre qu'il est nécessaire de remplir les anciens régiments avant de les mettre en campagne.

S'il ne se fût agi d'intérêts si graves, rien n'eût manqué à la comédie. Mais le pays n'était pas d'humeur à rire de bouffonneries, dont d'ailleurs il n'avait pas le secret. Il ne voyait que l'inaction inconcevable de l'armée du Potomac, et s'en indignait. Les amis de Mac Clellan s'efforçaient d'en rejeter la responsabilité sur le président, sur le général Halleck, sur le secrétaire de la guerre. Les partisans du gouvernement y devinaient l'œuvre de Mac Clellan, œuvre conforme, du reste, à ses antécédents. Il était grand temps de mettre fin à cette fausse situation; la patience de tout le monde était à bout.

Le 27 octobre, le président écrivit catégoriquement au général récalcitrant : — « Je vous demande de répondre distinctement à cette question : — Avez-vous l'intention de ne point entrer en action (*not to go into* ACTION) jusqu'à ce que les hommes tirés maintenant au sort dans les États, soient incorporés dans les anciens régiments? » Cette fois le général répondit négativement, annonçant enfin qu'il allait se mettre en mouvement.

Ce fut le lendemain, 28, que nous levâmes le camp. Le général Berry étant absent par suite de maladie, le commandement de la brigade me fut dévolu. L'effectif des sept régiments qui la composaient s'élevait à trois mille quatre cents hommes environ. Le même jour, nous traversâmes le Potomac au gué de White, entre Conrad Ferry et le Monocacy. Les troupes étaient pleines d'ardeur et de gaîté. L'eau était froide, et l'air n'était pas chaud; mais les incidents comiques du passage entretenaient partout la bonne humeur et provoquaient des explosions de rire retentissants. D'ailleurs, nous fîmes halte près de là et les feux du bivouac séchèrent promptement les souliers et les pantalons mouillés. Les bagages nous rejoignirent le lendemain.

Mon quartier général était dans une riche ferme dont le propriétaire, Alfred Belt, ancien whig, était devenu sécessioniste comme toute sa famille. Le bonhomme gromelait du matin au soir contre les soldats qui respectaient pourtant sa basse-cour, et payaient fort bien le lait, le pain et les galettes que sa fille leur vendait. Mais il avait sur le cœur la perte de ses *fences* sèches qui, le soir, faisaient des feux magnifiques. Il ne pouvait s'empêcher de retourner sans cesse à la fenêtre pour les regarder flamber, d'un œil morne. Puis il revenait s'asseoir dans son vieux fauteuil, au coin de l'âtre, pour maudire la guerre, déplorer l'extinction du parti whig, et nous démontrer que Henry Clay aurait sauvé l'Union s'il avait encore été de ce monde.

Il m'avait demandé sous divers prétextes, la permission d'envoyer quelqu'un des siens au delà de la ligne de nos piquets, ce à quoi je m'étais formellement refusé, le sachant homme à faire passer au dehors des informations précises sur la force et la position de la division. Plusieurs femmes qui s'étaient présentées pour le venir voir, avaient été renvoyées d'où elles venaient. Aussi, le vieux sudiste n'éprouvait-il pour moi qu'une bienveillance fort mitigée.

Il avait dans les bois un poulain de valeur, sur le compte duquel il était fort inquiet, ne pouvant envoyer à sa recherche. La seconde nuit, une sentinelle avancée entendit dans les taillis un froissement de branches, et comme le pas de quelqu'un qui se fût approché avec précaution. — Halte! qui va là? cria notre homme. Point de réponse; mais une ombre se montra à peu de distance. — Qui va là? cria pour la seconde fois la sentinelle, en couchant en joue. Et comme l'ombre s'avançait encore sans répondre, le coup partit. La ronde accourut et trouva le malheureux poulain expirant, victime de son ignorance des usages de la guerre. Jugez des sentiments du vieux Belt en apprenant cette nouvelle, par le rapport du matin. Volontiers m'eût-il persuadé que le gouvernement des Etats-Unis devait lui rembourser le prix de sa bête. Mais je finis par le convaincre qu'il devait se résigner à passer le poulain en balance de compte, pour les chevaux que son petit-fils alors dans les rangs confédérés, avait dû enlever dans le Maryland pendant son excursion à Antietam. De sorte que nous nous quittâmes... mauvais amis.

Le 31 octobre, nous prîmes la route de Leesburg. Nous supposions que l'armée tout entière devait avoir passé le Potomac. C'était une erreur. Avec sa lenteur accoutumée, Mac Clellan employa cinq jours à cette opération qui ne fut terminée que le 2 novembre. Aussi la marche de la division fut-elle des moins rapides. Il fallait attendre les autres corps qui, venant d'au delà de Harper's ferry, avaient à faire une route plus longue que la nôtre.

La journée du 1er novembre se passa près de Leesburg, sur la route de Sneckersville où nous avions bivouaqué la veille. Les braves gens qui me reçurent dans leur petite ferme s'occupaient le moins possible de politique. Leur intérieur, quoique pauvre, était heureux et gai. Le mari avait échappé jusque-là à la conscription du Sud. Les enfants étaient réjouissants à voir, courant après leur mère qui allait, venait, riait et rougissait (pour moi, je suppose) de m'entendre lui parler anglais avec un accent français. J'espère que la guerre leur aura été légère jusqu'au bout.

Le lendemain, nous marchâmes dans la direction du canon qui commençait à faire entendre dans le lointain sa voix menaçante. L'ennemi, disait-on, se réunissait en force considérable à six ou sept milles. Le 1er et le 9e corps étaient avec nous, l'un commandé par le général Reynolds, l'autre par le général Burnside sous les ordres duquel notre division était placée. A la nuit tombante, nous nous arrêtâmes à Mount-Gilliat, dans une bonne position, au milieu d'un pays superbe, mais par un froid d'autant plus perçant que l'abaissement de la température avait été plus subit.

L'étape suivante nous conduisit à Millville, où j'allais pouvoir observer sur nature la plus basse catégorie des habitants de race blanche. Le hasard me servait bien sous ce rapport. En rentrant en Virginie, j'avais rencontré le type du riche fermier, intéressé, égoïste, politiqueur à l'occasion, plus virginien qu'américain, détestant la démocratie du Nord, parce que lui-même est un aspirant à l'aristocratie, dans ces régions d'où le voisinage des États libres a chassé les planteurs.

Près de Leesburg, j'avais vu chez mes hôtes l'intérieur du petit fermier vivant beaucoup plus de son travail que du travail des autres, peu soucieux de politique parce qu'il est dénué d'ambition; philosophe sans le savoir, n'étendant ni son activité ni ses aspirations au delà du foyer domestique; et ne demandant à Dieu que de vivre et de faire vivre sa famille avec un peu d'aisance.

A Millville, mon abri pour la nuit fut la chaumière délabrée d'un de ces pauvres diables que le mépris public désigne, dans le Sud, sous le nom de *White herring* (hareng blanc) ou de *White trash* (friperie blanche.) Celui-ci s'appelait Hospital; il y a des noms prédestinés. Tout chez lui, respirait la misère et la malpropreté : les murs, les meubles, les vêtements. — Quels meubles! et quels vêtements! — Le moral de mes hôtes répondait pleinement à leur physique. Leur ignorance était au niveau de leur pauvreté. Ne possédant rien, ils ne savaient rien. Ils vivaient d'une vie animale chichement alimentée par des journées de travail dans les champs, sans paraître imaginer que pour eux il pût y avoir quelque autre existence.

Ces trois classes furent également emportées dans le tourbillon de la guerre. Dans la première se trouvaient les instigateurs et les meneurs qui trompaient les autres, sans prévoir où ils allaient eux-mêmes ; la seconde produisit les défenseurs du sol, dupes de théories politiques qu'ils ne comprenaient pas; la troisième, « vil troupeau » fournit la chair à canon.

Le 5, nous traversâmes Middletown et White-Plains, pour aller bivouaquer près de Salem, et le 6, nous arrivâmes à quelques milles de Waterloo, — nom de funeste mémoire.

Cette marche fut pénible. Les chemins étaient horribles, car le temps avait bien changé depuis que nous étions rentrés en Virginie. Il faisait maintenant un froid perçant dont les hommes avaient peine à se défendre, mal protégés qu'ils étaient par des vêtements en mauvais état et insuffisants contre les rigueurs de l'hiver. Malgré la prolongation de notre séjour dans le Maryland, il s'en fallait que l'armée eût reçu toutes les fournitures dont elle avait besoin. Le manque de souliers s'y faisait surtout sentir, et, pendant ces derniers jours, j'avais vu bien des soldats marcher péniblement dans la boue avec des restes de chaussures éculées, crevées, presque sans semelles. Quelques-uns étaient pieds nus ; mais ils allaient toujours, s'efforçant de ne point rester en arrière.

La nuit fut véritablement glaciale. Heureusement, le combustible ne manquait pas. Les grands feux allumés de tous côtés continuèrent à flamber jusqu'au matin. Alors la neige commença à tomber, d'abord en légers flocons, bientôt en épais tourbillons fouettés par des rafales continuelles. Les arbres gémissaient, la terre frissonnait, les hommes grelottaient. Au milieu de la tourmente, le général Stoneman m'envoya chercher. J'entrai comme un bonhomme de neige dans l'église de campagne où il était assez confortablement installé avec son état-major. Lorsque je me fus un peu réchauffé, il m'apprit que les deux premières brigades de la division étaient campées sous bois dans une haute forêt de pins que la route traversait à peu de distance.

— Vous pouvez, ajouta-t-il, y aller choisir aussi un emplacement pour vos régiments. Ils y seront mieux à couvert que dans la position où vous vous trouvez en ce moment.

Je remontai donc à cheval accompagné d'un officier de mon état-major, et nous trouvâmes sans trop de difficulté un terrain réunissant les conditions désirables. Mais la tempête de neige ne se ralentissait pas, et le jour commençait à décliner, ce qui me décida à revoir le général Stoneman à mon retour, pour lui demander de remettre au lendemain le déplacement de ma brigade.

Il approuva immédiatement mes raisons d'un air qui me donna à penser que notre mouvement en avant pourrait bien être suspendu. Pourquoi? C'est ce que je ne pouvais imaginer; mais il y avait comme quelque chose de nouveau dans l'air, et il me semblait saisir par moments je ne sais quoi d'indéfinissable dans l'expression du général et de son état major.

Cette énigme me fut expliquée, lorsque, le lendemain, au milieu de l'installation de notre nouveau camp, éclata la grande nouvelle : Mac Clellan était relevé de son commandement et remplacé par Burnside.

D'abord on hésita à y croire. Nous en avions entendu

tant de ces nouvelles acceptées un jour et démenties le lendemain ! Mais pour une fois, la rumeur avait dit vrai. La veille, un officier général avait apporté de Washington l'ordre suivant portant la date du 5 novembre :

« De par le président des Etats-Unis, il est ordonné que le major général Mac Clellan soit relevé du commandement de l'armée du Potomac, et que le major général Burnside prenne le commandement de cette armée. »

C'en était fait. La carrière militaire du général Mac-Clellan était terminée.

On a pu juger si la mesure était imméritée. Mais il faut être juste ; pour être trop tardive, elle manqua d'opportunité. En effet, il ne suffit pas toujours de faire une chose bonne en soi ; il faut aussi savoir la faire à propos. Or, pour retirer au général Mac Clellan le commandement de l'armée, l'à-propos s'était présenté deux fois : la première, au mois de juillet, après l'avortement désastreux de sa campagne contre Richmond, et l'envoi au président d'une communication déplacée sur la conduite générale du gouvernement ; la seconde, au mois d'octobre, en présence de ses mauvais vouloirs manifestes, lorsqu'il se refusait à mettre son armée en mouvement, désobéissant en cela à des ordres formellement signifiés. Maintenant qu'il était entré en pleine exécution de ses plans, quels qu'ils fussent, le moment était mal choisi pour le remplacer, — à moins que l'armée ne fût en danger d'être compromise, ce qui n'était pas le cas.

Ce fut ainsi qu'on en jugea généralement. Les *Copperheads* (1) du Nord poussèrent, il est vrai, les hauts cris ; mais, en revanche, les rebelles du Sud déguisèrent mal leur contrariété d'un changement qui pouvait leur être fatal. Quant à l'armée, les avis et les sentiments s'y partagèrent. Mac Clellan y comptait un grand nombre de partisans qui ignoraient encore et sa part de responsabilité

---

(1) *Tête de cuivre*, nom d'un serpent venimeux d'Amérique. On désignait ainsi les membres du parti démocrate qui sympathisaient plus ou moins ouvertement avec la rébellion.

dans la défaite de Pope, et son refus de poursuivre et d'achever Lee après la bataille d'Antietam. Aussi ne se firent-ils pas faute d'exprimer leur désappointement. C'est là, sans doute, ce qui donna lieu à l'idée trop répandue que Mac Clellan était l'idole de son armée et que son rappel avait porté un coup funeste à la confiance et à l'énergie de ses soldats.

Ce pouvait être vrai pour quelques généraux et un certain nombre d'officiers, dont l'ambition s'étayait plus sur la faveur du général en chef que sur leurs propres mérites. Mais c'était fort inexact pour l'ensemble de l'armée où la popularité de Mac Clellan, éclatante au début, obscurcie devant Richmond, éclipsée après la retraite des Sept-Jours, ne s'était relevée ensuite que par le contre-coup des malheurs de Pope, et n'avait rayonné de nouveau à Antietam que pour se couvrir de nuages pendant la longue inaction qui avait suivi la victoire.

L'armée du Potomac, animée du meilleur esprit, ne faisait pas dépendre son patriotisme du maintien d'un chef qui avait plus contribué à ses revers qu'à ses succès. La vérité est qu'à travers quelques murmures, intéressés pour la plupart, l'armée accepta le changement comme on prend femme : « pour le mieux ou pour le pire. »

Ainsi disparut de la scène, le général qui, jusqu'alors, y avait joué le premier rôle. Son malheur et le malheur du pays fut son élévation soudaine à un poste pour lequel il n'avait pas les reins assez forts. Fût-il resté dans une position en rapport avec ses talents militaires, par exemple le commandement des défenses de Washington, il est probable qu'il n'y eût figuré qu'avec honneur. Comme il était essentiellement officier du génie, il eût trouvé là le meilleur emploi de sa spécialité dominante. Mais le succès d'une opération secondaire bien conduite à Laurel-Hill, lui valut une si haute fortune qu'il en fut ébloui et comme écrasé. Tant est grande la distance entre le commandement d'un simple corps de troupes, et le commandement d'une grande armée.

A part sa valeur militaire, le général Mac Clellan n'avait point d'ailleurs le feu sacré qu'il fallait pour en finir avec la rébellion. Il manquait d'ardeur et de conviction dans la lutte. Ses opinions ultra-conservatrices étaient pleines de sentimentalités à l'égard des *frères égarés*. L'ennemi n'était pour lui l'ennemi que dans l'acception militaire du terme. Hors de là, il semblait, en combattant la rébellion, craindre toujours de faire trop de mal aux rebelles qui, eux, croyaient ne jamais nous en faire assez. Aussi se montrait-il prodigue de ménagements envers eux, jusqu'à professer un respect mal avisé pour l'esclavage qui avait à ses yeux le caractère d'une institution inviolable. Il faut croire qu'il s'illusionnait au point d'espérer les ramener dans le giron fédéral par ces procédés attendrissants; mais avec un pareil système, la guerre durerait encore, ou la Confédération du Sud serait définitivement établie à cette heure.

En dehors de son rôle militaire et politique, l'ex-commandant de l'armée du Potomac est un homme de bon ton, poli dans ses façons, digne dans ses manières, réservé dans ses paroles. Pour ceux qui, plus tard, appuyèrent sa candidature à la présidence, afin d'avoir à la Maison-Blanche un *gentleman* accompli, il remplissait sans doute cette condition du programme. Mais pour le peuple qui voulait avant tout le salut de la République, et le triomphe de son gouvernement, il fallait d'abord, à la tête de l'armée, un général qui réunît en soi de plus hauts mérites que les qualités d'un gentleman et les talents d'un ingénieur.

FIN DU TOME PREMIER.

TABLE DES MATIÈRES

Avant-Propos 5

CHAPITRE PREMIER

L'ORIGINE DE LA GUERRE

La question de l'esclavage. — Le Compromis du Missouri. — Première tentative de sécession de la Caroline du sud. — Abolition de l'esclavage dans les colonies anglaises. — Son effet aux États-Unis. — Premier candidat abolitioniste à la présidence. — Annexion du Texas. — Guerre du Mexique. — Redoublement d'agitation. — Le *Wilmotproviso*. — M. Van Buren, candidat antiesclavagiste. — Désorganisation du parti whig. — Compromis de 1850. — La loi sur les esclaves fugitifs. — Bill du Nebraska-Kansas. — Guerre civile au Kansas. — Naissance du parti républicain. — Élection de M. Buchanan à la présidence. — L'échauffourée de Harper's Ferry. — Le conflit irrépressible 9

CHAPITRE II

COMMENT SE FIT LA SÉCESSION

Campagne électorale de 1860. — Menaces directes de sécession. — Scènes violentes dans le Congrès. — Convention de Charleston. — Convention de Baltimore. — Convention de Chicago. — 2ᵉ Convention de Baltimore. — Élection de M. Lincoln à la présidence. — Les États du Sud prennent les armes. — Complicité passive de M. Buchanan. — Trahisons dans le cabinet. — Sécession de la Caroline du sud. — Dernières tentatives de compromis. — Sécession du Mississippi. — De la Floride. — De l'Alabama. — De la Louisiane. — De la Géorgie. — Premier coup de canon. — Organisation de la Confédération du Sud. — Inauguration du président Lincoln 37

CHAPITRE III

AUX ARMES, CITOYENS !...

Capitulation du fort Sumter. — Appel de 75,000 hommes. — Quatre États refusent de fournir leur contingent. — Premiers régiments en route pour Washington. — Emeute sanglante à Baltimore. — Sans nouvelles. — Sécession de la Virginie. — Nouvel appel de 83,000 volontaires. — Sécession de l'Arkansas. — Occupation d'Alexandrie par les fédéraux. — Des hommes, mais pas d'armée. — Bataillons-écoles. — Premiers succès dans la Virginie occidentale. — Le général G. B. Mac Clellan. — Bataille de Bull-Run 58

CHAPITRE IV

DE NEW-YORK A WASHINGTON

Les gardes Lafayette, 55ᵉ régiment de New-York. — Camp à Staten-Island. — Départ pour Washington. — Collision. — A Philadelphie. — A travers Baltimore. — Arrivée dans la capitale. — 500,000 hommes et 500,000,000 de dollars. — Les tentes. — Organisation des régiments d'infanterie. — Composition du 55ᵉ. — Les insignes du grade et les uniformes dans l'armée américaine 73

CHAPITRE V

LES RUDIMENTS DE L'ARMÉE DU POTOMAC

La brigade du général Peck. — Environs de Washington. — Régiments de cavalerie. — Batteries d'artillerie. — Grande revue. — Les princes d'Orléans. — Lincoln et Mac Clellan. — Orage d'été. — Le général Buell. — Inspections. — Les défenses au sud du Potomac. — Arlington et la famille Lee. — Le général Wadsworth à Upton-Hill. — La division Blenker. — Mouvement de l'ennemi sur le haut Potomac. 89

CHAPITRE VI

QUARTIER D'HIVER

Installation à Tenallytown. — Clair de lune. — Jour de paie. — Un cas de *delirium tremens*. — Cours martiales. — Le général Keyes. — Malheureuse affaire de Ball's Blust. — Aménagements d'hiver. — La *mess* des officiers. — Présentation de drapeaux. — Le président Lincoln à la table du 55e. — Effets de la guerre autour de Washington 113

CHAPITRE VII

LES HOMMES ET LES CHOSES A WASHINGTON

Le Congrès. — La population de Washington. — Les solliciteurs et les spéculateurs. — Les fournisseurs de l'armée. — Les découragés. — Le général en chef. — Le général Seth-Williams. — Le comte de Paris et le duc de Chartres. — Le corps diplomatique. — Sa partialité pour le Sud. — Pourquoi. — Les réceptions à la Maison Blanche. — M. Stanton. — M. Seward. — Le président Lincoln. 137

CHAPITRE VIII

ENTRÉE EN CAMPAGNE

Ouverture de la campagne de 1862. — Tiraillements à Washington. — Adoption du plan de Mac Clellan. — Excursion militaire en Virginie. — Organisation des corps d'armée. — Embarquement pour la forteresse Monroë. — Le combat du *Monitor* et du *Merrimac*. — Le débarquement à Hampton. — Paysage. — Newport-News. — Marche sur Yorktown. — Les suppliantes virginiennes 155

CHAPITRE IX

L'APPRENTISSAGE DE LA GUERRE

Siége de Yorktown. — Attaque du moulin de Lee. — La ferme de Harwood. — Entre tirailleurs. — La chasse à l'homme. — Visite du général en chef. — Défauts d'administration. — Une mayonnaise de serpent noir. — Défilé de troupes confédérées. — L'ennemi abandonne ses positions. — Évacuation de Yorktown 175

CHAPITRE X

LA PREMIÈRE BATAILLE (WILLIAMSBURG)

Poursuite. — L'ennemi atteint à Williamsburg. — Retour offensif contre la division Hooker. — La brigade Peck la première à le soutenir. — Le 55ᵉ au feu. — Moment critique. — Attaque repoussée. — Les renforts arrivent. — Engagement du général Hancock. — Les rapports de Mac Clellan. — Un avis du général Couch. — Tournée sur le champ de bataille. — Enterrement des morts. — Visite aux blessés. — Les amputés. — Les prédictions du capitaine géorgien. 191

CHAPITRE XI

JOURS DE MISÈRE

Marche en avant. — Engagement à West-Point. — Sujets de mécontentement. — Dîner au quartier général. — Combat d'un nouveau genre. — Le taureau et le terre-neuve. — La mort de Bianco. — Plantations virginiennes. — La fièvre de marais. — La maison Turner. — Délire. — La manne dans le désert. — Anxiétés. — La bataille de Fair-Oak. — Premiers jours de convalescence. — Départ pour le Nord. 213

CHAPITRE XII

LA COMMISSION SANITAIRE

Les victimes du Chickahominy. — Le chemin de fer à l'armée. — Le *Wilson Small*. — Pérégrination d'un ami à ma recherche. — Les tentes d'hôpital. — Surprise agréable. — Origine de la commission sanitaire. — Bâtons dans les roues. — Services rendus. — Les transports de la commission. — Labeurs herculéens. — Conflits. — Les cargaisons de misères humaines. — Horribles réalités. — Les miracles de la charité. 233

CHAPITRE XIII

LA DÉBACLE DES SEPT-JOURS

Contrastes. — New-York. — Le steamer de Newport. — Boston. — Succès de Stonewall Jackson. — Razzia de Stuart. — Retour à la forteresse Monröe. — Entrevue avec le général Dix. — Évacuation de West-Point. — Arrivée à Harrison-Landing. — L'œuvre de Mac Clellan. — Une dépêche caractéristique. — Combats de Mechanicsville, — de Gaine's Mill, — de Savage-Station, — de White-Oak, — de Glendale. — Bataille de Malvern-Hill. — Le port de refuge 257

CHAPITRE XIV

DE CHARYBDE EN SCYLLA

Misérable condition de l'armée. — Désertions. — Bravade militaire et manifeste politique de Mac Clellan. — Reconnaissances. — Ordre d'évacuer la Péninsule. — Retards sur retards. — Pope sur le Rappahanock. — Retour à Alexandrie. — Marche de nuit. — Fairfax Court-House. — Mort de Kearny. — Retraite sur Washington. — Pope et Mac Clellan 278

CHAPITRE XV

TEMPS MEILLEURS (ANTIETAM)

Invasion des confédérés dans le Maryland. — Passage du 55ᵉ à Tenallytown. — Avant-postes sur le Monocacy. — Transfert dans le 3ᵉ corps. — Physionomie de Washington. — Un legs de Kearny. — Le général Birney. — Comment Harper's Ferry se rendit à l'ennemi. — Combats de South-Mountains. — Condition des deux armées. — Bataille d'Antietam. — Attaques partielles. — Résultat incomplet. — Hésitations de Mac Clellan. — Lee repasse en Virginie 301

CHAPITRE XVI

INTERMÈDE

Le général Berry. — Le recrutement volontaire. — Antipathie du peuple pour la conscription. — Nouveaux régiments. — Levée de trois cent mille hommes pour neuf mois. — Le 55ᵉ réorganisé en sept compagnies. — Pointe du général Stuart dans le Maryland. — Le 3ᵉ corps à Edward's Ferry. — Stoneman. — Le colonel Duffié. — Inaction de Mac Clellan. — Correspondance avec le Président. — L'armée rentre en Virginie. — Les différentes classes de fermiers. — Marche en avant. — Le général Mac Clellan relevé de son commandement 381

EN VENTE CHEZ LES MÊMES ÉDITEURS

VOYAGES. ÉTUDES SUR LES DIVERS PAYS

Duvergier de Hauranne. — Huit mois en Amérique. Lettres et notes de voyage. 2 forts vol. gr. in-18 jésus	8 »
Froebel. — A travers l'Amérique. 3 vol. gr. in-18 jésus	10 50
Barth. — Voyages et découvertes dans l'Afrique centrale et septentrionale. 4 vol. in-8° avec cartes et gravures.	24 »
Valadier. — Rome vraie. 1 vol. in-8°	7 50
Karcher. — Études sur les institutions politiques et sociales de l'Angleterre. 1 vol. in-8°	6 »
Comte de Paris. — Damas et le Liban. 1 vol. in-8° cart.	6 »
Eyma (Xavier). — La République américaine. 2 vol. in-8°.	12 »
— Les Trente-Quatre Étoiles de l'Union américaine. Histoire des États et de leurs Territoires. 2 vol. in-8°	12 »
De Molinari. — Lettres sur la Russie. 1 vol. gr. in-18 jésus	4 »
Dolgoroukow. — Les Réformes en Russie. 1 vol. in-8°	6 »
De Keratry. — La Contre-Guérilla française au Mexique. 1 vol. gr. in-18 jésus	3 50
Ludwigh. — La Hongrie politique et religieuse, 1 vol. gr. in-18.	3 50
Rolland. — Voyage autour du monde. Le Japon. 1 vol. in-8° avec gravures.	6 »
Mme de Stael. — L'Allemagne. 3 vol. in-18.	3 »
Louis Blanc. — Lettres sur l'Angleterre. 4 vol. in-8°.	24 »
De Macedo. — Pèlerinage aux lieux saints, suivi d'une excursion dans la basse Égypte, en Syrie et à Constantinople. 1 vol. in-8°	7 50
Fricz et Leger. — La Bohême historique, pittoresque et littéraire, avec 21 gravures. 1 vol. in-8°	10 »
Michelena. — Exploracion é hydrografia de la América del Sur. 1 gr. vol. in-8° avec cartes.	20 »
Verhaeghe. — Autour de la Sicile. 1 vol. gr. in-18	2 »
— Voyage en Orient. 1 vol. gr. in-18	3 50
Dixon. — La nouvelle Amérique. 1 vol. in-8°	7 50
***. — L'Empire austro-hongrois. 1 vol. in-8°.	5 »
Belgiojoso. — Réflexions sur l'état de l'Italie. 1 vol. gr. in-18.	3 50
Dubosch. — La Chine contemporaine. 2 vol. gr. in-18.	7 »
Lubanski. — Guide aux stations d'hiver du littoral méditerranéen. 1 vol. gr. in-18 avec planches, cart.	7 »
Siret. — Manuel du Touriste à Gand, 1 vol in-12 avec planches.	2 50
Garrido. — L'Espagne contemporaine. 1 vol. in-8°	7 50
Yóvanovicz. — Les Serbes. 1 vol. gr. in-8°.	3 50

www.ingramcontent.com/pod-product-compliance
Lightning Source LLC
Chambersburg PA
CBHW060453170426
43199CB00011B/1192